汉唐文化对外传播研究

井春燕◎著

吉林大学出版社

·长春·

图书在版编目（ＣＩＰ）数据

汉唐文化对外传播研究 / 井春燕著 . -- 长春：吉
林大学出版社，2024.1
ISBN 978-7-5768-2784-2

Ⅰ . ①汉… Ⅱ . ①井… Ⅲ . ①中华文化－文化传播－
文化史－研究－中国－汉代②中华文化－文化传播－文化
史－研究－中国－唐代 Ⅳ . ① G125

中国国家版本馆 CIP 数据核字 (2023) 第 242819 号

书 名	汉唐文化对外传播研究	
	HAN-TANG WENHUA DUIWAI CHUANBO YANJIU	
作 者	井春燕 著	
策划编辑	殷丽爽	
责任编辑	殷丽爽	
责任校对	安 萌	
装帧设计	张秋艳	
出版发行	吉林大学出版社	
社 址	长春市人民大街 4059 号	
邮政编码	130021	
发行电话	0431-89580036/58	
网 址	http://www.jlup.com.cn	
电子邮箱	jldxcbs@sina.com	
印 刷	天津和萱印刷有限公司	
开 本	787mm × 1092mm 1/16	
印 张	16.5	
字 数	300 千字	
版 次	2025 年 3 月 第 1 版	
印 次	2025 年 3 月 第 1 次	
书 号	ISBN 978-7-5768-2784-2	
定 价	72.00 元	

汉唐两朝是中国封建社会最为辉煌的时期之一，其文化底蕴深厚，对外影响广泛。在历史文化长河中，汉唐文化是不可忽视的重要组成部分，其对后来的文化发展产生了深远的影响。

在汉唐时期，中原文化和西域文化之间的交流影响非常显著。西域文化通过丝绸、茶叶等商品的贸易渠道传入中原地区，为中原地区的经济和文化发展提供了有力的支持。在政治、宗教、科技等方面，中原文化和西域文化也互相交流、影响。中原文化与西域文化之间还存在着艺术、建筑、风俗等方面的互动和交流。例如，中原的唐代艺术受到了西域精美织物、壁画等艺术形式的影响。同时，西域地区的城市建筑、民居建筑等也吸收了中原文化的特点，形成了独具特色的文化风格。因此，可以说汉唐时期中原文化和西域文化之间的交流影响非常深远，为中原和西域地区的文化繁荣做出了重要贡献。

汉朝时丝绸之路等交通网络，为汉文化向中亚、西亚传播奠定了基础。汉代文化已经深入匈奴、朝鲜半岛、越南等地区。唐代更是将文化影响扩展至东南亚、南亚和日本、朝鲜半岛等地。同时，唐代艺术方面的发展，更是对日本造型艺术有着直接或间接的影响。唐代的文学、音乐等也通过丝绸之路、海上交通等方式传到了海外，深受当地民众喜爱。汉唐文化以其博大精深、古韵悠长的特点在海外产生了深远的影响。汉唐文化不仅是中国文化中最重要的文化之一，同时也是人类文化宝库中不可忽视的组成部分。汉唐文化深刻影响了东亚文化、中亚文化甚至欧洲文化等。我们需要从中学习其独具特色的审美观念和精神内核，并将其传承下去，进而为中华民族的文化繁荣做出贡献。

本书共分为五章。第一章为汉唐文化概论，包括汉代文化概论、唐代文化概论、汉唐文化传承与创新；第二章为汉唐文化与古丝绸之路，主要介绍了汉代丝绸之路的开辟与中外交流、唐代丝绸之路的延续与文化传播、汉赋中的丝绸之路与域外意象、唐诗中的丝绸之路与域外意象；第三章围绕汉唐文物与文化传播展开论述，包括五部分内容：汉唐文化遗产概述、汉唐帝王陵墓异域形象研究、西安汉唐帝王陵墓文化遗迹概述、西安汉唐帝王陵墓外宣现状研究、西安博物馆丝路文化印记；第四章的论述中心是汉唐西域文学研究，包括四部分内容：汉唐西域文化与文学传播概述、汉唐宗教文化及传播研究、粟特文书与突厥碑铭文、唐昭武九姓诗人作品与西域乐舞诗；第五章的主题为汉唐文化与丝绸之路沿线文化传播，包括三部分内容：丝绸之路沿线国家现当代商贸文化传播研究、汉唐文化对丝绸之路沿线城市的发展意义、西安丝路文化故事与文化符号。

在撰写本书的过程中，笔者得到了许多专家、学者的帮助和指导，参考了大量的学术文献，在此表示真诚的感谢。由于笔者水平有限，书中难免有疏漏之处，希望广大同行及时指正。

井春燕

2023 年 4 月

目　录

第一章　汉唐文化概论

汉唐文化是中国历史上杰出文化的典范，以其独具特色的文艺、哲学、科技、社会制度和思想成就闻名于世。本章为汉唐文化概论，包括汉代文化概论、唐代文化概论、汉唐文化传承与创新三部分内容。

第一节　汉代文化概论

一、汉代物质文化

（一）西汉农业物质文化

西汉初，中国民间就已经产生了一大批由职业农业技术专家组成的"力田"。自此，农业技术不仅有了具体的技术操作实践，还有了农业理论总结。早在汉元帝时期，中国农业技术专家就已经开始使用燃火温室在冬天栽培春夏季的蔬菜了。力田被崇尚农业与农人的西汉朝廷特别褒奖，甚至成为一种与"孝廉"同样的"荣民"称号。由此可见，当时民间的农业技术专家的社会地位是很高的。由于普遍使用铁农具与牛耕，重视兴修水利工程以及大力推广"代田法"等先进耕作技术，汉代的粮食生产无论是单位面积还是总产量均大幅度增长。

1. 代田法

西汉时，汉景帝根据治粟内史秦官职能设置了专门管理农业和经济的九卿高官——"大农令"，汉武帝时易名"大司农"。汉武帝末年，汉武帝"悔征伐之事，乃封丞相为富民侯。下诏曰：'方今之务，在于力农。'以赵过为搜粟都尉。过能为代田，一亩三甽。岁代处，故曰代田，古法也。后稷始甽田，以二耜为耦，广尺、深尺曰甽，长终亩。一亩三甽，一夫三百甽，而播种于甽中。苗生叶以上，稍耨陇草，因隤其土以附苗根"（《汉书·食货志上》）

通过以上这段记载可知，汉武帝后期，朝廷特意转变了过去主要司职军粮征集工作的搜粟都尉的职能，让其专职推行农业先进技术。当时，搜粟都尉赵过就推广了民间农民发明创造的代田法。代田法是一种适应北方旱作地区的耕作方法，即垄沟栽种法。运用代田法把农田中的田土先耕作成为条形的垄沟，庄稼就栽种在这样的垄沟中。在春季播种期及幼苗期时低作，即播种在垄沟里，在夏季中耕除草、培土之后，就变为垄作。这是一种保水、保肥和提高地温的农业技术，能提高农作物产量。至今，这样的垄沟代田法在中国农村仍应用得非常广泛。

2.《氾胜之书》

汉成帝时期，皇帝近臣之一的议郎氾胜之在总结农业技术经验的基础上，创作出了《氾胜之书》，这是中国乃至世界上第一部农业技术专著。非常遗憾的是，这部典籍后来失传了，只遗留下了残篇，残篇被收录在北魏贾思勰的《齐民要术》和宋代著名的类书《太平御览》中。就现存文字来看，《氾胜之书》中对个别作物的栽培技术的记载较为详细，涉及的作物有禾、黍、麦、稻、稗、大豆、小豆、枲、麻、瓜、瓠、芋、桑十三种。区种法（区田法）在该书中占有重要地位。此外，书中提到的溲种法、耕田法、种麦法、种瓜法、种瓠法、穗选法、调节稻田水温法、桑苗截干法等，都不同程度地体现了科学的精神。

氾胜之在农业科学方面做出了突出的贡献。他极力提倡采用种子穗选法种植，建议挑选那些籽粒充足、饱满的穗子作为种子。他还创造并推广了溲种法，也就是在种子表面涂上一层粪壳作为种肥，这项技术至今仍在使用。在过去的三辅地区中，瓠子是一种十分重要的经济作物。但因为瓠子无法承受干旱和水涝，所以产量一直不高且不稳定。氾胜之曾听闻一位农民十分擅长种植瓠子。他便亲自登门拜访，与其结交。他认真观察并研究了那位农民种瓠的方法，并且亲自反复尝试进行种植实验。最终他总结出了一套瓠子种植高产技术，即种瓠法。

3.温室栽培

汉元帝竟宁年间，西汉王朝就已经开始使用温室栽培技术种植蔬菜。史载，汉元帝时期，农业技术专家召信臣担任少府主官，"竟宁中……太官园种冬生葱韭菜茹，覆以屋庑，昼夜燃蕴火，待温气乃生。"（汉书·循吏传）由此可见，早在汉元帝时期，中国农业技术专家就已经知道使用燃火温室在冬天栽培春夏季的蔬菜了。

4. 梯田技术

重庆市彭水苗族土家族自治县曾经出土过西汉时期的梯田陶模，这说明西汉时期在巴蜀地区已出现了梯田。这种梯田改良了过去的畬田法。所谓的畬田法，就是沿着山坡进行刀耕火种，这是一种产量很低、无法保持土肥效力和水土的耕作方法。但是，畬田法也是一种不破坏原始生态的耕作方法，因为这种耕作方法所犁田的翻土很浅，不伤及土地深处和邻近土地中的林木根须，一旦抛荒，能很快恢复林木植被。相比之下，梯田的出现则标志着中国山区中常年保肥、保水田地的出现。

5. 灭蝗

汉平帝时期，曾经使用药物进行灭蝗行动，《汉书·平帝纪》记载："郡国大旱，蝗，青州尤甚，民流亡。安汉公、四辅、三公、卿大夫、吏民为百姓困乏献其田宅者二百三十人，以口赋贫民。遣使者捕蝗，民捕蝗诣吏，以石、斗受钱。"当时使用的是什么药物灭蝗的呢？根据《太平御览》卷988中的"雄黄"条目记载："《淮南万毕术》曰：夜烧雄黄，水虫成列，水虫闻烧雄黄臭气，皆趣火。"[①]

其实，从这段记载中可以得知，西汉时农业技术专家和农民不仅使用了雄黄等杀虫药物灭蝗，还使用了雄黄消灭田地中的其他害虫，同时在夜晚还使用了明火灯光诱杀飞蛾等害虫的先进方法。《汉书·艺文志》记载："人及六畜骨法之度数。"由此可见，西汉时已有兽医和动物学了。西汉之所以会产生六畜动物学，与当时的战马多有很大的关系，汉王朝曾经长期对外开战，需要大量的健康战马，所以催生了六畜动物学。

6. 施肥技术

施肥技术是西汉农业技术的一大发明创造，也是中国农业最有特点的技术之一。早在西汉初，许多农业专家就已经注意到了"土敝则草木不长……气衰则生物不育"（《史记·八书·乐书》）。所以，汉成帝时的氾胜之就记载了区田法。所谓的区田法，就是使用肥料的耕作方法。当时，人们还没有使用人的粪便做肥料，而是使用动物粪便、腐坏的粮食或者绿草做沤肥料。

但是，动物粪便、腐坏的粮食及绿草不是直接作为土地肥料的，须事先进行发酵处理。史载：上农区田法，区方深各六寸，间相去七寸，一亩三千七百区，

---

① 李昉. 太平御览（饮食部·上册）[M]. 北京：中国商业出版社，2021：62.

丁男女种十亩，至秋收，区三升粟，亩得百斛。中农区田法，方七寸，深六寸，间相去二尺，一亩千二十七区，丁男女种十亩，秋收粟亩得五十一石。下农区田法，方九寸深六寸间相去三尺，秋收亩得二十八石。旱即以水沃之。"[①]

7. 农具

（1）整地工具

整地工具主要为犁。"犁，利也，利则发土，绝草根也。"[②] 历史记录和考古证据表明，在春秋战国时期人们就已经开始广泛使用犁进行耕作了。尽管在《居延汉简》中没有提到犁，但在汉代河西四郡地区的遗址中出土了铁制犁器。在武威磨咀子汉墓中发现了一件形如"V"字的铁犁铧。这件犁铧的头部宽度为 3 厘米，前端呈锐角并朝上凸起，中间有一条凸脊，下端则是平直锐利的重型部件，可用于开沟或做渠。犁只由犁辕、犁梢、犁床、犁铧、犁箭等部件组成，没有复杂的犁壁等构造，其产生于西汉末年。汉代耕犁多采用单长辕的形式，可操作性不强。通常情况下，这种犁需要两头牛拉动，因此人们俗称其为"二牛抬杠"。这种犁需要三个人合作才能使用，其中一人掌辕、一人扶犁、一人牵牛，正式采用了赵过发明的"二牛三人"耕犁方式。

与"犁"的推广有密切关联的耕牛饲养在居延是何种状况呢？汉初用马、牛等牲畜为出行工具，文景时国内治平，人民休养生息，马匹繁殖速度较快，民间盛行马耕，牛耕退居从属地位。从《居延汉简》中记载的内容来看，我们可以得知在汉代西北边塞，农民已经广泛地使用耕牛进行农耕，且政府对此也非常重视，采取了组织化的管理方式为耕牛登记造册，详细记录它们的各种信息，如年龄、性别、毛色等。这反映了耕牛在屯田中的重要性。

（2）播种农具

传世典籍和农学专著均认为汉代的播种农具是"耧车"。《居延汉简》中虽无耧车的记载，但在居延屯戍区殄北塞 A10（坞堡遗址）"瓦因托尼"遗址出土了木耧车。这件木耧车发现于 A10 的下层，原来在尖端装置的铁铧无存，后端有一个柄，柄的下部是一个扁平的托。它是用一种很硬的木材制成，有棱角的地方都经过加工打磨。元代王桢的《农书》、明代徐光启的《农政全书》、明代宋应星的

① 范日华. 后汉书 [M]. 杭州：浙江古籍出版社，2000.

② 刘熙撰. 释名 [M]. 北京：商务印书馆，1939.

《天工开物》等历代农书均详细记载了耧车的重要功能和改进状况。木耧车的出土证实，汉代时，作为播种器具的耧车就已经在居延屯田区得以推广。

（3）中耕除草农具

在农作物生长过程中，必须多次在株行间进行锄耕，清除杂草、疏松土壤，以确保农作物生长良好，这期间用到的工具正是中耕除草农具。居延考古出土和汉简记载的主要工具为锄、锸和镢，这些工具的出现反映了西汉人已经注意到适时播种、合理施肥、加强田间管理的重要性，展现出了精耕细作的特征。锄只见实物不见记载，锸不仅汉简有记载而且也有考古出土。《汉书·王莽传上》载："父子兄弟负笼荷锸，驰之南阳。"镢在汉朝多是铁制，用于平田整地或刨土，作为耕作农具得到了普遍的应用。

（4）灌溉农具

1972—1976年居延甲渠侯官遗址辘轳的出土，为研究居延屯戍区的灌溉农具提供了实物考古资料。

关于辘轳的起源，宋人高承在《事物纪原》中记载"史佚始作辘轳"，史佚相传为西周初年的史官，如果史载属实，那么距今已三千多年了，这也说明汉代利用辘轳汲水已经非常普遍了。1973年肩水金关遗址中有桔槔出土，从史料的记载来看桔槔的使用非常早，如《庄子·天地篇》及《庄子·天运篇》中就有相关记载。史料具体描绘了桔槔的使用形态，即井边立一木柱，木柱上支一根横木，一端挂水桶，一端系重物，靠横木一升一降来从井中汲水。从其原理来看是巧妙利用了杠杆原理，既便于操作，又节省力气。1976年肩水金关遗址的出土文物中有陶勺，应为日常舀水工具。

（5）收获农具

收获农具只见汉简记载，而无考古出土，主要有钩、镰两类。《汉书·循吏传》载："诸持锄钩田器者皆为良民，吏毋得问。"因钩尚不见考古出土，其形制还有待于进一步研究。

镰是收割谷物和柴草的农具，形如钩，有短柄。从形制来看，镰可分长柄镰、短柄镰和月牙镰。长柄镰在汉出土画像砖上有清晰的展示，图中两个人在水田内挥舞着长柄镰，三个人则在用手镰割麦穗。由于密植往往使作物无法成行，一般认为长柄镰是适用于密集型播种的农具。

（二）瓦当工艺

汉代瓦当是在秦代瓦当的基础上进一步发展的。汉代瓦当不仅数量更多，种类更加丰富，而且制作工艺也变得更加规范，图案纹饰排列有序。特别需要注意文字瓦当的出现，它不仅完善了瓦当艺术，也对开拓新的艺术领域和研究范围做出了贡献，更生动地反映了当时的社会经济、思想和意识形态。汉代瓦当的发展彰显出了中国古代瓦当艺术的极致。

汉代文化对瓦当的发展产生了深远影响，许多建筑装饰都采用了当代文化中的元素，如花鸟纹、神兽图案等。在儒家思想中，审美是其非常重要的一部分，强调的是"天人合一"的美学观念，瓦当的设计也体现了这一思想。比如，瓦当的造型和图案都与自然元素有关，突出了自然美和人文美的融合。汉代瓦当的发展与演变也是审美意识的体现。汉代初期，瓦当主要采用方形或圆形的造型，后来逐渐发展成各种奇特的形状。

在装饰图案方面，瓦当也从最初的简单图案逐渐演变成丰富多彩的花鸟、神兽等纹饰。汉代瓦当的造型特点和形式美的规律，也是审美意识在瓦当发展中的重要体现。汉代瓦当注重细节和巧思，在造型上高低错落、形态各异。瓦当的釉面多采用红、绿、黄、褐等明亮的颜色，表面光滑细腻，富有质感。上述特点在瓦当的设计中得到了广泛应用，形成了独特的汉代瓦当风格。汉代礼制建筑物上，瓦当的设计更加注重审美，进而催生了封建礼仪的独特魅力。在礼制建筑物上，瓦当的形态更加丰富多样，刻画的图案也更加精美，表现出封建礼制的庄严和神圣。

为了彰显王权的神圣和威严，汉代建筑师在建筑中广泛应用文字瓦当。文字瓦当是汉代瓦当的大宗。汉代瓦当上的文字，少则1字，多则12字，一般为4字左右。其内容或为吉祥语，或为职官、仓储、宫殿、陵寝和关驿之名，涉及汉代社会生活的各个方面，具有很高的历史价值。其字体多为篆书，文字横长行短、烂漫多姿，是不可多得的书法艺术精品，如陕西历史博物馆收藏的"延年"瓦当、"万岁"瓦当、"永受嘉福"瓦当、"永保国阜"瓦当和"上林"瓦当等。

（三）冶炼与织造文化

1.汉代冶炼技术

汉代，高炉的结构有所改进，其体积得到大幅度增加，80多个高炉每天能够产出 24～28 吨的液态铁，这一数字在当时的科学技术水平下已经不算少了。

另外，高炉的炉型也经历了从椭圆到多形状并存再到小圆炉转变的过程。椭圆形的高炉，氧气更易进入炉内，从而促进炭火的充分燃烧，这一炉型从战国时期开始直到西汉中期一直都在沿用。但东汉建立后，各种各样炉型的高炉开始出现，甚至最后开始广泛流行体积更小的小圆炉。之所以会发生这样的变化，很大程度上与当时动力设施的落后有关。想要使用大型高炉，便需要动力十分强劲的鼓风配合。但显然当时并非所有人都有能力满足这个条件，直到汉武帝统治时期将一种更为先进的大鼓铸鼓风方法推广到全国，才算在一定程度上解决了这一难题。然而，到了东汉时期，大鼓铸这一鼓风方法又变得难以满足社会需求，人们便着手探寻其他方式来解决鼓风问题。

除了小圆炉这种新型炉型的开创外，人们对于鼓风方法本身也进行了较多创新，水力鼓风便是当时的一大科学创造，当然，大鼓铸也并非失传，只是终究难以回到当初的盛行局面了。

早在战国时期，退火脱碳这项技术便已经出现了，只是碍于其他方面的限制，人们只能铸造出黑心铁和白心铁，这在一定程度上限制了铁器的使用。尽管如此，退火脱碳的应用还是将原本硬度虽高、韧性却较差的白口铁提升为性能可以和钢相比的铁材，这在当时是一个巨大的进步。汉代，人们在此基础上又采取了陶窑退火炉这一工艺，使所铸铁器的韧性变得更为多样，从而满足各种各样的需求，也顺带解决了"黑心"和"白心"等问题。

在现今考古发现的一些出土于汉朝时期的铁器中，其内部的球墨形态甚至达到了和现代工业标准相当的程度，这都能够作为汉朝冶铁技术高度发达的证明。

在汉朝之前，人们在炼制钢材时所使用的原料主要是块炼铁。但是，同样是受到技术水平的限制，人们在炼制块炼铁时不仅生产效率低下，而且还无法保证炼制的质量，钢材的炼制也由此陷入了困境。而在汉代，人们开创了将生铁作为原料来炼制钢材的技术——炒钢法。要知道，生铁相比于块炼铁成本更低，生产也更容易。虽然通过炒钢所得到的钢材大部分是低碳钢，还需要通过进一步的加工打磨才能够成为真正的钢材，但这在当时仍然是一大工艺进步。当然，炒钢本身对于从业者的技术要求较高，这使得它难以真正推广到全社会。

汉代，人们为获得足够的燃料来冶铁，开展了大规模的、长期性的植被砍伐活动，对自然环境造成了极大的破坏，水灾、旱灾等自然灾害也变得更为频繁。这让人们充分意识到了砍伐树木和自然灾害之间的联系，因此，人们便开始寻找一些能够替代木炭的燃料，煤炭就此进入了人们的视野。在煤炭使用初期，人们对它的了解较少，使得所冶炼出来的铁器往往质量较差。但随着时间的推移，工匠们开始着手挑选矿材，这大大推动了煤炭取代木炭的燃料地位的进程。

2. 汉代织造技术

中国汉代的手工业非常发达，可以生产高质量的纺织品。汉代古墓马王堆出土的帛书就是一个很好的例子。中国汉代的纺织业，无论是规模、技术还是品种，都远远优于欧洲。西汉纺织品主要出土于湖北江陵凤凰山 168 号汉墓和湖北江陵汉墓。发现的丝织品皆为考古发掘中的稀世珍品，品种之多、色谱之全、工艺之精湛，令人叹为观止。东汉时期的纺织品主要出土于"丝绸之路"沿线，如甘肃居延遗址、新疆罗布诺尔、古楼兰等。

从规模上看，中国汉代的纺织业非常发达，规模比较大。一般家庭讲究男耕女织，城市里也有专门从事纺织业的人。整个行业人数众多，产量也非常大。中国精美的纺织品不仅可以满足国内的消费需求，还可以将大量的纺织品销往海外，甚至开辟了一条连接东西方的重要贸易路线——丝绸之路。

从技术上看，中国汉代的纺织技术是非常先进的。以丝绸业为例，汉代时人们已经掌握了养蚕、缫丝、纺织、印染一条龙的纺织技术。西汉马王堆出土的素纱衫"薄如蝉翼，轻如云"，既有如梦似幻的朦胧之美，又有恬静淡雅之美。重仅 49 克的素纱禅衣，不仅是史上最轻的丝绸佳作，更展现出了令国人着迷的淡然与优雅。

从品种上看，汉代中国有很多用丝、葛、麻、毛制成的纺织品。例如，丝织品有平纹纱、丝、绢，绞经编织的罗素和华罗、绮和锦。

（四）汉代发明创造

1. 浑天仪

浑天仪是对浑仪和浑象这两种仪器的合称。浑仪是一种用来衡量天体球面坐标的器具，而浑象则是一种用来展现古代天象运动的设备。浑仪附带了窥视设备，也称为望管，可用于测量昏、旦和夜半中星，并且还可以确定天体的黄道经度、赤道坐标和地平线坐标。浑仪由四游仪和赤道环组成。浑象造型像一个球体，表面上绘制各种星座、赤道、黄道、恒隐圈、恒显圈等，类似于一个天球仪。有记载称，浑天仪最初由西汉人落下闳发明，后来在东汉时期，科学家张衡对其进行了进一步改进，使其更为精确完善。

2. 造纸术

在西汉时期，我国人民发明了一种叫赫蹄的丝织品，它是纸的原始形态。同时，劳动人民又发明了"麻纸"。需要注意的是，赫蹄和麻纸都不是因为需要用纸才大量生产的，归根结底，它们只是原始纺织工业的副产品。也就是说，人们只在制作丝绵和麻缕时，才顺便制造些赫蹄和麻纸，当时还没有真正意义上的造纸术，即没有完整的造纸方法。

到了东汉年间，蔡伦的出现使真正意义上的造纸术产生了。他完善了先人的方法，发明了用废料造纸的方法。蔡伦在汉和帝时期担任尚方令，主管制造宫中的御用器物。在此期间，他接触了许多能工巧匠。当时的社会生产力从东汉初年到汉和帝时期（公元89—105年）有了长足的发展，尤其是农业和手工业的发展速度较快。东汉王朝想治理好这样一个大国，不仅需要发展社会经济，还需要树立起王朝的威信，从而迫切需要像纸这样的物品来向全国各地方便迅速地传递朝廷的法令。此时便开始使用赫蹄和麻纸这一类的原始纸了。

蔡伦身为朝廷官员，应政治的需要，开始研究设计能方便、大量生产的纸。他分析了赫蹄和麻纸的生产过程，发现它们是由细小的短纤维互相黏结、均匀摊铺而成的。要生产出真正的纸，首先要找到纤维细小并能互相黏结的原料。蔡伦首先选定了几种很容易找到的东西——树皮、麻头、破麻布、旧渔网。他让工匠们把这些筛选出来的原料剪断、切碎，再放在水池中浸泡。经过一段时间的水浸，这些原料中就只剩下耐烂的纤维。然后他们在石臼中将这些纤维捣成像浆一样的东西，这些浆被抄具抄成薄层，晒干后就成了纸。

汉和帝元兴元年（公元105年），蔡伦将纸进献给皇帝。皇帝看到这种纸原料广泛、制作方便，又质地轻薄、适合书写，便对蔡伦赞扬一番，下令在全国各地推广这种造纸法。因蔡伦是发明人，人们便把这种纸称为"蔡侯纸"。

后来，与蔡伦同时代的左伯和其他人改进了这种造纸法，使纸的质量有所提高。他们还大幅度地提高了产量，以适应当时文化事业发展的需要。到了晋朝，造纸技术发展到了较高的水平。当时有一种"剡溪藤纸"非常有名，这种纸是剡溪（今浙江嵊州市一带）的人们利用藤类植物创造出来的。当时官方、民间的文书都使用这种质量上乘的藤纸。同时，有的地方还出现了以竹子为原料的纸。晋代以后，纸已经完全代替了帛。

3. 麻沸散

麻沸散，一直被认为是古代用于外科手术的一种麻醉药，《后汉书·华佗传》记载，麻沸散是华佗发明的。《后汉书·方术列传下》记载"以酒服麻沸散"，说明麻沸散是一种口服的药物，服用过后"既醉无所觉"，如此一来就可以进行后面的手术了。

华佗所创麻沸散的处方后来失传。总之，公元 2 世纪我国便可用麻沸散全身麻醉进行剖腹手术，而到 19 世纪中期欧美医生才开始施用麻醉药。

（五）汉代城市文化和建筑文化

1. 汉代城市文化

长安（今西安）是西汉的首都，它的城市规模超过了古罗马城的 3 倍。根据考古学家的研究，长安的实际人口可能超过 50 万，远高于文献记载的 24 万人。因此，在世界城市史上，长安具有非常重要的地位。在东汉时期，洛阳也是世界上规模最大的城市之一。临淄、邯郸、宛（今河南省南阳市）、成都等城市也是汉朝和后汉时期的主要城市，扮演着所在地区经济和文化中心的角色。相较于西汉时期，东汉城市发展的一个明显特点是，边疆地区的城市数量减少。在西汉时期，幽州、凉州等地拥有 100 多个城市，而在东汉时期，这些地区的城市数量均不到 100 个。这或许与两汉交替时期战乱频繁，加之东汉初期政府在管理西域方面力有不足有关。另外一个显著特点是南方城市的兴起。南方城市的发展是经济区域变化的表现。在东汉时期，经济发展区域主要集中在淮河以北地区；而到了东汉后期，南方也出现了新的经济发展区域。随着人口数量的增加，鄱阳湖、洞庭湖周边以及成都平原等地区也逐渐成为重要的经济中心。在西汉时期，荆、扬、益、交四州的城市数量为 383 个，而在东汉时期，这个数量增加到了 387 个。虽然在汉代南方也有城市存在，但相对于北方来说，南方城市的数量还是比较少的。

从春秋时期开始，城市的规模逐渐扩大，到汉代，城市的建设规模又进一步发展。考古发掘显示，西汉的首都长安占地总面积约为 36 平方千米。在东汉时期，洛阳城在秦时期吕不韦所建城池的基础上进行了扩建。扩建后的长度大约为9里^①，宽度则为6里，因此人们也称之为"九六城"，其总面积约为12～14平方千米。

在汉代，除了长安和洛阳，还有一些商业城市成为大型城市。以临淄（菑）为例，它是我国历史上齐国的都城，也是商业兴旺之地。在战国时期，临淄已经属于全国级别的大城市，人口众多，规模庞大。在西汉时期，临淄的建筑格局和结构基本上延续了战国时期临淄故城的风貌。依据考古发掘结果，临淄城被划分为大小两座城，总面积约为15平方千米。

内陆的郡城往往规模较大，其面积通常在4～10平方千米。例如，琅琊郡治东武城（今山东诸城）就是如此，它的城墙围绕着周岗，周长达30里。代王城（河北蔚县）曾是秦汉代的郡治，城址呈椭圆形，周长达9265米。这表明西汉郡城确实十分宏大。

2. 汉代建筑文化

汉代可以说是建筑设计的顶峰，汉代的宫殿和庙宇的建筑设计达到了极为壮观和独一无二的程度。从西汉初年开始，汉武帝就开始兴建长乐宫、未央宫、建章宫等规模宏大的宫殿。除此之外，汉武帝还对上林苑进行了扩建，其占地规模超过了3500平方千米，宫廷建筑风格也有一种雄浑威严的气势。

东汉时期，高台建筑逐渐不再流行。在西汉早期，高台建筑的台基通常有数十米之高，但随后逐渐降低。到了东汉时期，高台建筑的台基一般只有几米高。通常情况下，房屋的台基高度是其屋身高度的五分之一，或者比之低约20～30厘米。因为木构技术不断创新、人口增长迅速，楼阁式建筑得到了快速的发展。这些建筑通常在楼阁之间建有连接二层的走廊。尽管建筑组群按照儒家礼制和阴阳五行宇宙观进行布局，但建筑群体并没有严格遵循对称布局。相反地，建筑组群更注重整体的和谐统一。建筑组群呈现出丰富多样的轮廓形态，在组合方式上涵盖了多种类型，如廊院、三合院、四合院和坞壁式，且围绕建筑四周常常设置廊道。

汉阙通常建在城门或建筑群大门外，以突显其威仪和地位。它的起源可以追溯到古代城墙门洞两侧的岗楼。在汉代，建阙盛行的年代里，不论是都城、宫殿、

---

① 1里等于500米。

陵墓、祠庙、衙署、贵族住宅，或是官员和富人的墓地，都按照一定的级别兴建了阙。门阙与楼阁并列而立，其细高的身姿打破了传统民居建筑的以水平铺陈为主的建筑平衡，凸显出一股向上、向前的生命力和激情。

众所周知，齐文化与楚文化有着各自的神话传说，齐文化中的神话传说为蓬莱神话，楚文化中的神话传说为昆仑神话，秦始皇和汉武帝都十分推崇这些神话。汉武帝在建章宫的太液池中修筑了三个岛屿，这三个岛屿分别象征着瀛洲、蓬莱与方丈三仙山，这种修建手法为日后的中国园林人工造园手法奠定了基础。同时，在汉代宫苑的修筑中，继承保留了先秦宫苑的修筑传统，都筑有一定数量的高台，并且在高台中还建有水榭，用伸臂式的悬梯连接这些水榭，这种建筑手法体现了对通天的向往。

二、汉代精神文化

（一）汉代经学与文学

西汉文、景时期，经学已然抬头，其重要标志之一便是四家《诗》说受到统治者的重视和提举。《鲁诗》《韩诗》文帝时著者得立博士，《齐诗》景帝时著者得立博士。《毛诗》晚出，著者虽未得立学官，景帝时却也被河间献王刘德立为博士。

四家《诗》说之所以受到举拔，首先与文、景时期儒学渐受重视有关。据《汉书》，除三家《诗》外，此时得立官学博士的还有《春秋》公羊学者董仲舒、胡毋生。传授《尚书》的伏胜年九十余始显于文帝初年，《汉书·儒林传》云其弟子"济南张生为博士"，至迟亦应在景帝时。因此，文、景时期除三家《诗》外，《春秋》《尚书》二经也都得立官学博士。其次，若细辨之，尽管四家《诗》均得出头，但三家《诗》更受宠，而《毛诗》遭到冷落，只局限于河间王国流行。这是它们各自依违于汉初政治文化大势的结果。众所周知，三家《诗》今文，《毛诗》古文。经今古文各异，不特表现在书写文字不同，所重经典及其顺序不同，奉孔子或尊周公不同，更重要的乃在于：今文家以孔子为"托古改制"的政治家（所谓"素王"），古文家则只认为孔子是"述而不作，信而好古"的史学家。基于此，古文家认为六经皆史，故为学重视实事求是，学究气较浓；今文家则认为六经是孔子"托古改制"的政治文献，故讲经重视其微言大义，追求"通经致用"。如此，在汉初经世致用的政治文化大势下，今文三家《诗》受到特殊优待，而古文《毛诗》一直不被看重，也就是必然的了。《毛诗》只能在"修学好古，实事求是"（《汉书·河间献王传》）的刘德那里苟存，而三家《诗》则大行于世。

（二）汉代哲学

1. 汉初的"黄老之术"和贾谊的哲学思想

（1）汉初的"黄老之术"

刘邦取得政权后，为什么一定要把秦朝繁杂而苛刻的法律都一律废除，只立下三条简单的约法？其实，这不仅对统治者的统治有利，而且对于老百姓来说也是有好处的。首先，对于统治者来说，一方面，其上之"无为"，就是为了让下面能更"有为"；另一方面，只有统治者"无为"，老百姓才能实现自己的"有为"。也唯有如此，才能使生产得到发展，国库得到充实，人民生活水平得到提高。其次，对于老百姓来说，废除了秦朝严苛的法律，不仅使老百姓得到了解放，可以在比较宽松的政治环境中生活，而且可以使老百姓能不受任何干扰地恢复经济，提高生活水平。正是由于这种"黄老之术"对统治者与被统治者双方都有利，因而对经济发展、文化繁荣、社会稳定都具有保障作用，它也才得以历经汉高祖、汉惠帝、汉文帝、汉景帝和汉武帝这五位皇帝以及吕、窦这两位太后能够保持长达数十年的执政时间，致使那些坚持"黄老"的思想家，如陆贾、萧何、曹参、汲黯以及司马迁父子等人的"黄老之术"能够得到充分的发展并不断完善起来，能够作为各级官吏的"施政理念"自然而然地运用于国家和社会的管理活动之中。

（2）《黄老帛书》中的哲学思想

根据司马谈《论六家要旨》的记叙，在汉初"黄老之学"的思想体系中，还包括托名黄帝、渊源于《老子》的新道家，也被称为"黄老之学"（也有人认为，这是"新法家"）。[①] 据说，也正是由于1973年在长沙马王堆三号汉墓出土的《黄帝书》与《老子》乙本合卷的帛书《经法》等四篇古佚书同《论六家要旨》相契合，所以作为新道家的经典，才被人们称为《黄老帛书》。其中的哲学思想大致包括：第一，"虚同为一，恒一而止"的世界观。它表明，世界上的万事万物都产生于

---

① 冯达文. 冯达文文集：第4卷：道家哲学略述 [M]. 石家庄：河北教育出版社，2020：52.

"一"，当然又都终止于"一"。第二，"四时有度、进退有常"的规律观。它表明，自然规律既是客观的，又是必然的。这致使社会生活也应该具有客观的规律性，当然，人们也应该能做到"四时有度、进退有常"。第三，"执道""循理""审时"和"守度"的理性思维。第四，"凡论必以阴阳明大义"的辩证法思想。在《黄老帛书》看来，事物虽然都无一不是由阴阳这两个对立的方面所构成，但是如果要想分析问题并解决矛盾，就必须注意"重柔者吉，重刚者灭"（《黄帝四经·经法·名理》）的策略性。

（3）贾谊的哲学思想

秦王朝的灭亡使地主阶级感到十分恐慌，他们已经开始认真考虑秦王朝灭亡的主要原因，希望能够从中吸取教训，然后再想方设法地维护地主阶级的利益。可以说，贾谊就是身处汉初推行"黄老之术"时期认真考虑过这一问题的大思想家。

在哲学世界观方面，贾谊在其撰写的《道德论》中提出了"德有六理"的思想，"六理"有道、德、性、神、明、命；而在思想方法方面，贾谊已经敏锐地觉察到新兴地主阶级政权所面临的各种内外矛盾和社会危机，他不仅全面地继承了老子的朴素辩证法思想，对问题进行了认真的分析，而且还虚拟了一个所谓"造化"的存在，并以炉、炭、铜为物质原料生动形象地铸造了一个包含万物的客观世界。在社会历史领域，贾谊在总结了秦王朝兴亡的历史经验的基础上，仔细地考察了汉初的各种社会矛盾和基本形势，提出了"可为痛哭者一"（主要矛盾）、"可为流涕者二"（重要矛盾）、"可为长太息者六"等一系列矛盾，论证了以民为"万世之本"的光辉思想。[1]

2. 董仲舒的哲学理论

根据《汉书·五行志上》的记载，"景、武之世，董仲舒治《公羊春秋》，始推阴阳，为儒者宗"。这就是说，早在景帝、武帝时，董仲舒就用《公羊春秋》的所谓"微言大义"来神化孔子，并"为汉立法"，使自己的这一"新儒学"既能容纳刑名、法术，又可以与阴阳家言相结合，然后再以"天人关系"为中心命题，推演出一整套以"儒家学说"为核心的哲学理论。这一哲学理论被皇帝采纳后，就非常迅速地被推崇为西汉王朝的官方哲学。

---

① 贾谊. 贾谊文赋全译 [M]. 夏汉宁，译注. 南昌：百花洲文艺出版社，1996.

3.《淮南子》的"黄老之学"和《盐铁论》与"义利之辨"

（1）《淮南子》的"黄老之学"

关于《淮南子》一书，《汉书·艺文志》之所以称其为杂家，大概是因为《淮南子》和《吕氏春秋》一样，都成书于众人之手。其实，刘安及其门人所编纂的《淮南子》并不是杂家，因为他们编纂的《淮南子》有一个中心，那就是"黄老之学"。

《淮南子》的哲学思想主要包括以下内容。

第一，"气一元论"的宇宙形成观，包括：从无中生出有，然后依次从道、宇宙、气等原初物质中分解出天、地、阴、阳、四时、水、火、万物，继承老庄"道"的学说，提出了"天道自然""天人相应"的思想。

第二，《淮南子》的认识论，包括：外物虽独立存在于人们的意识之外，但由于人类具有反映外物的能力，因而才由此产生认识。人必须于行动前先根据自己的知识对相关的事物进行详尽的考察，然后才能决定其利害。"因其自然而推之""乘众人之智"，通过学习而获得知识，通过教育而保留和发展知识。

第三，《淮南子》的历史观，主要包括："素之质白，染之以涅则黑；缣之性黄，染之以丹则赤"的人性论；"因时而变"的社会政治思想；提出与"罢黜百家，独尊儒术"对立的反对意见；对于人世间的"是与非"和如何辩论的问题，《淮南子》也发表了其"绝对是非"的意见；董仲舒在《公羊春秋》中"为汉制法"，刘安的《淮南子》也企图"为汉制法"。

第四，《淮南子》对于老庄"无为，无不为"思想的发展，主要包括："循理而举事，因资而立，权自然之势，百曲故不得容者，事成而身弗伐，功立而名弗有。""为治之本，务在安民。安民之本，在于足用。"人君作为国家最高统治者，如果能够真正做到"无为"，亦即如果能够集中臣下的智慧，发挥众人之力，当然能大有作为。

（2）《盐铁论》与"义利之辨"

汉昭帝始元六年（公元前 81 年），中央政府曾经奉旨召开关于盐铁官营政策的讨论会，参加会议的有中央政府的代表———丞相、御史（简称"在朝的'大夫'"）和地方各郡国所举荐的"贤良文学"（简称"在野的'贤良文学'"），以"问民间所疾苦"（《盐铁论·卷一》）。在会议期间，中央政府的"大夫"和在野的反对派即"贤良文学"之间展开了激烈的辩论。汉宣帝时，桓宽根据这次会议的记录稿写成了《盐铁论》一书。

《盐铁论》的内容主要包括："或上仁义，或务权利"，这是当权的"大夫"与在野的"贤良文学"辩论的焦点问题。"大夫"认为，商人聚集成千上万的老百姓冶铁煮盐，不仅容易结成组织或者朋党，而且还掌握和支配着国家的巨大财富，因而直接威胁到了国家的安全。对此，"贤良文学"没有发表更多的意见，他们关注的只是对于"平准"议题的批判。"大夫"虽然列举了诸多"平准"的好处，但是仍然受到"贤良文学"的反击和批判。

关于《盐铁论》中的"义利之辨"，"贤良文学"与《大学》中的观点一致，其大致内容有三：国家不要"以利为利"，而应该"以义为利"。"生财有大道，生之者众，食之者寡，为之者疾，用之者舒，则财恒足矣。"即使"平准"能够成功，也无非使政府多得一点财富。在"贤良文学"看来，社会财富就那么多，这是不可改变的。如果政府方面多得了一些，那么民众之所得就会随之相应地减少。所以，这种称之为"平准"的政策和措施，实际上就是"示民以利"，甚至是"与民争利"。

三、汉代制度文化

（一）三公九卿制

在中国古代，最尊贵的三个官职被合称为"三公"，这个用词的由来可追溯至周代。秦王朝除了给予"皇帝"以崇高的称号外，还对战国时代国家官僚体制进行了充分的总结，建构了适应封建统一需要的中央政府体制——三公九卿制度。九卿，即奉常、廷尉、治粟内史、典客、郎中令、少府、卫尉、太仆、宗正（图1-1-1）。

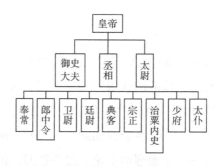

图 1-1-1　三公九卿制

　　三公的职责分别为：丞相，辅佐皇帝处理全国事务，是皇帝的助手。从秦开始，丞相正式成为官职，为中央政府中皇帝之下的最高长官；太尉，协助皇帝掌管全国军队；御史大夫，为丞相的助手，掌图籍章奏，监察百官，相当于副丞相。三公之间互不统属，直接隶属于皇帝，便于皇权集中。三公之下的九卿的职责为：廷尉，掌司法；治粟内史，掌国家财政税收；奉常，掌宗庙祭祀礼仪；典客，处理国内各少数民族事务和对外关系；郎中令，掌管皇帝的侍从警卫；少府，掌管专供皇室需要的山海地泽收入和官府手工业；卫尉，掌管宫廷警卫；太仆，掌宫廷车马；宗正，掌皇帝宗族事务。无论三公还是九卿，均由皇帝任免调动，一律不得世袭。

　　汉代皇帝改了大量官名。汉景帝把"奉常"改为"太常"，把"卫尉"改为"中大夫令"，把"廷尉"改为"大理"，"典客"改为"大行令"，把"治粟内史"改为"太农令"。汉武帝时改"太农令"为"大司农"，改"大行令"为"大鸿胪"，改"郎中令"为"光禄勋"。当然，上述九卿更名大多没有影响到它们的职能，至于动机可能是由于语言变迁而寻求官名的准确。无独有偶，三公的名称也有比较大的变化。汉武帝改"太尉"为"大司马"，汉哀帝时改"丞相"为"大司徒"。以上更名在当时并非更名，而是另有原因。比如，大司马一职，原是霍去病和卫青讨伐匈奴，带去的马匹有十四万，但至班师入塞之时却不到三万匹，所以需要任命两人同为大司马。

　　汉武帝时改革了中央官制，把中央官员分为外朝官、内朝官。外朝官有丞相及丞相之下的各六百石官。而内朝官，或称"中朝官"，包括大司马和左、右、前、后将军，尚书，以及侍中、散骑、诸吏、诸郎、博士等。所谓内朝官或中朝官均由皇帝直接差遣，而不专任行政职务，与有着行政性质的正规官称的外朝官是相对而言的。

　　东汉时期，前汉光武帝、汉明帝、汉章帝三位帝王时期虽有短暂昌盛，但后汉充满了外戚和宦官的荼毒、少数民族的叛乱、黄巾起义等内部变乱，致使国内陷入长期的动荡和三国割据局面。因此，在东汉前期，基本继承了西汉的官制，并进行了一些改革。但是在中后期，因为内乱的局势，军事官员的地位逐渐提高，有一些人即使靠文官身份也能称雄于世。

　　东汉光武帝在对皇权的加强上，比起西汉更有过之而无不及。光武帝亲政时，加强了尚书台的权力，职无不统。《通典·卷二十二》云："至后汉则为优重，出纳王命，敷奏万机，盖政令之所由宣，选举之所由定，罪赏之所由正。斯乃文昌天府，众务渊薮，内外所折衷，远近所禀仰。"

在东汉时期，虽然三公仍保留议事的职能，但它们已经失去了实际的权力。国家的决策机构逐渐转移到了尚书台，而中央权力则全部集中在皇帝的宫廷办公厅内。此外，由于三公经常因小事而被解职，其地位逐渐下降。最显著的是（大）司徒，即使相当于西汉时期的丞相，却不再享有受到皇帝亲自接待的待遇。例如，由于韩歆的坦率直言，无所隐讳，光武帝无法容忍他继续担任司徒一职，因而免去他的职务并遣返其回乡，还发布了谴责他的诏书。韩歆因惶恐不安而选择了自杀，欧阳歙、戴涉在之后担任大司徒，均因获罪下狱，死于狱中。

在东汉时期，太傅被封为上公。光武帝授予卓茂太傅之职，并封他为褒德侯，并赐予他二千户的食邑以及车马等奖励。此后，每有新的皇帝即位，便会辄置太傅录尚书事，统管国家大政方针。董卓在黄巾之乱后自封为太师，地位超越了太傅。这些官职很少设立，所有曾担任过太傅录尚书的人在去世后，都会删除他们担任该职位的记录。

在东汉末年，由于诸侯争霸，中央政权曾先后落入董卓和曹操手中。董卓曾同时担任太师、大将军和相国的职位。其中，相国地位高于三公。在曹操掌权期间，他免去了太尉、司徒和司空的职务，并设立了丞相和御史大夫职位。曹操自己担任丞相一职，并一直担任到去世。

（二）选官制度

西汉王朝建立之初，承袭秦的军功赐爵制，许多战功显赫的功臣新贵成为汉家官僚机构的主要支柱。为了加强各级统治，维护官僚地主的利益，其他选官途径便应运而生了。比较重要的有征辟、任子、赀选等途径。

征辟即"征聘"和"辟除"。前者指皇帝特诏选任官吏，后者属高级官吏任用属员。刘邦晚年，为了巩固汉家帝业，曾下诏慕求"贤士大夫"，开了汉代帝王求贤之先。汉文帝重视儒家经典的整理和研究，曾准备召名儒伏胜教习《尚书》。这种由皇帝聘召名士参政，或者委任其他职务，即称为"征聘"。受征者应召与否，本人可视情况抉择。汉廷对于征聘，往往礼数极尊。刘邦在求贤诏中，要求郡守亲自前往劝勉，并用车马送至京师。汉武帝迎申公时，束帛加璧，安车驷马，给予特殊的礼遇。

征聘之外，汉廷公卿及地方长官，也可任用一般的掾属，称为"辟除"。汉初辟除属员，开始必须向汉廷上报，后来可以自行任用，一般只限低级属吏。但是这两种选官方式都有一定的局限性。征聘一般只对个别人，汉武帝之前，征聘的例子很少，辟除属员也有某些限制。

随着汉初统治秩序的恢复和稳定，官僚显贵为了世代把持政治特权，一种以官吏保任子弟为郎官，使其政治特权世袭化的选官制度，便在这种情况下逐渐兴起。这就是汉初的"任子"制。到了文景年间，"任子"制十分盛行。

所谓"任子"，指汉代二千石以上的高级官吏，任职满三年，可以保任子弟一人为郎官。当时许多官僚子弟通过这一途径平步青云，成为他们获取高官厚禄的进身之阶。他们通常先保任为郎官，即属于宫廷宿卫侍从的官职，然后再迁转为汉廷各级的官吏。

汉代出身郎官的高级官吏为数甚多，其中不少是依靠父兄荫庇而显达的。如汉文帝时期，袁盎以兄任为郎中，稍后迁为中郎将，调为陇西都尉，又迁齐相及吴相，直至擢为太常。

自文景以来，"任子"制不但盛行，而且有扩大之势。保任者已不限于"以父任"，或者"以兄任"两种，保任的官职也不限于郎官一种。到汉武帝时期，甚至保任的人数也不受一人之限。这些现象一方面说明了任子制的变化，一方面反映了任子制作为维护官僚显贵的既得利益使其特权世代相传的政治工具，其内容并无实际的、严格的限制。

此外，还有以货财入选为郎的选官途径，称为"赀选"。汉初，入仕要受财产限制，家贫不得推择为吏。汉景帝时期，规定"赀算十以上乃得宦"，即须具备十万以上的家资，方可候选入仕。在汉初，这个数字相当于一个中等之家的财产。但是以货财入选为郎，往往长期不得升迁，如汉文帝时，张释之"以赀为骑郎"，十年不得升调，竟要辞官归家。

上述几种选官的方式，不但范围狭窄不利于广泛选拔人才，而且所任用的官吏也不一定是贤才，尤其是"任子"和"赀选"因其弊端，已为当时多人所指摘。

汉武帝即位时，董仲舒在《举贤良对策》中指出："长吏多出于郎中、中郎、吏二千石子弟，选郎吏又以富訾，未必贤也。"他建议由"列侯、郡守、二千石各择其吏民之贤者，岁贡各二人以给宿卫""实试贤能为上，量材而授官，录德而定位"（《资治通鉴·汉纪九》），即实行察举的选官制度。

察举是一种由公卿或郡国向朝廷举荐人才，经朝廷考察后授官的选官制度。早在汉武帝之前，这种选拔官吏的制度实际上已经产生。文帝十五年（公元前165年）九月，"诏诸侯王、公卿、郡守举贤良能直言极谏者，上亲策之，傅纳以言"（《汉书·文帝纪》），就是一次明诏察举的选官。当时身为太子家令的晁错，在这次举贤良的对策中，即以"高第"而迁官中大夫。

这次诏举的方式方法，开了察举制的程序模式，成为后来察举取士的程序，它标志着汉代察举制的产生。文景时期所实行的察举选官，似乎不止汉文帝后期这一次，如景帝时期的循吏文翁，"以郡县吏察举。景帝末，为蜀郡守"《汉书·循吏传》，正是这种情况的反映。文翁"少好学，通《春秋》"《汉书·循吏传》，是个儒生。他在黄老之学盛行的文景时期被举荐入仕，而且官至郡守，又说明当时察举选官不受学派的限制。

尽管如此，文景时期的察举选官仅仅属于选官之一途，尚未成为定制。察举制作为加强中央集权的工具，成为选拔官吏的主要途径，而且不断完善为一项定制，是在汉武帝时期才得以确立的。武帝建元元年（公元前140年）十月，"诏丞相、御史、列侯、中二千石、二千石、诸侯相举贤良方正直言极谏之士"（《汉书·武帝纪》）。这是汉武帝即位之后，第一次以察举的方式荐举了一批贤良方正。

当董仲舒提出"罢黜百家，独尊儒术"的建议时，丞相卫绾奏请所举贤良"治申、商、韩非、苏秦、张仪之言，请皆罢"（《汉书·武帝纪》），汉武帝准其奏。从此，察举制的选官方向，遂确定主要以儒术取士。这是汉代察举制发展的一次根本性的转折，但是真正推行以儒术取士的察举制，却是在太皇窦太后死后的事情。

武帝元光元年（公元前134年）十一月，即太皇太后死后六个月，汉武帝"初令郡国举孝廉各一人"（《汉书·武帝纪》），此后举孝廉便成为岁举的常行科目。这项诏令不但扩大了察举制的科目，而且举孝、举廉成为每年必行的常科，表明察举为武帝时期主要的选官途径。

但是，在推行察举制的过程中，也遇到来自郡国方面的阻力。为了确保这项制度的实行，元朔元年（公元前128年）十一月，汉武帝诏议不举之罪，并批准

"不举孝，不奉诏，当以不敬论。不察廉，不胜任也，当免"（《汉书·武帝纪》）的奏议。至此，以举孝廉为主要科目的察举制便作为一项定制确立下来，并成为选拔官吏的主要途径。

在汉武帝时期，察举制科目进一步扩大，基本上可分为常科和特科两大类。常科指岁举的常行科目，即举孝廉；特科指特别诏定的科目，如举秀才异等、贤良方正等。

孝廉指孝子、廉吏两种人。举孝和察廉本属性质不同的两科，但是在汉代的察举制中，孝廉常常并称为一科。由于举孝、察廉被视为对"忠君"有着特殊的意义，又是汉武帝"独尊儒术"的重要措施，因此它备受汉代统治者的重视。在汉代察举诸科中，孝廉一科所举人数最多，是察举制的主要科目。

贤良方正，汉代的"贤良"往往与"方正""文学"连称，或称"贤良方正"，或称"贤良文学"。从文帝、武帝所举贤良看，凡具备一定才学的人都可入选。这一科目始于文帝十五年（公元前 165 年），后来一直沿用未废。汉代察举贤良方正，被视为重要的科目，因此它虽名为特科，实际上却屡见不鲜，而且所举贤良多由现任官吏充选。一旦举为贤良，经过皇帝策问，便根据对策的情况授予不同官职。

汉代一些有影响的人物，多数由这一途径入仕。如文帝时，太子家令晁错就是通过这一途径迁官中大夫的。汉武帝时期，董仲舒以贤良对策，被任命为江都相。还有公孙弘，以贤良征为博士，后官至丞相。严助因举为贤良，对策很受武帝赏识，被擢为中大夫。

秀才异等，又称茂才异等，指具有特殊才能、超等逸群的人。秀才异等一科的创设始于武帝元封五年（公元前 106 年）。当时鉴于"名臣文武欲尽"（《汉书·武帝纪》），汉武帝为了选拔人才，便将它作为察举的特科设立。

汉武帝在建立察举制的同时，又以博士弟子员入补官吏。儒学在文景时期，立了《诗》《书》《春秋》三经博士。汉武帝即位初年，补了《礼》和《易》博士，于建元五年（公元前 136 年）正式置五经博士。元朔五年（公元前 124 年），丞相公孙弘奏请为博士置弟子 50 人，具体规定了博士弟子的人数。

总之，汉武帝确立以察举制为主的选官制度，加以开创博士弟子员补官的制度，首先保证了"独尊儒术"的推行。这两种选官的途径并行不悖，打破了"任子"

和"赀选"的限制，进一步扩大了选拔官吏的范围，为加强中央集权统治迈出了重要的一步。

但应该说明的是，汉武帝虽然实行以察举为主的选官制，但是并没有废除任子制和赀选制。相反，在武帝及其以后，这两种选官途径都有所发展。

第二节 唐代文化概论

一、唐代物质文化

（一）手工业成就

隋唐手工业是中国古代手工制造业的一个高峰。随着市场和需求的扩大，官营、私营手工业的发展，手工制造技术较前代有了显著的提高，产量有了明显增加。大量制作精美的丝绸、金银器、三彩器、瓷器和铜镜，展现了唐代手工制造业高超的技术水平。

1. 铜镜

中国古代铜镜已有四千年的历史，是人们不可缺少的生活用具，因精美绚丽被后人喜爱。此外，铜镜作为一种生活工具，又被赋予了一种判别是非曲直标准的意义。

唐代时期在铜镜发展史上是一个新的历史时期。在制作工艺上，因在原料中加大了锡的比例，铸法上，采用高浮雕式和浅浮雕式使铜镜直观上显得更加立体明亮。在题材和纹饰上，唐代铜镜以题材新颖、纹饰华美著称，造型除传统圆形外，还出现了新颖的菱花形、葵花形、方形等。镜背纹饰以瑞兽、葡萄、鸾鸟、花草、八卦、山水、祥云和神仙人物故事等为主题，题材新颖、纹饰华丽、生动活泼。唐代铜镜艺术既体现了唐朝富丽堂皇、充满浓郁生活气息和蓬勃向上的精神面貌，还反映了唐代丝绸之路中西文化交流的繁荣和开放。

瑞兽葡萄镜是唐代新出现并最具影响力的镜类之一，收藏于陕西省历史博物馆。瑞兽葡萄镜出现于初唐（公元6世纪晚期至7世纪晚期），流行于盛唐，即从唐高宗、武则天到唐玄宗开元时期。镜背纹饰采用高浮雕技法，形态各异的瑞兽穿梭嬉戏在葡萄藤间，充满生气和动感，组成了一幅欢快优美的画面。瑞兽这一特殊形象是以原始狮子为原型，经艺术再创造而成。葡萄是外来水果，自传入我国以来有两千多年的历史。据史书记载，葡萄是由汉武帝派张骞出使西域后带回来的，当时的丝绸中就出现了葡萄花纹。葡萄经丝绸之路传入长安，其丰硕的果实代表着"多子多福"。这面铜镜将西方葡萄与中国传统文化元素结合，被誉为"凝结欧亚大陆文明之镜"（图 1-2-1）。

图 1-2-1 瑞兽葡萄镜

2. 金银器

虽然早在商代中国就已经出现了黄金制品，但是就目前考古发现而言，唐代以前的金银器皿仅有几十件。到了唐代，其数量猛然增至几千件之多，且种类繁多，制作精美。唐代国泰民安，人民生活富足，相对追求自由，加之丝绸之路的通畅，这些因素都使得金银器在唐代得到了飞速的发展，唐代成为中国金银器史上的一个高峰时期。

在唐代，皇室贵族极其热衷于金银器，这并不仅仅是因为它们价格昂贵、外观华美，更重要的是，这种追求延续、发展了汉代以来对金银的神秘观念。一般而言，人们普遍相信使用金银制成的器皿对人体健康和长寿有神奇的作用。价值崇拜和命运向往的结合，使金银器皿更为神圣化，其生产制造也随之发生了根本性变化。

唐代金银器制作方法很多，据《大唐六典》记载，当时金的加工方法就有戗金、研金、销金、拍金、镀金、织金、披金、泥金、镂金、捻金、圈金、贴金、嵌金、裹金等 14 种之多，这些方法在金银器制作中得到了综合运用，使之巧夺天工。① 唐代制银使用吹灰法，就是用上等的炉灰先做成灰窠，将含银的铅砣置于窠中，加热使之熔化，铅入灰中，纯银则留存于灰窠上。考古学家对出土银器进行了测定，其纯度很高，说明唐代冶银技术已达到较高水平。李白曾有"炉火照天地，红星乱紫烟"的诗句，正是当时冶炼工艺的写照，反映了当时金银加工制作的盛况。

从出土文物看，唐代金银器在器物成型方面主要采用浇铸和锤揲技术，同时使用简易车床进行加工，如切削、焊接、铆接等；装饰工艺采用浅浮雕、錾刻、鎏金、抛光、掐丝、镶嵌等多种技法，展现了金银器精工细作、富丽堂皇的艺术风格和金光银辉的艺术效果，突出了大唐风范。

浇铸是将金属熔化后铸成一定形状物件的过程和方法，主要工序包括造型、制芯、熔化金属、浇注、落砂、清理和砂石处理等。金器的范畴一般把金矿石或自然金加热至 1063℃，熔化成金液，然后浇入预先准备好的器物模范内，冷却后即成为所要制作的器物。银器的铸造方式同上，但熔化温度仅为 960.8℃。

锤揲即充分利用金银的延展性能，用锤子将金银打造成圆形薄叶，然后置于器物或模具上，再从中央开始挤压锤打，就会形成有凹凸纹饰的器物。早在公元前 2000 年，西亚地区就掌握了锤揲技术。随着中外文化的密切交流，锤揲技术从西亚传入我国，唐代工匠熟练掌握了这种工艺，从而使金银器制造技术进入了新的发展阶段。

抛光是对工件表面进行擦光的加工方法。一般用附有磨料的布、皮革或木材等软质材料的轮子高速擦拭工件，进而提高其表面的光洁度或光亮度。

鎏金即镀金。把黄金块或片剪碎，在 1063℃的温度下，可以用一两黄金加七两水银的比例将金融化并混入水银中，最终形成金泥。接下来，将金泥涂抹在器物表面，使用无烟炭火适度加热以促使水银蒸发，黄金就会固留于器表作为装饰。若要鎏金层厚一些，可反复进行几次。所鎏的金层经久不褪，不仅产生了绚丽的装饰效果，而且还能很好地保护器物表面不受氧化。鎏金工艺复杂而用料较简，金黄银白的色彩对比强烈，使得器物的整体效果于富华端庄中带有简洁的情趣。我国在战国时期就已发明了鎏金技术，这在世界上是最早的。

---

① 李隆基. 大唐六典 [M]. 西安：三秦出版社，1991.

錾刻是在金属表面进行装饰的一种工艺。这一工艺需要用小锤熟练地击打不同大小和纹理的錾子，使其在金属表面留下錾痕，形成各种流畅生动的花纹图案，进而达到装饰的目的。这种工艺始于春秋晚期，盛行于战国时期。

镶嵌是在金银器上嵌饰珍珠、水晶、绿松石、红绿宝石等材料的饰物，以增加器物的富丽程度的一种工艺，可在器物上同时装饰多种饰料。镶嵌金银的器物比纯金器更显得艳丽多姿，工匠可以通过镶嵌纹饰尽情发挥自己的想象力。作为我国金属铸造工艺中的传统装饰手法，它在春秋战国时期特别盛行，属于百工技艺，不为古代文人所重视，古籍中不容易找到这方面的系统记载。

收挑是一种能取得浮雕效果的錾雕工艺，一般平錾从正面錾，而收挑则从正反两面有收有挑、有凹有凸，以取得立体效果。

点翠是用翠鸟羽毛粘贴于金银器上，以取得绚丽的色彩效果的工艺。点翠须点面平整服帖，不露底。

唐双狮纹金铛是唐朝时的文物，现收藏于陕西历史博物馆。这金铛是通过用锤子敲打来成型的，柄部呈现叶芽的形状，下部装有三兽足。外底的中央部分有九条呈波浪状的曲线，将外壁分为九个呈"S"形的区域。内錾刻出的图案包括双鸟衔绶、双鸟衔方胜、力狮和花卉等，整体构图协调华美，体现了唐代金银器富丽华美的特点（图 1-2-2）。

图 1-2-2　双狮纹金药铛

唐鎏金蔓草花鸟纹高足银杯，唐朝文物，现收藏于陕西历史博物馆。它高 6 厘米，口径 7.7 厘米，足径 4 厘米。外形为多曲圆形杯体，表面鎏金工艺，深腹，中部有一折棱，下接花瓣形细柄高足。高足上端为圆形托盘，中间有算珠式节。杯身以折棱为界，上下为两层花瓣。通体满饰纹样，有萱草纹以及鸳鸯、喜鹊、鸿雁等飞鸟纹，花瓣边沿以忍冬花纹装饰。这件高足杯造型宛如一朵盛开的鲜花，制作精妙绝伦（图 1-2-3）。

图 1-2-3　鎏金蔓草花鸟纹银高足杯

3. 唐三彩陶器

唐三彩是中国唐代时期流行的一种陶器，其特点在于采用黄、绿、棕三种颜色的釉彩进行装饰，在底部用白色钨器进行釉彩，进而形成一种独特的色彩效果。唐三彩包括陶制酒具、壶、罐、床、马、人物等，每一件作品都由匠人精心制作，表现出当时人们对于美的追求。唐三彩是中国古代艺术品的代表之一，也是世界上艺术品收藏中的珍品之一。

由于唐代是中国经济和文化发展最为繁荣的时期之一，也是丝绸之路最鼎盛的时期，唐三彩在那个时期备受青睐，生产量极大。它被广泛用于陪葬品和贡品，反映了当时社会的审美和文化水平。早在唐朝初期，唐三彩便已经作为中外文化交流的产物而输出于国外。朝鲜制造了以日常器皿为主体的"新罗三彩"，而日本则出现了备受皇室贵族或僧侣喜爱的"奈良三彩"，大多作为殉葬品使用。后来人们又在意大利等其他国家发现了唐三彩的踪迹，这足以证明在中外文化的交流史上，唐三彩的作用是十分突出的。

除此之外，唐三彩凭借其特殊的功能，也成为唐朝文化的缩影。最初的唐三彩作为一种生活用具，以其生动形象的造型、色彩明艳的釉色，成为人们所喜爱的工艺品，其本身的制造工艺也体现着唐朝文化的包容开放。唐三彩盛产于唐高宗到唐玄宗时期，它是唐代艺术史上的耀眼明珠，同时也是盛唐时期文化的见证者。无论是在中国美术史上还是在中国文化史上，唐三彩都有着独特的价值。人们可以通过唐三彩更好地了解大唐盛世的经济、政治以及文化等社会风貌。

现藏于陕西历史博物馆的绿釉香薰是一件制作精美的单色釉三彩器，作为三彩器中的珍品，其与一般多色釉三彩器的风格迥然不同，与汉以后至唐以前的单色釉陶器有着本质上的区别。肥厚的釉层烧成后呈现自然流动和浓淡变幻的美妙效果，绿釉香薰既可看作是中国古代单色釉陶器的顶峰之作，又从一个侧面反映了盛唐时期唐三彩高超的烧制水平（图 1-2-4）。

图 1-2-4 绿釉香薰

罐是一种常见的盛储器皿。唐代的三彩四系罐的罐口外卷，圆腹，肩部有四个对称的罐耳，用于系绳固定，提用方便。罐内、外施满三彩釉，釉为草绿、淡黄、褐三色，呈细丝条状。肩部有四个泥条形耳可以穿系。罐身黄、褐和绿三色釉自然流畅，给人一种水波的动感，显示了三彩"流釉"的艺术特点（图 1-2-5）。

图 1-2-5 三彩四系罐

唐三彩女俑是中国唐代灿烂艺术中最具代表性的雕塑艺术品之一，千百年来为世人瞩目。由陕西省历史博物馆收藏的一组唐三彩女俑，多为彩绘披帛俑。被帛是唐代女性服饰搭配中的重要配饰。肩披被帛的风俗可能源自萨珊时期的希腊、罗马及波斯地区。西安出土的唐代壁画和陶俑中的女性，几乎人人都披长短宽窄及质地不同的各色被帛，与各式裙襦搭配。这些女性所穿的宽幅多褶长裙也是唐代女性最典型的下装，真实展现了唐代女性的时代风采。唐三彩女俑造型生动逼真，釉彩艳丽，面部敷粉画彩，身施黄、绿、棕三色釉，依据唐代宫廷女性的社会地位烘托出了富有浪漫色彩的盛唐气象（图 1-2-6）。

图 1-2-6　唐三彩女俑

（二）纺织业成就

我国是世界上最早发明饲养家蚕和缫丝织绸的国家，并为西方世界所知，因而古代西方人称中国为丝国，中国人也被称为赛里斯人或丝国人。公元前 17 年，古罗马人便已经了解了中国的丝绸和其制作工艺，汉朝一磅的生丝在罗马价值 12 两黄金。公元 3 世纪，一磅的生丝在罗马帝国的价格为 274 法郎。古罗马诗人维吉尔在其著作《田园诗》中也提到："塞里斯人怎么会从他们的树叶中抽出纤细的线？"公元 1 世纪，古罗马诗人普罗佩提乌斯《哀歌》中也说："塞里斯织物和绚丽的罗绮，怎能抚慰他们的忧伤？"[①] 可见在罗马帝国的贵族中，中国的丝绸十分受欢迎，因而使得各个国家的使者和商人将大批量的丝绸运往波斯、罗马等国家，

---

① 陈凌，莫阳. 丝绸之路与古代东西方世界的物质文化交流 [M]. 西安：三秦出版社，2015.

从而促进了丝绸贸易的繁荣发展，也对西方的丝绸纺织技术产生了深远影响。

　　商代改进了织机，发明了提花装置，能够用蚕丝织成斜纹花的丝织物，西周早期则出现了用多种彩色丝线提花的重经织物"经锦"。汉代由于桑蚕饲料的改善提高了蚕丝的质量，加以织机的改良，丝织物才能作为商品。唐武德二年（公元619年）出现了纬线起花的织锦，称为唐代纬锦，此后中国织锦就变成以纬线显花为主，即可把不同色的纬梭轮换织造，极大地丰富了织锦的色彩，从而形成精美的丝绸。唐代，丝织品的品种结构、图案纹饰、印染技术都达到了鼎盛。唐代丝织品不仅产量丰富、花样新颖，还作为高贵的工艺品沿着海陆丝绸之路大量输往西方。中外考古发掘表明，中国古代丝绸品种繁多、色泽绚丽、工艺精巧。陕西历史博物馆收藏的丝绸（条纹提花锦），其织物的结构、纹样、用料、用色乃至工艺技术均达到了中国古代丝绸生产的顶峰（图1-2-7）。

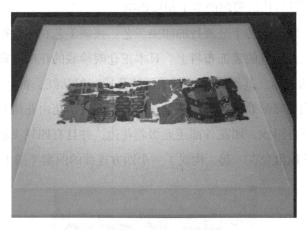

图 1-2-7　丝绸（条纹提花锦）

　　唐代衣冠服饰承上启下、博采众长，是我国古代服饰发展的重要时期。唐代艺术园地绚丽多彩，山水画、人物画驰名中外，高超的艺术造型和独特的审美观念给当时的服饰设计创造了优越的条件。据史书记载和考古发掘证明，唐代纺织业很发达，能生产绢、绫、锦、罗、布、纱、绮、绸、褐等等级较高的纺织品，且丝织品花色繁多，光彩夺目。唐代的绞缬织物有小簇花样，如现收藏于陕西历史博物馆的动物纹锦和小团花纹锦（图1-2-8）。

图 1-2-8　绞缬织物

唐代服饰的特点是：官服质地、款式更加讲究，幞头形制富于变化，品色衣形成制度，胡服颇为盛行，女服艳丽多彩。因此，唐代有关服色、纹样、佩饰的种种规定不仅是古代社会等级制度的重要体现，其新颖华丽、丰富多彩的服饰风格也对周围邻国及后代的服制产生了积极影响。

在唐代，夹缬是一种十分流行的印染工艺。夹缬工艺在唐代被广泛应用于女性服装、军装以及家具的装饰布料上。日本正仓院珍藏的花树鸳鸯纹夹缬褥面同样是唐代时期的作品。其纹样采用了多彩的色彩，包括红、黄、蓝、绿等颜色，呈现出非常鲜艳多彩的效果。其质地是丝质。纹饰大团花由花树及两只展翅飞舞的鸳鸯在树的下方组成，团花外部还点缀着花边，并且有四只飞雁俯瞰其上。所有这些元素巧妙地组合在一起，构成了一个四方连续的图案（图 1-2-9）。

图 1-2-9　花树鸳鸯纹夹缬褥面

　　丝绸所用的蚕丝并不是直接通过收取蚕吐出来的丝制作的，这样的方法不仅不能获得足够的蚕丝，还容易导致蚕死亡。因此，人们将蚕茧水煮抽丝后得到的蚕丝作为制作丝绸的原料，制作丝绸的第一步就是有技巧地处理缫丝。在得到足够的蚕丝之后，就要开始准备染布所需的染料。古代所用的丝绸染料都是由有色植物获得的，获取简便且对人体无害。随后便开始络丝。络丝便是将整理好的蚕丝缠绕到丝筒上，以便之后进行织布操作。接下来开始进行经丝，通过糊和捣练脱胶，这样能够去除蚕丝中的胶质，松散其纤维，如此得到的蚕丝就成为熟丝，这样的经丝步骤在唐朝张萱所画的《捣练图》中便有详细描绘。

　　丝绸的织布方法与普通的麻布并没有多大差异，在布匹织好后，可以用准备好的植物染料进行染色，这类工作大多由染布坊完成，染完后还要进行固色处理，否则丝绸容易掉色、混色，影响美观。

　　丝绸制作的最后一步便是砑光。砑光多用于纸张和布料的后处理，指用卵形或弧形等较为圆润的石块来摩擦纸张或布料，从而使其更为紧密且光亮，这种方法与玉石打磨中的抛光步骤类似。自此，一批丝绸制作完成，经过裁剪缝合后，绣上花样制成衣服以供穿着。

二、唐代精神文化

（一）教育文化

1. 学校教育

　　隋唐的教育本质上是统治阶级用来为巩固其统治服务的。其目的是培养和造就人才，通过读书明理、技能学习，使他们成为国家各方面所需要的合格人才，从而把他们选拔到国家的各级政府机构中供职，使国家机构中的人才不断地得到更新，以适应社会发展的需求。

　　随着社会的发展，学校教育在行政的管辖上脱离了太常寺的统辖而直接归国子监管理。国子监的地位与太常寺约略相等，并日益显示出它在国家文教事业中的重要性。这样一来，教育行政体系、教育内容、教育方法、教育对象、年龄、学规、师资和专业设置等学制方面，也都有了详细而明确的规定。到了隋唐时期，学校教育在长期发展的基础上已臻于健全了。

2. 社会教育

唐代社会教育的主要形式是私学，指不由州县官府举办而是由私人举办的学校，它属于私人教育的范畴，大体上可分为两个层次。一是成人教育，多由名师指授，主要是教授儒经举业。二是启蒙教育，多由乡间儒士教授，主要是讲授启蒙的基本知识。成人教育通常由著名的学者设馆，聚徒教学；乡校则主要是教授乡里子弟的初级学校，是一种启蒙教育。隋唐时期也有贵族显宦之家聘请儒师在家塾、学馆中教授子弟，也有父兄、母姐亲自教授子女弟妹，这些也都属于私人教育的范畴。

3. 德礼教育

隋唐设置学校，是为了培养人才为国家所用，因此必然要对生徒采取德礼的教育。因为德礼教育是国家的政本，也是思想上的指导。这种德礼教育大体说来尊崇先圣先师，服膺礼教，以忠、孝、仁、义、礼、让来提高学子的修养素质，使其有异于通常的庶民百姓。德礼教育的实施主要是通过行尊师的束脩礼、祭孔的释奠礼和贡举前的乡饮酒礼来完成。兹分别叙述于下。

（1）束脩礼

隋唐时期，行拜师的束脩礼是每个入学童生都要做的教育仪式，上自皇太子，下至国学、州县学学生皆须奉行。国家对此且有详细规定：如皇太子行束脩礼，须备束帛一篚（五匹），酒一壶，脩肉一案五艇（艇即直长条的干肉），跪拜奉陈并向博士行弟子之礼，以尽敬师之道，其礼至为隆重。束脩礼并非关注物质数量的多少，师长也并不依赖束脩为生，而是自孔子以来传统的道德教育。拜师之礼既行，师生名分也就由此确定，故其重要性在于礼，在于名分关系，在于尊师重道。

（2）释奠礼

释奠礼就是祭孔之礼。这是在学校中陈设酒食以祭奠先圣先师的礼节，也是古老的传统之礼。《礼记·文王世子》中有："凡学，春官释奠于其先师，秋冬亦如之。凡始立学者，必释奠于先圣先师。"隋唐时期，先是以周公、孔子为先圣、先师，后来在贞观时期以孔子为先圣，颜子（颜回）为先师，提高了孔子及孔学的地位，凡中央的国子学及地方上的州郡县学皆普遍设立孔庙。

（3）乡饮酒礼

乡饮酒礼亦颇古老。周时，学校教育在乡。乡学中，俊秀之士三年学习完成，由乡大夫考试其德艺，荐达于王。这便是"乡举里选"中的"兴贤举能"。此时由乡大夫主持，为宾贡之士设宴送行，待以宾礼，此即为乡饮酒礼。饮酒酬酢，皆有仪式。凡乡中有名位的老者毕来聚会，宴送，亦称"宾兴贤能"。隋唐时期亦模仿古制行乡饮酒礼。制度规定，凡学馆中的生徒学业已成，或地方州郡的贡士在上京赴试前，皆需由长官主持行乡饮酒礼。

（二）图籍、文学

1.图籍与著作

图籍是文化的具体表征。自汉代以来，图籍所藏以六艺、七略分类。京都为政治和文化中心，皇家书府为藏书的集中地。隋代，隋炀帝收集天下书籍，在东都嘉则殿所贮藏书籍达三十七万卷之多。经隋末丧乱，皇家图籍散失殆尽。到唐武德初年，加以整理。唐太宗贞观时期天下太平，君臣上下致力于文教事业，皇家图书经秘书监魏徵、虞世南、颜师古等人的先后搜罗，日渐增多。这些书籍均由写书手精工缮写、腾录并加以精美的装潢。到了唐玄宗时期，国家鼎盛，唐玄宗又大兴文教，并大规模地整修图书，命昭文馆学士马怀素为修图书使，与崇文馆学士褚无量等人在乾元殿东序检校整理，又借民间异本传录。及唐玄宗自洛阳回长安后，又迁图书于东宫丽正殿，置丽正殿修书院，置学士、直学士对所存图书大加整理，以经、史、子、集四部分类，皆有正本、副本，装潢所用的绸带帙签务求典雅华丽，并配以各种漂亮的颜色。此外，唐初诸帝及唐玄宗还集中全国著名的文史学者多人，命他们入直书府，使他们集体分工编写或翻译各种大型书籍，并厚加廪给。以此所编纂创作的大型书籍，动辄有千百卷之多，这又新增了图书的数量。再加上隋唐时期对向朝廷献书的人也大加奖励，甚至赐以官位，这对于皇家图书的集中也起着积极的作用。故到了唐玄宗时期，皇家的图籍大备，其数量去掉重复，约计著录有五万三千九百一十五卷，虽比隋盛时少，但质量则超过了隋。

隋唐时期，社会正从北朝以来的重武功趋向重文辞，由此求学读书经科举入仕已成世风所崇尚。文人学士的私人藏书也极多，一些著名的仕宦之家皆辟有藏书室，贮存各类图书。学者自己撰写的著作，犹如雨后春笋不断出现。据官方粗略统计，仅唐代便约有二万八千余卷新作问世。由此大略可见，在隋唐盛时，图书文籍的一般情况。

2. 文学体裁的革新

隋唐时期，文章的体裁有诏、令、奏、疏、诗、赋、箴、铭、志、碑、记、诔、书、启、序、述等，它们以各种不同的体裁体现出独自的功能，统称之则为文学或文章。唐文中最具有划时代意义的便是由骈文至散文的演变过程。

唐人把先秦两汉的散文文体称为"古文"，把汉魏六朝以来流行已久的、四六对仗的文体称为"骈文"。骈文自六朝以来到隋及唐初，流行于整个上层社会，官文书中，诏令、表奏、书疏多用骈体。骈体限于音韵对偶、堆积典故，文辞虽颇华丽，但由于受到文体形式化的拘束，思想的发挥和文意的表达受到了妨碍。因此，一些在文学上有造诣的文学家不满意于这种骈韵的束缚，在文坛上提倡回归到先秦两汉的古文文体的写作中去。表面上看这似乎是复古，实际上却是要求打破骈文只重形式、不重内容，只重典雅、不重现实的陈旧框例，要求文章直抒胸臆，从现实出发摆脱骈韵的束缚而加以改革创新。这一历时很久的文体变革被后人称为"古文运动"。

到了唐初，陈子昂力纠浮华，以政论散文在古文运动中树立了先驱地位。他的论事书疏如《上蜀川安危事》《上蜀川军事》《上西蕃边州安危事》《谏雅州讨生羌书》《谏政理书》《为乔补阙论突厥表》《复仇议状》《与韦五虚己书》等在内容和风格上革除了骈体趋末弃本的不良倾向，重视文章内容，揭露时政的利害得失，论事则酌古御今、辨析事理，在文字上则气势激扬、宏丽流畅，语言上则简练质朴、无繁文缛语。这种文风深得此后文士们的赞扬。

至中唐，又有韩愈、柳宗元以其一生的实践大力提倡古文运动。他们提倡作文要与道相结合。所谓道，即儒家所宣扬的忠孝仁义、三纲五常等伦理道德，即通过道以达到匡世济民的目的。用今天的话来说，就是要理论联系实际，古为今用，为现实的政治服务。他们强调作文要除去陈言滥调，反对剽窃、陈陈相因，强调语言的创造性、准确性，文章表达要力求文辞通畅，说理、叙事、言情都应该服从于社会生活，"言必己出"，抒写出心中所想所思。由于他们都是文坛领袖，朋友和门徒众多。他们彼此间呼应、鼓动唱和，这样，在文坛上便形成一股极有力的声势，动摇了四六骈文长期在文坛上的统治地位，从而开创了散文新文体。后来人称赞韩愈"文起八代之衰"，把韩愈列为唐宋八大家之首不是没有缘故的。

继韩愈、柳宗元之后，李翱、皇甫湜、沈亚之、孙樵等人也都纷纷提倡散文写作。他们对推进散文创作都做出了一定贡献，不过他们的名声则不及韩愈、柳宗元影响深远。到了晚唐，罗隐、皮日休、陆龟蒙等人继之对散文创作也做出了建树，他们的散文多带有现实的批判精神，对社会的各种弊病做出深刻的针砭，从而对唐代古文运动的继续推进立下了不拔的功绩。总之，唐代的古文运动不是奠定于一时、一人之手，而是通过长期地有一群文坛人士积极参与，并以各自的散文创作汇合成浩浩荡荡的大军而奠定的。需要注意的是，文章由骈变散，还与唐代士人身份发生改变，并广泛参加整个社会活动、积极地参与政治有关。

经过唐人对古文运动的不断革新与努力，到了宋代，散文终于彻底地取代了骈韵文体。从此韵文时代宣告结束，散文也就成为文辞中的中流砥柱。

3. 诗的发展与词的兴起

（1）诗的蓬勃发展

唐人的诗歌创作可谓空前绝后。名人名诗脍炙人口。诗的各种流派纷呈，犹如百花争奇斗艳。其中，有些瑰奇秀丽，有些宏博远致，有些奇涩僻苦，有些慷慨激昂，有些闺阁香艳。诗人对大千世界人、物、境写意寓情，通过长歌短句、七言五绝、音律平仄，巧妙工整地将表达铺排得淋漓尽致。略而言之，自隋到唐，诗坛人才辈出，作品空前鼎盛。

隋唐诗坛人物逐浪相推，层出不穷。在隋代，诗歌就已成为士人们言志抒情的载体。杨素、卢思道、薛道衡、王胄、虞世南等朝官文士，无不以诗鸣于世。到了唐代更是人才辈出，诗歌处于黄金时代。从形式上讲，无论古体、律、绝都十分完备。从内容上讲，咏事吟物丰富多彩。从风格上讲，才艺纷呈，多种多样。隋唐之际王绩的诗以风格清新见长，是山水田园派的先驱。初唐时期，王勃、卢照邻、杨炯、骆宾王四人，被誉为"初唐四杰"。他们以自己的诗歌风格突破了前朝宫体诗艳丽婉秀的狭隘氛围，使诗歌创作出现了气势宏远的气概，从而为旧诗开辟出新领域。杜甫写"王杨卢骆当时体，不废江河万古流"。对他们的诗歌创作成就推崇备至。继"初唐四杰"之后，又有陈子昂在诗歌的理论上推陈出新，主张用"汉魏风骨"来表现"风雅兴寄",使当时开始成长起来的新诗风得到巩固和发展。到了盛唐时期,诗坛人物各领风骚。李白人称"诗仙",杜甫人称"诗圣",将王维的诗称赞为"诗中有画,画中有诗"。他与孟浩然被人们推为山水田园派一代宗匠。此外,高适、岑参、王昌龄、李颀等人的诗,描写山河壮丽、慷慨酬国,其豪迈、激昂的诗篇被人们誉为盛唐边塞诗的代表。到了中唐,白居易的诗清新脱俗,其讽喻诗"句句必尽规谏"①,在诗歌语言的运用上趋向于大众化、通俗化。元稹、刘禹锡则是白居易的诗友,他们彼此同调/唱和属辞,世称"元白""刘白"。至于韩愈、孟郊、贾岛、卢仝等人的诗则在艺术风格上和技巧上分成一派。他们的诗以新奇、险涩、冷僻独树一帜。晚唐诗人则以李贺、李商隐、杜牧为代表。他们的诗与盛唐时期相比,由于受到时代离乱的影响,诗风多流露出感伤、惆怅和精神上的失落,但彼此亦有差异。李贺的诗多带有迷惘与梦幻,浪漫奇特、峻峭是其特点。杜牧的诗则多反映都市生活和男女恋情,清丽婉约是其特点。李商隐的诗则喜用冷僻典故,对偶工整、秀美绮丽、情思绵远是其特点。到了晚唐五代时期,宫体诗复炽,王建、温庭筠的诗,多咏宫廷妇女,香艳风情是其特点。但仍有皮日休、聂夷中、杜荀鹤等人,皆能以诗歌揭露社会腐败、关怀民生而鸣于世。

隋唐诗歌的盛行与政治上实行以科举考试选拔人才有莫大的关系。自隋罢九品中正,设学校、创科举,把选官与人才升进的权力收归中央,由吏部统一管理之后,唐太宗时确定以文治治国、教化百姓为国策,仍继承了隋的制度,实行科举。士人们人人可得自陈牒于州县,通过地方到中央的层层考试,由中央吏部以成绩优劣取世。自唐高宗、武则天以后,尤重文辞,所谓文辞即诗赋文章。朝廷取士,自两汉以来,从重经学进而以重文辞为主,这是历史的一大进步,也具有划时代的意义。学而优则仕,这就大大地激发了士人们奋力学习诗赋文章的热情。诗歌的蓬勃发展,其根源就在于此。

唐代诗歌能拔萃于文坛,这与文人学士们一生专志精勤于音律字句的雕琢推敲是分不开的。例如杜甫作诗,有"语不惊人死不休"②的坚忍不拔的精神。贾岛作诗多推敲警句,有"苦吟诗人"之称。李贺作诗,常备有古锦囊作诗袋,出入

---

① 陈连达.隋唐文化史[M].合肥:安徽文艺出版社,2017.
② 陈连达.隋唐文化史[M].合肥:安徽文艺出版社,2017.

必携带在身，平日吟诵之诗及思得好句，均纳入其中。白居易作诗，诗兴不能自制。他作有《醉吟二首》，自称"酒狂又引诗魔发，日午悲吟到日西"。他们嗜诗、吟诗，推敲词句，反复体味，几乎似痴似狂。他们在诗歌上能取得成就，乃是其平时对诗歌的联珠缀玉，千锤百炼的结果。此外，唐人多游历名山大川，游宦求学于全国各地，对气象万千的大自然和复杂万端的社会现象耳闻目睹，积于之胸怀，他们平生喜好交友，彼此间诗酒相酬、互切互磋，诸此等等也无不在诗歌的创作上起着推动和提高的作用。

山林隐士是士的另类。或因其无意功名，或因其生平坎坷，因此而遁迹山野。他们闲云野鹤，毫无牵挂，多余时间以诗酒自适，边饮边吟。例如，隋末唐初人王绩，自称"五斗先生"，挂冠后居乡里龙门之东，尝作诗云："彭泽有田唯种黍，步兵从宦岂论钱。但愿朝朝长得醉，何辞夜夜瓮间眠。"[1] 开成、大中时人贾岛，仕途薄命，自题诗云："二句三年得，一吟双泪流，知音如不赏，归卧故山秋。"[2] 代宗大历时的朱放，隐居浙江剡溪、镜湖间，以诗酒自适，其诗风度清越、神情萧散，非寻常之比。他与江南儒雅文士及诗僧多有往来，相互为诗友之交。德宗贞元时人长孙佐辅，其诗繁而不杂，卓然有英迈之气。宋严羽《沧浪诗话·诗辨》评其诗风有盛唐风韵，透彻玲珑，如"空中之音、相中之色、水中之月、镜中之象"。其《山居》云："看书爱幽寂，结宇青冥间。飞泉引风听，古桂和云攀。地深草木稠，境静鱼鸟闲。阴气晚出谷，朝光先照山。有时独杖藜，入夜犹启关。星昏归鸟过，火出樵童还。神体自和适，不是离人寰。"[3] 读此诗，略可窥见隐居山林之士的诗风及其志趣高逸之一斑。

唐代僧人以诗鸣世的很多。有事迹可参者不下于四五十人。人们或称为文僧、诗僧。其见于《唐才子传》著录的有皎然、灵彻、灵一、法照、广宣、修睦、景云等。皎然，吴兴人，与灵彻、陆羽等人为诗友，在江南名声籍甚。陆羽在湖州杼山建三癸亭，有湖州刺史颜真卿题名，皎然赋诗，时称"三绝"。灵一，居若耶溪云门寺，其诗气质淳和，格律清畅，与灵彻、皇甫冉、皇甫曾兄弟、严维、朱山等人皆为诗友，相互酬唱之作甚多，其诗作"骋誉丛林"。辛文房在其著作《唐

---

① 夏连保. 王绩文集 [M]. 太原：三晋出版社，2016.

② 贾岛. 长江集新校 [M]. 开封：河南大学出版社，2008.

③ 丁成泉. 中国山水田园诗集成：第一卷 [M]. 武汉：湖北教育出版社，2003.

才子传》中指出："乔松于灌莽，野鹤于鸡群者，灵一、灵彻、皎然、清塞、无可、虚中、齐己、贯休八人，皆东南产秀，共出一时。"[①]

在诗僧中有王梵志作诗多劝导人们积德行善、皈依佛门。他生平作诗甚多，诗风通俗，适合大众，遗留迄今经学者辑校就有五百多首。又有天台国清寺僧寒山及丰干、拾得皆能诗。寒山诗亦庄亦谐，讽喻劝善颇似禅门偈语，而有机锋。其诗写于竹木石壁及厅壁上，后人搜辑得三百余首，纂之成集，流行于世。

唐代多诗僧，这与佛教在社会普遍流行有关，也与士人勘破世俗红尘，从实有转向空无，从而遁迹丛林、禅寺有关。

唐代亦有女道士以诗歌鸣于世。例如，唐玄宗时期李季兰善弹琴，精于格律，六岁时就能作诗。她作诗纤巧秀丽，曾与陆羽、皎然等皆有交往。天宝年间，玄宗闻其有诗才，一度召其入宫，后还归江南。其《恩命追入，留别广陵故人》一诗即咏此事。论其诗才者把她比之于前代的班姬、韩兰英。另有鱼玄机于咸通中出家为长安宜咸观女道士，与李郢、温庭筠等文人有交往，彼此以诗篇相酬答。她尝登崇真观南楼视新进士题名，作诗云："云峰满目放春晴，历历银钩指下生。自恨罗衣掩诗句，举头空羡榜中名。"[②]观其诗意，自恨为女子空慕金榜题名，颇流露出其才华不遇而又气概不凡的才情。

（2）词的兴起

在唐人诗歌鼎盛时期，产生出一种诗歌新体裁，这便是词。词是在诗的基础上发展起来的。它摆脱了近体诗整齐划一的格式，不限五言、七言，调句遣词长短错落，音律的节奏性更强，更便于吟唱。与诗一样，词也受音韵的限制。但是作者只要依声填词，写成之后便可以配合音乐歌唱。这样一来，词和音律更加紧密结合，或依曲配词，或依词创曲，可以分组反复吟唱，更合适于曲折叙事和抒意写情。由此它首先在歌舞吟唱的场所流行起来，故词亦可称为曲或曲子词。又因其句子长短不一，亦称长短句。例如，敦煌遗书中所发现的曲子词，便是当时民间歌唱的词。中唐以后，文人在写诗之余也多依曲填词，如张志和、刘禹锡、韦应物、戴叔伦、王建等人都有新词创作。到了晚唐五代时期，词便有逐步取代诗的趋势。晚唐温庭筠便是擅长作词的风流文士。他精通音律，洞晓曲

---

① 辛文房. 唐才子传 [M]. 北京：京华出版社，2000.
② 李冶，薛涛，鱼玄机. 李冶·薛涛·鱼玄机诗集 [M]. 北京：中国书店，2017.

调，常出入酒肆歌舞场所，情之所至便遣词琢句以入曲。他所作的词多描写闺阁妇女的服饰、容貌、肌肤和种种体态风情。时风所趋，民间词曲在文人的润色加工下，亦由俗而入文，走向声律柔和、文辞清丽的境地。到了五代时期，词愈益为文人学士所喜好。前蜀韦庄、南唐冯延巳、后主李煜等，皆以词闻名于世。他们所作的词早已脍炙人口，这里就无须赘述了。总之，文学体裁中由诗歌而进于词曲，这是社会生活、城市经济发展的必然结果，也是人们对文学多样化的发展需求。

（三）书法绘画

1. 书法

在隋唐时期，书法达到了前所未有的高度，继承了南北朝的艺术风格并将其发扬光大，隶、篆、真、行、草等各种书体都有显著的创新与成就，对后世产生了深远的影响。这体现了大一统时代士人们对书法勤奋精进、孜孜不倦的探索成果。不仅书法家们继承发扬了前人的书法技巧，开拓了新的领域，同时知识阶层的人们也开始关注与普及书法艺术，其中书生文吏、闺阁妇女、方外僧道，乃至五尺童子都能以书法见长。

西安碑林博物馆又被称为"书法艺术之故乡"，因为在这里，除了能够见到王羲之的字，还能够见到历朝历代众多书法名家的字迹，而其中又以唐代的书法家的真迹为最多，馆内容纳了2000多年书法艺术的盛景。《石台孝经碑》刻于唐玄宗天宝四年（公元745年），是西安碑林第一碑，又称"三帝碑"，碑文是文帝孔子的《孝经》，由唐玄宗李隆基御笔书写，碑额是唐肃宗李亨所书，"大唐开元天宝圣文神武皇帝注孝经台"16字，为秦小篆，笔迹清秀。唐玄宗书写的碑文采用工整的隶书，用笔丰腴华丽、大气磅礴，结构庄严恢宏。碑侧是唐玄宗的行书批注，潇洒飘逸，完美地展现了大唐雄风。

《大唐三藏圣教序》由唐太宗专门为表彰玄奘大师功绩所撰写，最早由唐初四大书法家之一的褚遂良所书。因李世民酷爱王羲之书法，玄奘弟子怀仁集字成碑，用王羲之的行书作品的字拼凑刻碑，足足花了24年，故又称"怀仁集王羲之书圣教序碑"（图1-2-10）。

图 1-2-10 《大唐三藏圣教序》

唐代石经是西安碑林创建的主要部分，刻成于唐开成二年（公元 837 年）。唐石经由 114 块碑石组成，每块碑严格按照十二部经书的顺序雕刻，经文是唐代小楷，为便于区分，每一篇经的标题都是隶书；字迹工整清晰、一气衔接，相当精美。

2. 绘画

唐人开放恢宏的胸怀和气度为外来文化的融合发展创造了有利于文化繁荣的环境。隋代绘画的发展为唐代绘画艺术的繁荣奠定了非常坚实的基础。唐代的绘画、书法、雕塑舞蹈、音乐等艺术相互影响，相互促进了各自的发展。

唐代的绘画艺术经历了三个发展阶段。第一个阶段是初唐时期。这一时期的绘画艺术在继承和发展了中原传统技法的基础上，不断受到周边各个民族及外来绘画艺术的影响，唐代的绘画艺术在这一阶段得到发展并持续创新。初唐的人物画追求的是"以形写神"的画风，但实际是以教化功能的实现为主旨。随着唐代社会经济的发展及思想开放带来的民族自信，唐代的人物画表现出了重视主体性、社会性与重造化相融合发展的艺术特点。

第二个阶段是盛唐时期。这一时期是人物画发展最为辉煌的时期，吴道子、杨惠之等是这一时期的主要代表人物。这一时期的绘画风格一改初唐时期细腻生动的风格，向着粗犷宏伟的气魄发展，在中国绘画史上产生了非常深远而广泛的影响，并且这一时期的绘画艺术吸收了西域"晕染法"的经验，丰富了技法的表现形式，为盛唐美术的发展和创新奠定了重要的基础。以宗教佛像和贵族人物画为主的绘画，在题材内容和作画技巧上都有了很大创新。随着庶族地主经济的发展，人物画开始以世俗生活为主要创作内容。在此基础上，山水画也得到了进一步的发展。

第三个阶段是在安史之乱之后。这一时期的仕女画极为盛行，深刻、沉郁、委婉抒情是这一时期的美学特征。其他以贵族宴饮游乐及文人墨客生活为体裁的绘画作品，在这一时期的创作也非常普遍，代表画家有孙位、周昉等。

在陕西历史博物馆保存的约 639 余幅的唐墓壁画，都是全国乃至全世界仅有的奇迹。懿德太子墓中的《阙楼图》《仪仗图》，章怀太子墓中的《客使图》《马球图》《狩猎出行图》，以及永泰公主墓中的《宫女图》等壁画作品都在其中，不仅具有极高的史料价值，也表现出高度的艺术水准和绘画风格，对后代的文化传承具有重要意义。

打马球兴起于唐代初期，唐代文献称之为"击球"。一般认为马球源自波斯，后经西域传入中国。在唐代，由于皇帝的倡导，马球运动很快得以盛行。马球运动在唐代深受人们喜爱，它不仅是一项高雅、有趣和富有挑战性的娱乐活动，还是一项带有军事色彩的运动。唐代盛极一时的马球运动也为诗人和艺术家提供了生动的创作题材，在陶俑、铜镜、画像等文物中均有表现马球运动。章怀太子李贤墓中的《马球图》以其场面之宏伟、构图之绝妙、描绘之精细、画面之动感被定为"国宝级壁画"（图 1-2-11）。

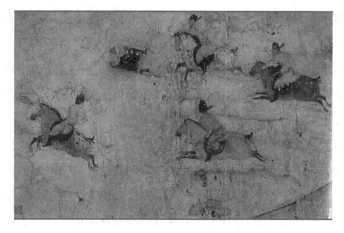

图 1-2-11　章怀太子墓《马球图》

三、唐代制度文化

（一）入仕途径与科举制度

1.官员选拔的途径

隋唐时期选拔官员的途径主要有三个，一是门荫入仕、二是流外入仕、三是科举入仕。

门第之子凭借其父辈在官场上的声望、地位、荣誉以及家族的资历和声望进入官场任职，这种现象被称为"门荫入仕"。由于他们得到了祖先或家族的庇佑，所以被称为门荫、官荫或荫补。自汉以来，历代多有。唐开元制：诸用荫出身者，一品子正七品上，二品子正七品下，正三品子从七品上，从三品子从七品下，正四品子正八品上，从四品子正八品下，正五品子从八品上，从五品及国子从八品下。三品以上官荫曾孙，五品以上荫孙，孙降子一等，曾孙降孙一等。这就是说，凡居官五品以上皆可以荫及子孙。所荫官上至正七品，下至从八品不等。以荫入仕，在隋及唐初人数不少。

唐代的章服制度也是衡量官员身份的标准。服装上用不同颜色、纹饰与配饰来区别穿着者身份等级，分为品色、章纹、环带、佩鱼四部分。品色即以官员服色作为区别尊卑的标准。章纹即服饰上之纹饰图案，指日、月、星辰、龙、山、华虫、火等十二种纹样。环带是用玉、金、银、犀角等为饰的革带。佩鱼是在鱼符上刻官名、姓名，作为臣子上朝的凭证。鱼袋的材料都有定制：太子佩玉鱼，亲王佩金鱼，诸官佩铜鱼。

出土于西安长安区刘智夫妇墓的唐代玉佩现收藏于陕西历史博物馆。唐代五品以上官员服饰，在腰部以下的装饰品主要是玉佩和绶，男女均可佩戴，并以玉佩所使用的玉料和绶的尺寸、质地、颜色不同区别等级高低（图1-2-12）。

图1-2-12 刘智夫妇墓玉佩

流外入仕指的是那些曾经在外部从事吏务、技术等方面工作并积累了一定经验，通过严格的考试后成功转入流官职位的人。因为他们的家世不符合朝廷正式九品流官的资格标准，所以被称为"流外"。这种流外官吏名称繁多，如令史、府史、亭长等皆是。他们分布于省、台、寺、监以及地方府州衙门中。他们普及于基层，在全体官吏中占绝大部分。

科举入仕中士人需要参加科目考试，只有通过地方和尚书省的二级考试，才能取得入仕资格。在隋唐时期，选拔官员的方式非常重要，大部分中央及地方机构的官职都是通过这种方式进行举荐的。他们被认为是从正规途径进入官场的人，从初任官九品逐级晋升到三品或五品，可以在不同的职位之间流动迁转，因此被称为"流内官"。在隋唐时期，科举入仕也有种种名目。朝廷对此有着较严格的考试制度并加以规范，有常年的科举以及临时的制举。常年的科举每年都会举行一次，即使发生重大事故而暂停，也很快就会重新开始举行。而临时性的制举是由皇帝特别任命，具体考试科目根据需要而定，通常由五品以上的公卿大臣以及地方府州长官推荐人才参加考试。这些考试科目的数量大约有80多科。不论是否有官职，只要被推荐参加科举考试的人都必须参加。通过考试，有官职的人可以晋升，而无官者则可以获得官职。即使考试不合格，仍然有机会在下一次的考试周期中再次尝试。应制举者可以在中明经、进士及第后再应制科，也可连考几科。

2. 科举考试的程序与主考机构

唐代应科举考试的士人大致有两类：一是诸生，亦称"生徒"，他们在各类学校如国子监的太学、四门学及地方州县学读书，经考试合格后由本司推荐应考；二是本人自学成才，经本府本州考试合格后由主官推荐举送。他们可以"怀牒"自列于州县，参加考试，合格后称"乡贡士"。由地方州刺史下考试举送者称"州试"，由京兆、河南、太原、凤翔、成都、江陵诸府下考试称"府试"。皆差当州、当府参军或属县的主簿、县尉一级的官员为试官，有时也有由刺史亲自主持考试。考试合格后，排定名次称为等第，第一名称"解元"亦称"解首""解头"，余统称"乡贡进士"，亦可简称为"进士"。乡试是士人参加科举考试的第一阶段，合格后才有可能参加中央举行的省试。

3. 社会对进士及第的重视

新进士由吏部授官，最初通常会被任命为中央机构的秘书省校书，而晋升后则可能成为拾遗或御史。在地方层面任职，新进士通常会被任命为县丞或尉，随着晋升则可能成为县令，并且还有可能调往中央机构工作。作为国家的精英，他们才华横溢、博学多才，尤其在处理政务和表达文辞方面独具一格，因此晋升速度也相对较快。新进士不仅可以在中央省台寺监担任各种职务，甚至可能因为文辞出色而被选为皇帝的"代言人"。比如，担任重要职位的翰林学士和中书舍人。许多人曾经由担任尚书省丞郎的职位而逐渐晋升为宰辅。因此，唐代自中期以后中枢要任多为进士出身。在唐人看来，一旦进士及第，便是"白衣公卿""一品白衫"，自此便可青云直上，前途无量。所以进士登科时人誉之为"登龙门"，又称之为"蟾宫折桂"。一些做官的人，即使位极人臣，却认为"不由进士者终不为美"。[①] 例如，薛元超任高宗当朝宰相兼东宫侍臣，也不无遗憾地对人说："吾不才，富贵过人，平生有三恨。始不以进士擢第。"[②] 没有由进士出身便终身抱恨，进士受到的重视于此可见。

（二）科举与士风

士在社会群体中是最活跃的阶层。他们知识和见闻广博，所处地位上能联络王侯公卿，下能接触社会，与民间息息相通，故而成为官与民的中介。其活动既可以经邦纬国、济世安民，也可以自娱自乐、独善其身。由此之故，士风也可以说是世风的一种集中表现。

唐代入仕之门颇广，但主要出于科举。因此，科举成为士人的名缰利锁和一生奔波追逐的目标。科举得中，便可青云直上，登龙门，入玉堂。科举不第，则一生穷愁潦倒。五代王定保《唐摭言·散序进士》条说："其负倜傥之才，变通之术，苏、张之辨说，荆、聂之胆气，仲、由之武勇，子房之筹画，宏羊之书计，方朔之诙谐，咸以是而晦之。修身慎行，虽处子之不若；其有老死于文场者，亦无所恨。故有诗云：'太宗皇帝真长策，赚得英雄尽白头'！"科举场上的名缰利锁对士人的影响如此深广，其势也必然地造成士人种种复杂而又交互影响的社会风气。

唐朝科举制并非纯粹以考试为主，科举取士也不只受科目限制。在唐代，科举制度中选取士人的重要标准是基于社会舆情的评价。主考官，也就是知贡举，可以决定士人是否录取，政府官员可以影响社会舆论方向，社会名流则可以以自己的权威力挺喜欢的举子，制造威望。这种选拔人才的方式既有汉代州举闾选的影子，又有魏晋中正察举的影响，科目考试只是为了获得入仕的资格，并证明自己的身份背景而已。为了得到社会的认可，文人和士子在考试前常常会推荐自己，拜访主考官员并与社会名流交往。他们会寻找各种机会，在考前展示自己的才华。在唐代中、后期，举人之间出现了派别，或相互吹捧，或互相抹黑，以期通过考试进入政坛。

---

① 王定保. 唐摭言 [M]. 西安：三秦出版社，2011.
② 陶敏. 初唐文坛盟主薛元超 [J]. 古典文学知识，2000（5）：60-64.

第三节　汉唐文化传承与创新

在中国历史悠久的封建社会中，汉唐两朝是中国历史上最璀璨的两个王朝，国家繁荣昌盛，民族威望深远，人民安居乐业，经济、科技、军事和外交领域展现出了强大的实力，盛极一时。同时，朝气蓬勃、大气开放的社会精神面貌也影响了汉唐时期的文化艺术，汉唐文化在文学、书法、绘画、音乐、建筑等诸多领域中取得了巨大的成就，并对后世影响深远。

因此，汉唐文化的传承与创新是中国古代文化发展的重要组成部分，也是国家与民族不断发展的文化根基和重要精神内核。在思想观念、文学艺术、科学技术和社会风尚方面，汉唐时期既坚持传统，又深入研究和创新。传统是指积累和传承的文化，创新则是指在传统文化的基础上创造出来的新文化，二者相辅相成，相互促进。

当今，随着中华民族的复兴和对外开放的日益扩大，中共中央办公厅印发的《关于实施中华优秀传统文化传承发展工程的意见》中指出，要坚持创造性转化和创新性发展。到 2025 年，中华优秀传统文化传承发展体系基本形成。作为中国历史上最具有代表性的文化，汉唐文化代表着中华民族独特的精神标识，是中华民族生生不息的文化沃土，对其进行传承与创新在现当代具有非常重要的现实意义，在延续和发展中华文明、维护国家文化安全、增强国家文化软实力、传播中国价值、促进人类文明进步的不同层面都发挥着重要作用。

一、现代汉赋研究综述

在中国汉唐文化中，汉赋作为一种文学艺术，是汉唐文人对先秦时期的诗词歌赋进行深入研究后，形成的独特丰富的新型文学艺术风格。其文体名称源于荀子的《荀子·赋》。作为哲学思想与文学体制，汉赋直接受到屈宋楚辞的极大影响。汉朝经济繁荣，实力强大，为新兴汉赋提供了强有力的物质基础。同时，汉王朝统治者对汉赋情有独钟，并积极提倡，使得文人士大夫纷纷以写赋为荣，进而使汉赋成了汉朝四百年间的主要文学形式。

作为在汉代涌现出的一种有韵散文和最流行的文体，汉赋的特点是散韵结合、专事铺叙，它是汉朝儒客文人热衷的文体。汉赋的主题可以归为五类：一是描绘宫殿和城市的壮丽景象；二是描述皇帝打猎的情景；三是叙述旅行的经验；四是表达怀才不遇的心情；五是涉及动植物的一些杂谈。虽然汉赋的主题类型较多，但汉赋的代表作主要以描绘宫殿景象和帝王出游打猎的情景居多。

　　两汉时期最盛行的文学类型就是汉赋，其在中华文学史上具有重要的地位和深远的影响。在1900—2000年，汉赋的研究历程经历了从默默无闻到兴盛发达的蜕变，经受了很多崎岖和转折，积累了大量有价值的研究成果，同时也涌现出一些值得总结的学术特点。它的起伏沉浮，不仅与政治环境和文化潮流息息相关，还与研究者的素养才华和个性品质密切相关。

　　早在2000年，阮忠先生就曾经以1949年、1980年为界，将20世纪的汉赋研究划分为三个阶段，并略作描述；[①] 次年，费振刚先生在其主编的《20世纪中国文学研究·先秦两汉文学研究》中将20世纪的汉赋研究划分为开创期（1919—1949年）、沉寂期（1950—1978年）、繁荣期（1978—2000年）三个阶段。[②] 几年后，宁俊红先生在《20世纪中国古代文学研究史：散文卷》下编《20世纪中国赋体文学研究史》中亦以1949年、1978年为界，将20世纪赋学研究（以汉赋研究为主）划分为承袭与突破期、萎缩与蓄势期、新变与繁荣期。[③] 以上论著皆持三期论，且皆以1949年和1978（或1980）年为界，颇具开创性和启发意义。

（一）国外汉赋研究

1. 国外汉赋研究概况

　　自古以来，中国与日本、高丽（朝鲜、韩国）之间便保持着紧密的经济和文化联系。日本与高丽对中国古典文学的学习和研究时长之久，甚至还出现了大量模仿楚辞、汉赋的作品。进入20世纪后，日本学者对中国古籍文化的研究依旧热情高涨。在辞赋领域，铃木虎雄所撰写的《赋史大要》最值称赞。尽管它的初版比陈去病的《辞赋学纲要》晚了八年，但内容含量很高，是《辞赋学纲要》的三倍以上。这本书将中国辞赋的历史分为了六个时期，包括骚赋、辞赋、骈赋、律赋、文赋以及八股文赋。其中辞赋时期主要讨论了汉赋，介绍了汉赋的结构、句式、叙述方式以及韵律等方面的内容。

① 阮忠.20世纪汉赋研究述评 [J]. 学术研究，2000（4）：118-124.
② 费振刚.20世纪中国文学研究·先秦两汉文学研究 [M]. 北京：北京出版社，2001.
③ 宁俊红.20世纪中国古代文学研究史：散文卷 [M]. 北京：东方出版中心，2006.

据王琳先生《辞赋研究论著索引》的统计，在 1950—1979 年的 30 年间，中国大陆发表过 25 篇研究汉赋的论文，且大都对汉赋持批判和否定态度，而同时期日本学者也发表过 26 篇汉赋论文，对汉赋的起源、流变、题材、修辞、儒道思想、文献遗存、赋家心态等都有比较细致的研究。① 这一时期的代表学者有中岛千秋、冈村繁、兴膳宏等。爱媛大学教授中岛千秋不仅发表了系列论文，还出版了学术专著《赋之成立及展开》。据叶幼明《辞赋通论》的介绍，该书共有六章。第一至第四章讨论赋这种文体从歌唱方式、游说方式演变为一种文学样式的经过，包括:《作为歌唱方式的赋》《游说文学的发展》《楚辞的游说样式》《作为文学样式的赋的成立》。第五章《汉赋的展开》将汉赋分为"作为宫廷文学的赋"和"贤人失志之赋"两大类，并对其代表作品进行了细致探讨。第六章《由于时代区别的特色》将西汉赋、东汉赋各分为四个时期，讨论了各个时期的时代特点和赋的创作情况。②

从 19 世纪起，西方学者开始研究汉赋，到了 20 世纪，这些学者在这一领域的研究取得了丰硕的成果。欧美学者在研究汉赋之前，需要将汉赋作品翻译后才能理解，这是因为东西方语言和文化之间存在差异。然而，汉赋和其他诗文相比有着截然不同的特点，其用词复杂难懂，译者需要经过深入研究才能准确地翻译。何新文、苏瑞隆、彭安湘在其著作中称:"自英国韦理于 1923 年翻译了宋玉等人的 6 篇赋后，据不完全统计，至今已有英、美、法、荷、奥五国的三十多位学者，用英、法、荷、德四种语言，相继翻译了屈原、宋玉、司马相如、扬雄、张衡、江淹、韩愈、柳宗元等四十多位作家的一百多篇辞赋。"③ 除了韦理外，欧美地区著名的汉赋翻译家还有法国马古礼，奥地利赞克，荷兰伊维德，美国华生、康达维、安民辉等。

吴德明教授是法国著名的汉学家，他的著作《汉廷诗人:司马相如》(法国巴黎大学出版社 1964 年版)是欧洲汉赋研究的巅峰之作。这本书也可以被称为《汉代宫廷诗人:司马相如》。吴德明教授把"赋家"翻译为"诗人"，是因为欧美语言中没有一个与"赋"相匹配的单词。尽管如此，这也不影响他对司马相如

---

① 霍松林 . 辞赋大辞典 [M]. 南京: 江苏古籍出版社, 1996.

② 叶幼明 . 辞赋通论 [M]. 长沙: 湖南教育出版社, 1991.

③ 何新文, 苏瑞隆, 彭安湘 . 中国赋论史 [M]. 北京: 人民出版社, 2012.

辞赋的研究做出的重要贡献。据苏瑞隆教授介绍，该书用法文写成，除序文外共分九章："序文介绍历史架构、蜀地背景与司马相如的传记资料来源。第一章是司马相如的传记，第二章讨论中国西南的历史和背景，第三章评论司马相如在中国文学史上的地位，第四章从司马相如的生活及作品中探究他的思想与性格，第五章分析司马相如赋之结构与主题，讨论了《上林赋》《哀二世赋》和《大人赋》等作品，第六章说明赋中人名、地名的翻译问题，第七章提出赋中双声叠韵的联绵字如何迻译的主张，第八章为诗律研究，第九章考察司马相如作品对后世的影响，以及后人对他的评价。"① 可以说，吴德明教授对司马相如赋进行了全面系统的研究，涵盖了该作品的多个方面，如创作背景、作者生平经历、思想倾向、主题内容、艺术构思和文学影响等。其研究丰富深刻、准确精细、远超过当地其他研究者。特别是在处理赋中的人名、地名和联绵字方面，他的翻译堪称国际汉学界的领先水平。同时也为康达维先生在《文选·赋》的翻译方面找到一条行之有效的科学翻译路径积累了宝贵的经验。

康达维教授在研究和翻译汉赋方面做出了杰出的贡献，赢得了广泛的赞誉。他的《扬雄赋研究》一书成为全球汉赋研究领域中的领军者。全书共分六章：第一章为导言，第二章介绍扬雄以前的辞赋，第三章分析《甘泉赋》与《河东赋》，第四章论述《校猎赋》与《长杨赋》，第五章内容为赋的批评与赋的转变，第六章为结语。书末附有《扬雄大赋年代考》《扬雄赋真伪质疑》等。何新文先生曾翻译该书《导言》，认为："这是国内外学界第一部研究扬雄赋的专著。全书内容丰富、资料翔实。作者对扬雄的生平、思想，扬雄的文学观及其赋论，扬雄赋的特点、成就等，都以客观的态度做了论述评价，其中颇多中肯、独到的见解。"② 苏瑞隆教授指出，该书的贡献主要体现在两个方面：其一，该书首次将扬雄所写的《甘泉赋》《羽猎赋》《河东赋》以及《长杨赋》进行英文翻译与详细分析；其二，它认定扬雄是汉代文学传承和创新方面的杰出赋诗家。扬雄在文学思想与修辞技巧方面都表现出色，成就非凡。通过分析他的作品，可以发现他不仅是在沿袭传统并模仿前辈的作品，还是一位具有独立精神并具备美学意识的、自主创作的文学家。

---

① 霍松林. 辞赋大辞典 [M]. 南京：江苏古籍出版社，1996：1140-1141.

② 何新文. 中国赋论史稿 [M]. 北京：开明出版社，1993：264.

2. 修中诚《两都赋》《二京赋》翻译研究

英国的修中诚既是一位传教士，也是一位汉学家。他致力于研究中国文化。修中诚毕业于牛津大学，于1911年开始在中国传教。他曾在福建汀州传教18年，此后还任职于中华基督教青年会全国协会。直到1933年，他才返回牛津任教，在牛津大学的林肯学院教授中国宗教与哲学。在1948—1952年，他曾到访美国，分别在加州伯克利大学、克莱蒙特学院和夏威夷大学担任教职。在那段时间里，他出席了东西方哲学大会并发表了演讲。后来他回到了英国生活，并于1956年在牛津去世。修中诚在华期间结交了许多优秀的中国学者，其中对他影响最大的是陈寅恪和冯友兰。

（1）研究初衷

修中诚一直希望通过研究汉学来深入了解历史。起初，他试图通过研究儒家文献来达成目标，但由于缺乏充足的历史资料支撑，难以准确获取历史真相。20世纪40年代，他开始探索骈文，旨在探究汉朝文学风格的演变、深入研究文章的诸多构成要素，如句子结构、词性意义等，以完整、系统地梳理中国古代思想史。

双句是骈文的主要表现形式，最初在汉代的散体大赋中出现，后来也在抒情和言志的小赋中广泛运用。据修中诚观察，这些作品聚焦于西汉时期的《礼记》，强调儒家思想中的礼仪和王道，以描写天子的礼仪为重点。因此，形成了汉赋复杂的章节结构和冗长的文字描述，其中常常使用大量的名词罗列。东汉文学界公认的大师，如司马相如、枚乘、扬雄、班固和张衡，并不注重清晰条理的论述和准确严明的描写，而是铺排文字、堆砌词语，"语言典雅和丽，节奏步武从容，和栾相鸣，可谓金声玉振，有庙堂礼仪的风度"，[①] 在汉代的文学作品中，《两都赋》和《二京赋》有着显著的地位。这两部作品的主题相同，但是它们的处理方式却截然不同。它们都包含了关于长安和洛阳历史的、独一无二的信息，这是因为在中国历史上很少有两位几乎同时代的作家使用相同的文学形式处理同一话题。此外，班固和张衡也是备受推崇的骈句和状物表现大师。他们花费二三十年的心血创作了《二京赋》和《两都赋》，力图为朝廷提出劝谏，同时还比较了西汉和东汉之间的异同。这两篇作品以回顾的方式对长安和洛阳重新进行了构建。

---

① 赵逵夫.《两都赋》的创作背景、体制及影响 [J]. 文学评论，2003（1）：71-79.

修中诚通过深入研究陆机的《文赋》而形成了自己的研究思路。他采用的研究方法是先调查作者的背景资料，在确定文本的情况下查找作者、事件或作品的时间，在此基础上深入探究文本的内容，这种方式让他对古典文学有了独特的理解。他将《文赋》翻译成了英文，其间分享了自己的研究感悟和经验，特别强调了中国文论独有的特点，并且对比了其与西方文论的异同。在研究班固和张衡所创作的文学作品时，修中诚也大致上沿用了这种思路。先对两位作家及其同时代人的思维结构进行研究，比较他们在创作思路、文学风格、语言表达等方面的异同点；然后再评估赋中作者所陈述的民族信仰和制度的真实性，并分析其可信度；最后，详细地描述两位作者所提供的具体事项的证据。修中诚通过对历史细节的探究，进而对《二京赋》和《两都赋》进行了研究和解译。

修中诚的研究和翻译一直致力于确保文本的确定性和历史真实性。他发现，早期对中国哲学和宗教的探究，还有对先秦文献的研究，都缺乏作者和时间等基本信息，进而影响了其研究成果的学术价值。相比之下，汉代文学作品所涉及的文本和作者信息相对确切可靠，因此更值得深入探究。"《三辅黄图》《长安志》《洛阳县志》《西汉长安》《洛阳史话》和《中国古代都城概说》皆引用《东都》《东京》的赋文。"① 因此，可以得知《两都赋》和《二京赋》在历史上有着相当重要的地位。受到陈寅恪"以诗证史"学术思想的启发，修中诚运用赋作为证明史实的手段，从文学层面深入研究历史，以获得更加可靠、更具启迪性的信息。

（2）修中诚汉赋新见

在研究文学之前，修中诚主要关注的领域是中国哲学。在研究汉赋和汉代历史时，他同样运用了哲学思想的分析方法。同时他还认为，班固和张衡与当时的许多人一样，在知识论方面接近成熟，但也深受迷信思想的影响。修中诚在这里提到了冯友兰的《中国哲学简史》，其中对这一点做出了解释："知识论的出现，是因为思想本身就是知识。"② 在过去的语言中，"象"和"物"有所不同，它们分别表示主观意象和感知到的实体。这种区别背后的原理是基于五官在创造主观意象方面的不同作用，这是关于事物本质和主观感受的思维模式。我们可以将事物分成客观存在和心理意象两个层面，前者是真实存在的，后者则是我们凭借五官

① 何沛雄.《两都赋》和《二京赋》的历史价值 [J].文史哲，1990（5）：15-20.

② 冯友兰.中国哲学简史 [M].赵复三，译.北京：外语教学与研究出版社，2015.

感知而得出的印象。只有这两个层面相互协调和匹配，我们的知识才能更加完备和成熟。在班固和张衡的赋中，"物"指代长安和洛阳两座城市，"象"则反映了二人对这两个城市的主观印象。仅当一个人对事物的主观意象与事物本身相符合时，才能达到知识论的成熟状态。班固和张衡巧妙地描绘了皇帝、宫殿、随从、官员们的职责，皇宫内的娱乐项目，城市繁华的街道，商人和小贩等事物，使我们能够形象地看到这些场景。班固和张衡还描绘了他们对东都洛阳的真实感受，使读者仿佛能够身临其境，感受到生动逼真的场景。然而在张衡和班固的文学作品中，也表现出了一定的迷信色彩。例如，张衡在《西京赋》中描绘了许多宫殿的名字，如长生殿、神仙殿、宣室殿、玉堂殿、麒麟殿和朱鸟殿等。

修中诚还认为，直接观察获得的知识比从听说中获得的经验更为可靠。修中诚在《两位中国诗人——汉朝生活思想剪影》一书中，对班固和张衡描写长安城的真实性持怀疑态度，并指出二人在表述时并不客观。班固和张衡所描述的长安古制，多数是通过阅读前人的著作所得。他们描述了三皇五帝的传奇故事，表达了对天子的极度敬仰，也描绘了华丽宫殿和皇家狩猎的盛况。然而这些描写夸大了长安都城的繁荣，缺乏客观性。

几乎所有研究中国经典的学者对"五经"的了解并不深入，然而正是在儒家经学的基础上，这一时期才产生了最为重要且最为丰富的思想资源。这些经学始于周代，对于汉代各个时期的思想和社会习惯都产生了重要影响。它们对于历史学家和汉学家都是至关重要的，不能被忽略。因此，修中诚希望通过对班固和张衡这两位杰出汉代思想家的研究，探索相关问题的解决方案，深入探究儒家经典对当时社会的实际影响，进而使读者能够正确认识儒家经典。修中诚认为班固和张衡之所以在他们的赋中只有一两次提及儒家经典，是为了表明他们对汉朝儒家正统的敬重。但是，这并不意味着二人的人生观仅限于儒家经典，他们的思想也涵盖了其他不同的领域。

（二）国内汉赋研究

中国在 20 世纪 70 年代开始重新重视对汉赋的研究。1975 年，台湾政治大学的简宗梧教授完成了名为《司马相如、扬雄及其赋之研究》的博士论文，这篇论文长达 45 万字。虽然该论文并未公开出版，但其中对于司马相如和扬雄的赋作品的内容、结构、修辞、名物、文字、声韵、词汇等方面的详细研究为简宗梧后来在赋学领域的一系列著作打下了坚实的学术基础。

台湾汉赋研究的巅峰体现在简宗梧的《汉赋源流与价值之商榷》和《汉赋史论》两篇文章上。在 20 世纪 70 年代末期，简宗梧撰写了五篇关于汉赋的文章，合集名为《汉赋源流与价值之商榷》。该合集分为两部分，第一部分主要讨论汉赋的源流，其中包括《汉赋文学思想源流》《汉赋玮字源流考》和《汉代赋家与儒家之渊源》三篇文章。第二部分讨论汉赋的价值问题，包括《论汉赋的文学价值》《对汉赋若干疵议之商榷》两篇文章。

从 1980 年开始，中国大陆地区开始涌现出一些零散的、研究汉赋的论文。随着研究形势的快速发展，大陆地区的研究已经成为全球汉赋研究的主要引领者。在新时期，曹道衡的《试论汉赋和魏晋南北朝的抒情小赋》和段熙仲的《汉大赋产生的历史背景及其政治意义》成了研究汉赋的预热文献。龚克昌教授在《文史哲》1981 年第 1 期发表的文章《论汉赋》，肯定了汉赋的价值及其在文学史中的位置。他甚至认为，汉赋可以被看作是"文学自觉时代的起点"，这一认识标志着汉赋研究进入了一个全新的阶段。在接下来的一段时间里，龚克昌先生陆续发表了一些学术论文，最终在 1984 年将它们编集成为《汉赋研究》一书，由山东文艺出版社出版。这本书被认为是汉赋研究中的里程碑之作，被誉为"新时期第一个汉赋研究专著"。在 1990 年，龚克昌先生又发表了增订版的《汉赋研究》。该版本的字数增加到了 36 万字，是原来版本的两倍多。《汉赋研究》增订版具有两个主要的贡献：一是充分确认了汉赋的价值和地位，消除了新时期汉赋研究在思想认识方面的障碍；二是对汉代赋家赋作进行了系统研究，以及梳理了汉赋发展的历史演进过程。

万光治教授的《汉赋通论》是新时期又一部重要的汉赋研究专著。该书分为《文体论》《流变论》《艺术论》三篇，共十四章。其中《文体论》探讨了汉赋的起源及前人对汉赋分类的观点，随后将汉赋划分为三类，即四言赋、骚体赋和散体赋，并概述了它们的来源和体裁特点。作者在对马积高先生所提出的"三体""三源"说进行了深入探究后，发现四言赋不仅延续了荀赋中咏物说理的独特特点，还在内容和表现方式上进行了创新和发展。骚体赋在模仿《离骚》的同时，存在一些不足之处，不过其在用词和意境方面都有所提升。散体赋是一种综合了诗歌、骚文、散文等多种文学形式的混合性文体，因其情感表达的充沛和小品化的特点而得以焕发新生。在《流变论》中将汉赋的发展分为三个不同的时期，分别是西汉初期的骚体赋、西汉中期到东汉中期的散体赋、东汉末期的抒情小赋。此外，还深入分析了汉代各种因素对汉赋的影响，这些因素主要包括汉代的社会文化心理、社会思潮、地域文化以及文人的心理等。如果没有汉武帝时期南北文化交融、经济空前繁荣的盛况和帝国气魄，散体赋就不可能产生。而抒情小赋则是文人在经历了仕途上的挫折和信仰上的危机后，以儒道思想相互融合的方式来表达自己情感的一种文体形式。《艺术论》中详细阐述了汉赋作品所呈现出的艺术特征——描绘性。此外，作者还分析了汉赋倾向于采用图案化和类型化的描写方式，同时还探讨了汉赋所使用的词汇和语言构造的奥秘。除此之外，作者还从三个方面分析了汉赋的语言风格特点、形成原因，以及汉人的审美趣味，其中包括楚辞对汉赋的语言风格的影响、汉代文字学和文人复古心理，以及汉赋所具有的半书面、半口语特性。

《汉赋通论》对于汉赋的体裁、渊源、发展、艺术和存佚等方面进行了全面而系统的研究，主要涉及《文体论》《流变论》《艺术论》三个部分。其中，《艺术论》部分展示了作者独到的见解和纵横探究的手法，将汉赋研究推向了一个新的高度，具有很强的创新性。书中的很多观点都对赋学研究领域产生了深远的影响，如汉赋的类型化倾向、图案化倾向，以及汉赋中方言和俗语的使用等。

（三）汉赋研究的现代转型

20世纪前30年间，由于社会局势的动荡不安，汉赋研究基本上延续了晚清时期的模式，主要侧重于阅读和品赏，缺乏专门的研究论文。虽然王国维赞美汉赋是"一代之文学"，但他并未系统深入地研究汉赋。尽管刘师培在《南北学派不同论》、章炳麟在《国故论衡》中都对《汉书·艺文志》中的诗赋进行了分类探讨，但是这些努力所产生的成果比较有限。在社会转型的时代背景下，新世纪汉赋的研究得到了充分的思想支持，社会转型所带来的观念变革为这一研究打下了坚实的基础。德先生（民主）和赛先生（科学）的思想深受人们欢迎，而西方的学术方法和学科分类则为中国学术转型提供了有益的手段。

20世纪30年代，不仅诞生了第一批汉赋研究专著，同时也见证了民国时期汉赋研究的顶峰。金秬香的《汉代词赋之发达》是汉赋专著中第一部正式出版物。

这本书主要分为三个部分，一共包括十个章节。在第一部分中，解释了"辞"和"赋"的含义。在第二部分中，探讨了赋的起源、作用以及与其他文学体裁的区别。在第三部分中，对汉赋进行了总体论述。书中第九章是所写内容最多的章节。在这一章中，作者涵盖了所有结构完整的汉赋，总共80篇。作者将它们主要分成了三个大类，即抒情、骋辞和记事析理，每个类别都介绍了相关的作品。在每一篇赋中，首先简要概述作者的生平或作赋诗的原因；然后品味作品，注重分析句子结构和语言来源；最终引证古人的话语或发表个人见解。在进行赋作分析时，作者常常会先将层次结构梳理清楚，然后再进行评论。例如"骋辞类"中有司马相如的《子虚赋》，作者将其分为七段。"出日（引者按：原文如此）先将云梦放活，妙在能用虚，且以谦为夸，纯以姿制胜；次序其中之山土石两段，因山而附序之；又次序东、南、西、北四段，或单或重，排偶之中，各寓变化。北之上下，写出鸟兽，恰好接下田猎，文情一片。序云梦之地，是第二节。"①此段文字将云梦泽不同方位的描写进行了详细叙述。整篇文章起承转合，形象描绘了云梦泽不同方位的美景，让人们对其景致有了更深入的了解和认识。有时候，作者还会特意去挖掘赋句里微不足道却包含深刻意义的词语，甚至是一些仅仅是描述某物的赋作品，也会在作者眼中同样具有诗意和教育意义。第十章讨论了汉代辞赋的演变，指出了赋在西汉至东汉时期逐渐变得复杂精美。该著作摒弃了传统学者情感化的评述方式，采用了科学化的研究模式。

20世纪30年代的汉赋研究，尽管数量有限，内容不一，但质量较高。这些研究有的对汉赋进行了细致的整理和校对，有的对汉赋的作品进行了深入的解读，还有的对汉赋的各个流派进行了分类和历史梳理，其中新老思想交织，多种研究方法综合，展现了转型时期的特色。

二、汉唐文化与现代设计的融合

在中国经济社会深度转型、互联网技术及新媒体技术突飞猛进的背景下，多种思想文化的交流融合更加密切。为此，必须加强对中华优秀传统文化重要性的认识，进一步提高文化自觉和文化自信；同时还要对中华优秀传统文化的内涵价值进行深入挖掘，从而进一步激发其生机与活力。

---

① 金秬香. 汉代词赋之发达 [M]. 太原：山西人民出版社，2014：92-93.

纵观华夏千年，是以汉唐时期的太平盛世最为繁华昌盛，是以汉唐文化最为丰富多彩、创意无限。通过将其文化元素融入现代城市建筑、街道景观、服饰设计、创意产品和影视创作中，以汉唐风、新国潮为主导方向，我们能够更好地传承和弘扬中华优秀传统文化，提高凝聚力、影响力和创造力，增强对传统文化的认同感和民族自豪感。

（一）汉唐文化在西安街道景观设计中的运用——以大唐不夜城步行街为例

西安作为历史文化名城，在街道上打造出了具有汉唐文化元素的主题雕塑和景观，展现出了西安地域文化的悠久历史。以盛唐文化为主题的大唐不夜城步行街入选全国首批示范步行街和西安潮流时尚新地标，街道中既有展现唐风唐韵的雕塑景观，又结合现代流行元素打造出了城市潮流 IP，传承与创新相辅相成，大唐不夜城步行街已成为西安城市形象的载体和传播窗口。

大唐不夜城步行街位于西安大雁塔旅游区的核心位置，其北部与大雁塔相望，街道的起点是大雁塔南广场，终点是开元广场，而南部则与唐城墙遗址公园相邻。它长约 2000 米，宽约 500 米，是以大唐文化为主题的、亚洲最大的商业步行街区。街区以对称轴网格式进行规划设计，以大雁塔为依托、以盛唐文化为背景、以唐风元素为主线，根据玄奘取经、贞观之治等历史脉络设计主体性广场，为游客展示了盛唐之繁荣与宏伟，以其独特的大唐文化之内涵打造了一个融娱乐、休闲、体验、商业等为一体的综合性的沉浸式旅游文化街区。大唐不夜城步行街目前日均接待游客达 30 万人次，媒体关注度及网络热评度居西安市文化旅游区首位，全国影响力乃至世界影响力持续上升。

1. 景观空间构成要素

（1）雕塑与水景

从平面布局来看，大唐不夜城步行街大体分为 24 个小型景观节点。街道两侧都是建筑物，这不仅限制了街道的空间，还使得街道的景观空间呈现出半封闭的形态。整体空间以 3 个主题广场为纽带，以大雁塔南广场为开端、贞观广场为高潮、开元广场为终点。其中以贞观广场为步行街核心，周边由 4 大文化建筑围合，广场内的情景雕塑为大唐不夜城步行街风景空间设计的要素。当走进北入口，首先吸引目光的是唐代著名的"四大高僧"雕塑。这四名高僧各自面向不同的方向，巧妙地规避了身后的视线盲点，并与对岸的唐代佛教艺术杰作大雁塔产生了呼应。如"大唐群英谱"雕塑，呈现了唐代某特定时期的文学与艺术成果。在这些雕塑作品中，我们可以看到包括诗人和书法家等在内的唐代文学大师的形象。每一尊雕塑旁都装饰着其代表性的艺术作品，尽管这些作品和人物已经存在了几千年，但它们仍然为后代所熟悉。除此，还包括与天文命理有关的天文医学雕塑等，这些雕塑主要是向游客普及唐代的文化，包括天文学、医学、茶学、数学等。

在所有具有地域特色的主题雕塑艺术作品中，贞观广场的贞观之治纪念碑无疑最具代表性。这座纪念碑主要由唐太宗的骑马雕像以及与之相关的雕塑群构成。设计师巧妙地升高了景观的核心区域，营造出一种仰视的视觉效果，并在广场上安置了李世民骑马的雕塑形象，给人一种精神饱满、气度非凡的感觉。在景观核心区域的周边，还有吹号者和大臣的雕塑形象分布。贞观之治纪念碑将唐代历史人物元素和现代雕塑创作手法巧妙结合，意在展现一幅大唐盛世的繁荣景象，从而带给观赏者以视觉上的冲击感。"万国来朝"场景雕塑主要由雕塑台基和雕塑主体构成，其雕塑采用浮雕技术同样也将统治者的形象雕刻在居中的主体基石上。除此之外，街区在城市街道主题雕塑设计上，还巧妙结合了唐代绘画艺术的各种壁画图案。通过提取唐代壁画艺术精髓，使之与现代雕塑艺术相结合，街区将这一创新设计方法运用到增强城市整体氛围中，使西安城市街道更显得灿烂夺目，给人营造出融人文、活力、地域文化与民族特色为一体的艺术环境。在城市主题雕塑中融入唐文化的元素，不仅有助于西安唐文化的保护和传承，还能提升其在当代社会中的影响力和地位。在继承和推广唐文化的过程中，西安市民也在持续地进行创新。结合当地街道和唐文化元素来制作主题雕塑，这不仅满足了西安市民在精神文化方面的需求，同时也为西安市区的街道环境增添了美感，为唐文化的传承、保护和推广提供了更为宽广的舞台。

另外，街区周边还配备了喷泉水景与雕塑相依傍，如大唐群英雕塑位于水景中，周围还伴有小喷泉。这样的水景设计保证了人群和雕塑的分离，不仅避免了游客大肆触碰雕塑的现象，还提升了空间立体感，同时给景观增添了意境。步行街西安美术馆门口设置了声控喷泉与游客互动，能够让国内外游客充分感受西安这座历史名城的活力和热情，从而增强他们观赏的乐趣。大雁塔北广场的大唐不夜城喷泉的表演以音乐为灵魂、以水为舞台，在优美的音乐声中，喷泉随着节奏起舞，形成各种形态。喷泉的水柱高达 80 米，随着音乐跳跃，水柱如同注入了生命，不断变换队形，呈现出极其震撼的视觉效果。它依托大唐文化背景，以高科技手段呈现出了美轮美奂的水上表演。在这里，喷泉不仅是一种景观，更成了一种文化展示。

（2）照明与铺装

步行街的灯光设计受到唐代艺术作品工艺——唐三彩的启发。唐三彩是唐代的一种陶器，其主要颜色为黄色、绿色和白色。步行街街道上布置了各式各样的灯光装置，其波浪般的设计仿佛是被时间推动的历史进程，夜晚的灯光璀璨夺目，美得令人目不暇接。沿街建立的仿汉唐的古建筑，其屋顶采用黄色的瓦楞灯进行照明，而格栅的外部则使用了红色的洗墙灯，加上红色灯笼作为装饰，使得整栋建筑在夜晚显得金光闪闪，充满了古老的韵味。

2023年春节，大唐不夜城以千年雁塔、歌咏盛世为背景，选取20首唐诗，制作了四百多串唐诗灯牌挂满枝头。在"古诗词路"上，唐代古诗及其中节选组成的彩灯迎面而来，从《终南山》《玉声如乐》到《丽人行》，再从《阳春歌》《守岁》到《贞观之治》，由美景、雅乐、丽人写到佳时、盛世，好一派盛唐璀璨景象。人们行走其中宛若进入时光隧道，斑驳光影、流光溢彩，句句都是大唐风貌、人间烟火，可谓灯火长安、一步一诗。

在铺装上，大唐不夜城广泛利用高科技与照明设施相结合。例如，不夜城街区入口西侧紧挨绿植灯光。另外，还有设计成钢琴键形式的方格或长条状的铺装，当游客踩踏地面铺装时可以出现不同的颜色及不同的美妙声音，呈现出动态的效果，从而让主题商业街区更为丰富及有趣。街道内部，地面铺装与灯的搭配，加以红黄配色的灯牌，让夜晚的景观带变得更具冲击力，游客仿佛置身其中一睹盛唐风采。大唐不夜城作为古都西安的一张名片，旨在激发市民和游客对传统文化、盛唐魅力的记忆。

2.景观唐风文化活动

全年大唐不夜城会举办多场文化活动，聚焦中国传统节庆文化，承载旧时唐韵，深度诠释繁荣璀璨的盛唐文明。在唐风演艺中，汇集了古今诸多唐文化主题的展演，融合了中华盛世与唐韵歌舞，在绕梁三日的乐曲之中，生动演绎了盛唐的开放和包容，勾勒出近百年的恢宏气象，更有迎合时代创新的行为艺术表演，弘扬出新时代的中国梦，进一步提升了城市的知名度和美誉度。除了唐风文化活动外，大唐不夜城还有许多文化场馆，如西安音乐厅、陕西大剧院、西安美术馆和曲江太平洋电影城等。这些场馆为游客提供了领略艺术魅力的机会，让人们在娱乐和休闲的同时，欣赏音乐会、观赏戏剧、参观艺术展览，充分体验高雅艺术的魅力。

不夜城的全景展示区以唐风建筑和唐市井文化生活的沉浸式体验，营造出了历史与现代、文化与科技、生活与娱乐集合的多场景维度，拓展了优秀传统文化的传播空间。以唐元素为主线，不夜城相继推出了不倒翁小姐姐、李白、杨贵妃等人物 IP，同时致力于打造"中国年"系列活动等传统文化节庆，不断丰富展示区的唐文化沉浸式氛围。通过这些唐风活动，游客将由一个旁观者变为深度体验的参与者，身临其境地"做一回唐'潮'人"，在一场唐朝之旅中，感受唐朝，爱上唐朝。

同时，大唐不夜城系列文创依靠特有的汉唐文化内涵风靡"出圈"，如遇见长安盲盒、秦岭四宝、梦长安盲盒、诗仙李白手办等，无不体现着对传统文化的传承和弘扬。位于大唐不夜城步行街中心位置、西安美术馆北侧的大唐不夜城主题文创旗舰店，致力于从唐文化本身发掘文化元素与亮点，并将其与现当代手工艺制作融合，创造出蕴含唐风华韵的各类文创产品。其中"塔宝"系列玩偶以千年大雁塔为设计灵感，在尊重历史建筑原型的基础上，通过拟人化设计为古老的大雁塔赋予极强的生命力（图 1-3-1）。

图 1-3-1 长安"塔宝"

不倒翁小姐姐立体悬拼画的设计中将传统艺术与现代工艺相结合，层层分明的空间层次感将不倒翁小姐姐演出时的神韵立体呈现，栩栩如生（图 1-3-2）。

图 1-3-2 不倒翁小姐姐立体悬拼画

电影《长安三万里》中，少年李白潇洒不羁、诗酒人生，少年杜甫意气风发、壮志凌云，他们相识、相知、相交，二人合诵出锦绣长安的绚烂华美。

大唐不夜城文创致力于以李杜形象为原型，还原盛唐往事和诗人友谊。这组大诗画家系列文创摆件造型可爱有趣，生动诠释了李白意气风发、杜甫胸怀天下的气质（图 1-3-3）。

图 1-3-3 李白、杜甫卡通手办

（二）汉唐文化元素在现代餐饮用具设计中的运用

随着社会经济的快速发展，人们在物质层面与精神层面的需求也在不断提升，餐饮空间已经逐渐变成了人们日常生活中用来饮食、休闲以及社交等活动的首要空间。人们的观念也由以往单一的用餐观念转变为如今更加注重的多元化休闲与享受。消费者的要求已不仅仅体现在单一的美食层面，更多地体现在盛放美食器物的考究和美食背后的文化故事上。因此，传统文化元素在现代餐饮用具中的运用，是符合市场趋向和人民对美好生活的向往的，能更好地体现中国传统文化的精髓与内涵。这不仅是对民族文化的热爱与传承，更是人们的情怀表达。

在当前经济全球化和物质富裕的背景下，设计不仅是为了实现实用性，更重要的是提升精神的愉悦附加值。以民族文化为本位的战略思想日益受到重视，将传统文化元素运用到餐具中，是市场发展的必然趋势。设计不限于外观设计、表面装饰等方面，更关键的在于对文化的再设计，即按照本民族传统文化量身打造风格独特的中式现代餐具。"美食不如美器也"①，只有餐具形态和其物质功能与人们的审美需求相匹配，餐具造型设计才算成功。所以在餐具造型设计中一定要注意和功能的密切联系。只有积极发扬并传承中华优秀传统文化，在设计餐具时，将汉唐文化与餐具的形态、功能结合起来，进行不断的创新与更新，才能够保证融入汉唐文化元素的现代餐饮设计在国际舞台上脱颖而出。

总之，餐具作为人类文明的重要组成部分，其演化和发展的历程不仅反映了当时社会的经济和科技水平，也展现了人们对生活品质和文化追求的不断探索和创新。汉唐食用器具的造型、工艺、图案、材质、色彩承载了丰富的文化内涵，如何使汉唐文化重新赋予现代食器新的精神，以展现当今社会所继承的文化精髓，将成为一个值得探索的新课题。

1.造型工艺

汉唐时期的餐具通常以简洁、流畅的造型为主，基本造型为敞口、浅腹、饼底或圈足，通体圆润，强调线条的优美和光滑。现代餐具设计中可以保留这种风格，选择曲线流畅的器皿形状，融合传统的尺寸比例，凸显古代的雅致和汉唐艺术的底蕴。例如，现代餐饮用具继承了汉唐食器的造型，多口大底小，碗口宽而碗底窄，下有碗足，多为圆形，极少方形等。关于圈底（足），就是在底部承制

---

① 陈军．禹风 [M]．北京：作家出版社，1998.

一个圆形圈来托器身。该形制出现于晚唐时期，随后流行数千年，至今陶瓷饮食器物底部仍采用圈底（足），其是在饼底的基础上经过加工旋切而来。此时的工匠已采用新型切刀，旋切手法非常精熟，可对应用于大面积器物底部的饼底进行旋切，未被去掉的部分形成圈足。

传统的汉唐餐具制作工艺和技术十分精湛，可以借鉴这些工艺在现代餐具设计中加以运用。在唐代，碗底（圈足）底部不施釉的特征与其烧制技术有关。唐代著名窑址主要有长沙窑、邢窑、耀州窑、磁州窑等，均采用支钉、支烧工艺，为避免通体施釉后流淌至底部，将碗底和烧制器物粘连，所以碗底不施釉。现代茶具也可以仿照这种工艺，保留唐朝碗底特征。另外，现代餐具可吸收、借鉴手工雕刻、烧制等传统工艺，将汉唐文化元素和现代工艺相结合，推陈出新，使之更具观赏性和艺术性，进而使具有中国文化特征的现代餐具设计走上国际大舞台，增强品牌竞争力，提升中国形象。

2. 图案纹饰

汉唐文化中有许多具有吉祥寓意的图案和纹饰，经常被绘制在陶瓷、金银制品、漆制品以及其他日常生活物品上。龙和凤以其特有的形象被广泛运用于各种艺术品之中。它们都是中国古代设计中的标志性图案。这些纹样形象生动、富含寓意，表现了人们对美好事物的追求。此外，还有其他的典型代表，如麒麟、鸳鸯和鱼类等生物，牡丹、葡萄、竹子和灵芝等植物。鸳鸯常用来形容婚姻幸福，牡丹作为我国的国花，代表了国家的繁荣、好运和昌盛。这些要素是形和意的完美结合，反映出人们对美好生活的向往。

汉唐时期的食器常常使用各种纹饰。同样，现代餐具设计中也可加入汉唐古代花纹或者文字，如龙纹、花鸟纹、祥云纹、莲花纹、回形纹及龙凤呈祥、福寿双全、年年有余等文字，给人以美好寓意，从而丰富餐具内涵。同时，还能够通过运用传统的图案和纹饰，对自然景观进行人格化和理想化处理，并运用联想等手法来补充器物存在的不足之处。

当然，要想在中国现代餐具设计中体现出中华优秀传统文化，绝非简单地搬运具有代表性的中华图案与纹饰，正确的做法应是深度探索和吸纳文化元素及其背后所隐含的深远含义，并结合现代的设计方法进行再次创新，进而创造出符合现代人审美标准的图形符号，只有将这些符号与现代餐具产品的意义相结合，才能丰富餐具设计的主题，从而进一步提升并形成现代品牌文化的独特格调。

3. 材质色彩

汉唐时期，瓷器的流行突破了青铜时代建立起来的森严等级，瓷器既区别于漆器、金银器等华贵精美的器物，又保留了以原始陶器为模板的食用器具造型，使上至天子、下至平民，各个阶层的人均能使用。最终，汉唐经由丝绸之路将瓷器行销中亚、西亚乃至欧洲，为中国与世界的联系架起了一座桥梁，进而让中华礼乐文化传播得更加广泛。

在现代餐具设计中，可以选用汉唐时期常见的材料，如陶瓷、琉璃等。首先，现代陶瓷食器在众多新型材料的食用器具之中占有很大比重，这一方面说明了人们对于传统审美文化的肯定，另一方面说明了这些古朴典雅的中式设计更符合中国一直崇尚的气节，即华美而不张扬。陶瓷食用器具在历史的长河中经过了不断变迁。现代陶瓷餐具所承载的精神内涵主要来自两个方面，一是源于丰富多彩的物质生活，使陶瓷食用器具更具实用性；二是陶瓷食用器具这一精神载体又被重新重视起来，给当代陶瓷食用器具带来新的文化寄托。

其次，古代玻璃与丝绸、金属制品等都是探索丝绸之路上中外经济、技术和文化交流的重要实物资料。自汉代起，我国发现的玻璃器皿是由埃及、东地中海或中亚地区，通过草原和绿洲丝绸之路传入我国的，按照器物的年代，划分为罗马玻璃、萨珊玻璃、伊斯兰玻璃等。现代餐饮对玻璃材质的启用体现了人们对食用器具的审美特征以及实用性的多元化要求。甚至近年来还兴起了经过钢化防爆处理的玻璃器皿。

在设计现代餐具的过程中，图案与纹饰的选取主要取决于色彩的配合，并且在设计色彩的过程中发挥着核心作用，良好的色彩配合能够让人眼前一亮。不同的颜色对人的心理影响也有所不同。在众多色彩中，传统色彩作为历史文化的一部分被流传下来，这些色彩深刻影响着中国人的日常生活与色彩运用习惯。传统的色彩体系如黄、绿、白、褐、蓝、黑等，其中以黄、绿、白三色为主的唐三彩成为中国人常用的色彩体系。将绘画、鲜明的色调、审美观念和实用功能相结合，已经逐渐成为现代餐具制造业的主导发展方向。在所有的陶瓷餐具中，青花瓷显然是最具代表性的一种。它不仅销往朝鲜半岛、东南亚、南亚、西亚和东非等国家，而且还主导了以青白两色为主的审美潮流，深受亚欧各国的喜爱。沿着海上丝绸之路，许多国家和地区不仅大量引进了来自中国的青花瓷器，而且还积极地模仿和烧制这些瓷器，逐渐形成了具有独特风格的地域特色，进而使得横跨亚欧的"青花文化圈"得以形成。因此，青花瓷是传播中国文化的主要载体，凝聚着中华民族的智慧和深厚的传统文化底蕴。

第二章　汉唐文化与古丝绸之路

本章重点阐述的是汉唐文化与古丝绸之路，主要分为四个部分：汉代丝绸之路的开辟与中外交流、唐代丝绸之路的延续与文化传播、汉赋中的丝绸之路与域外意象、唐诗中的丝绸之路与域外意象。

第一节　汉代丝绸之路的开辟与中外交流

秦汉时期，中国与周边地区及其他许多民族、国家之间有着广泛、深刻的沟通与交流。西域各国为满足生活需要而对外开展民间贸易交流活动，实为丝绸之路雏形；而汉朝政府深度开发西域、管理西域事务，为丝绸之路的成功开辟起了决定性作用。各国使节频繁来往，商旅接踵而至，僧侣纷至沓来，最终圆了东西相通之梦。中国、印度、古希腊和古罗马这些独具特色和特点鲜明的文明在中西交通要道的西域地区交会融合，由此创造了令世人瞩目的西域文明。

一、西汉初通西域

在我国历史文献上，西域是一个地理术语，泛指甘肃玉门关至阳关以西的广大地区。从狭义上看，西域包括敦煌以西到新疆全境；从广义上看，西域范围可扩展至中亚、西亚、印度半岛、北非及东欧部分地区。

从汉代以前一直到远古时代，新疆地区基本上没有准确和系统的文献记录，因此被称作"史前西域"。西域的地理特征十分突出：以天山作为分界线，天山的北部地区呈现出温带干旱与半荒漠、荒漠的气候特征。冬长夏短，气温低寒，降水量稍多，气候也较湿润，利于森林和草场的生长发育，适合畜牧业的生产经营，当地居民多具有游牧民族的特点；天山以南地区气候以暖温带极干旱荒漠为特征。冬短夏长，温度高，虽然雨量少而干旱，但是因高山雪水消融而形成河流，且河流流量比较稳定，故绿洲众多。另外，天山以南地区日照时间长、热量充足，十分适宜农作物生长，再结合当地的地貌特征与气候类型，这里十分适合发展灌溉农业。因西域自古是一个多民族聚居的地区，所以此地人种构成颇为复杂多样：既有欧洲、蒙古等人种，又有欧洲与蒙古的混杂型等。从整体上看，欧洲人种占比较高，且类型较多。西域地区的史前文化，既有显著的地域特色，又受外来文化的影响，呈现出丰富多彩的特点。

西域独特的地理环境及其在丝绸贸易中的重要地位，使得西域文化具有浓厚的地域色彩，又因其受希腊、波斯等文化的影响，呈现出荟萃、交融的特色。天山以北，是典型的游牧文化，在这片土地上建立起来的国家，被称为"行国"，其中又以乌孙较为突出。乌孙极盛之时，是一个有 10 多万人口的骑马游牧部落，畜牧马、牛、骆驼、羊等，并以羊居多。"穹庐为室兮旃为墙，以肉为食兮酪为浆"[①]，简明概括了乌孙人的饮食起居。天山以南，则多定居，这里的国家称为"城郭之国"。各个绿洲上的国家情况有所不同，或以畜牧为主，兼营农耕，如鄯善等，因为仰仗邻国粮食，故而也称为"寄田仰谷"；或以农耕为主兼有畜牧，如于阗等。各国所使用的语言文字也不尽相同。伴随着汉朝统治在西域的确立，绿洲诸国的文化面貌发生了很大的变化。统治阶级上层有的借用葱岭（今帕米尔高原）以西的线形文字（如佉卢文等），但与汉朝交往时则使用汉字。佛教也渐渐传入西域地区，影响日渐扩大。

张骞，西汉汉中郡城固县（今陕西城固县）人，曾两次出使西域。张骞出使西域加强了中原和西域各民族的联系，促进了汉朝与中亚各国的经济文化交流。

汉武帝为了寻求军事同盟讨伐匈奴，两次派遣张骞出使西域。建元二年（公元前 139 年），张骞一行 100 余人从长安出发，但不久就被匈奴擒获，并押送到漠北的单于庭，扣留多年。后终于逃离匈奴，继续西行。历尽辛苦，才辗转到大月氏。但大月氏土地肥沃，人民安居乐业，张骞在大月氏逗留一年多，始终没有说服大月氏与汉朝联合对抗匈奴。然而，张骞带回的丰富的西域知识，大大开阔了人们的视野。河西一役，汉军打通河西通道。在此形势下，张骞建议汉武帝与乌孙结盟，共同打击匈奴。元狩四年（公元前 119 年），张骞再次奉命西行，企图招引乌孙东归。此时的乌孙，国家分裂，国王年老，既对汉朝缺乏了解，又惧怕匈奴，张骞再次未能如愿。但乌孙使者随张骞来到了汉朝，"乌孙使既见汉人

---

① 管胜高，岳洋峰. 汉乐府全集 [M]. 武汉：崇文书局，2018.

众富厚，归报其国，其国乃益重汉"，[①] 从而开启两国交通往来。而张骞派遣出使大宛、大月氏、康居等国的副使，几年后多与出使之国的使臣回到汉朝，"于是西北国始通于汉矣"。

二、经营西域

西域归属汉朝统治以后，汉军在这里驻扎屯田、设置机构，做好了长期驻守的打算。到了两汉之际，由于政局的改变与动荡，中原对西域的保护已有心无力，匈奴乘虚而入，于是就有了东汉班超的再通西域。

张骞出使西域以来，汉朝每年都会向西域派出使者，期望与西域加强外交、通商联系。但这些派往西域的使团或遭匈奴迫害，或被西域小国所绑架，其生命和财产均处于危险之中。汉宣帝神爵二年（公元前60年），为了更好地控制西域，汉朝在西域设置了西域都护府，这是汉朝管理西域的最高行政和军事机构，主要职能是保障西域南北两道得以安全地畅通通行。西域都护的官职等级相当于内地郡守，其下又设副校尉、丞、司马等属吏，同时还有统率的军队。郑吉是首任西域都护，他设立幕府，治所在乌垒城（今新疆轮台东）。西域都护府的设立标志着西域已经正式成为中央政府的领土，这对于加强汉朝在西域地区的军事统治和管理具有极其关键的作用；同时还有助于汉朝在西域顺利屯田，并促进商旅的正常往来。随着中原王朝的局势混乱和国家实力的兴衰，西域或是选择归顺汉朝，或是向匈奴屈服。东汉时期，西域都护府或设或撤，最终被西域长史所取代。

汉戊己校尉耿恭屯戍西域，唐时置北庭都护府，元设别失八里元帅府，它们皆是屯田制度留下的历史见证。

汉武帝时，为了完成开通西域的大业，在西域地区驻军屯田。但最初的屯田规模较小，仅是为了保证驻军口粮和过往官吏的供给。汉昭帝时，在轮台、渠犁地区展开大规模屯田。汉昭帝天凤四年（公元前77年），汉王朝又应楼兰王的请求，派遣司马1人、吏士40人，屯田伊循（今米兰），中原的农业技术在南道得到推广。牛耕铁犁技术的传入、井渠的开凿、灌溉设施的发展，对于耕地面积有限且水利资源极少的绿洲诸国而言，无疑推动了农业生产力的大幅度提高。汉代的军事屯田在这个过程中起到了决定性的作用，中原的密集型灌溉农业技术因之

---

① 王宁. 史记 [M]. 北京：商务印书馆，2018.

传到西域。由于农业经济水平的大幅增长，西域绿洲诸国在两汉时出现了人口爆炸的现象，居民数量平均增长数倍，如于阗人口，《汉书》所记为 3300 户，而《后汉书》所记则为 32 000 户。不可否认，汉朝在西域的屯田主观上是为了解决驻防部队的给养问题，从而加强对西域诸国的有效控制。但从实际效果来看，屯田对西域特别是南道绿洲诸国的农业发展以及当地文明的历史进程，有着划时代的意义。

三、东汉复通西域

西域与中原的关系，在王莽时期中断，匈奴势力乘虚而入，重新控制西域。光武帝在位期间，西域各国难以负担匈奴重税，遂遣使请附，希望汉朝能派都护前往。但当时东汉初定，无暇顾及西域的情况，于是便拒绝了西域的请求。明帝在位期间，汉朝政治环境较为安定，经济有所进步，为反击匈奴、恢复中央政府对西域的控制奠定了坚实的基础。

永平十六年（公元 73 年），班超决定从军，和窦固共同抗击匈奴，在这一过程中，班超战功显赫，窦固也十分器重他，于是班超得以出使西域南道诸国，希望这些国家能够联合汉军抗击匈奴入侵。班超一行沿南道而行，抵达鄯善。班超骁勇善战，成功地打败了匈奴使者，抚慰了鄯善，由此声名远扬。明帝去世之后，汉朝决定彻底撤兵西域，班超决定率军回到中原地区。但疏勒等国担心匈奴卷土重来，便请求班超留驻西域，班超应其所求留了下来。他在南道一带历尽艰险、苦心经营，使南道保持畅通。和帝之时，班超击败月氏，讨伐焉耆，使焉耆降服汉朝，重新开通北道，"于是西域五十馀国悉纳质内属"（《资治通鉴·汉纪·汉纪四十》）。班超在西域的军事外交活动使得该地区与中原的联系达到了前所未有的紧密程度，并为东西方的文化交流创造了必要的环境。班超的再通西域以及经营西域的成就，其重要性绝不逊色于张骞最初出使西域的行动。

四、丝绸之路初通

丝绸之路的开通不是个人短暂的努力就能促成的，它是各民族之间长期不断交往与沟通的必然产物。丝绸之路作为加强中西文化交流的主渠道，在开通后的千余年间一直发挥着不可替代的核心作用，是中西方深厚友谊的历史象征。

在 19 世纪后期，德国的地理学家李西霍芬首次引介了"丝绸之路"这个术语。所谓的"丝绸之路"，实际上是古代中国与西方国家之间的一条重要的贸易路线。这条路线从现在的西安开始，途经新疆，然后分为南北两条路线，再经过葱岭，最终到达中亚和西亚的各个国家，并在这些国家之间继续向欧洲进发。实际上，中国通过丝绸之路输出的物品不仅局限于丝绸，只是丝绸是众多物品中最为人们所熟知的。我国丝绸产品自公元前 2 世纪以来，历经千年有余，都经大宛这条商路不断行销地中海地区，并成为国际市场上的畅销品，这也是"丝绸之路"这一名称的由来。在张骞出使西域前，西域绿洲各个国家出于自身生存进步的需要，纷纷谋求绿洲之间的合作与资源共享，从而间接构建起了绿洲之间的交通网络，从而为丝绸之路的最初形态奠定了基础。在张骞出使西域之后，不仅加强了绿洲与绿洲之间的密切联系，同时借助汉朝的政治影响力，东西方的联系也得到了进一步的加强，这为丝绸之路的开通带来了实质性的进步。东西方在物质、技术和文化等多个领域的互相需求构成了丝绸之路发展的核心动因。各国之间的商业旅行和使节的频繁往来都为丝绸之路的实质性发展做出了重要的贡献。

帕米尔高原古称葱岭，是通往西域的险峻要地。张骞及唐代的玄奘、元代的马可·波罗都曾在此留下足迹。

丝绸之路沟通了东西方的贸易往来。中国的丝绸、漆器、铁器及其他手工艺品输入西方；中亚和西亚的一些植物品种，如葡萄、苜蓿、石榴、胡桃等，盛产于康居等国的皮毛，月氏、安息、大秦的毛织品及各种珍奇异兽，如琉璃、琥珀等也输入中国。精通天文、农业、水利、冶金的各种技术人才移居西域地区，这对于推动当地的生产技术和科学进步都有至关重要的意义；西域地区的具有波斯、印度风格的乐舞、美术、生活用品，如胡坐（靠椅）、胡床（折叠椅）等，一时间也引起都城皇室、贵胄、官僚的竞相效仿，风行一时。西域南北两道的城郭诸国在丝路贸易中是非常重要的商品集散地。丝绸之路的开通不仅促进了欧亚大陆各主要文明之间的频繁互动和交流，同时也使得西域逐渐成为各种文明融合的中心地带。在汉代，不仅陆路丝绸之路向外界开放，海上丝绸之路也几乎在同一时期得到了扩展。擅长航海的东南沿海的百越民族沿着大陆的边缘沿海地区，进行了漫长的航行，最终抵达了东西海洋交通的交会点——南印度洋沿岸，并在那里从事以奢侈品为主的各种商品交易活动。在历史的演变中，海上丝绸之路的重要性和影响日益明显。

第二节　唐代丝绸之路的延续与文化传播

一、唐与东北地区、渤海国的海上交通

7世纪末，在我国东北地区出现了一个新兴地方政权——"靺鞨国"，其疆域约北至松花江流域，东北至今哈巴罗夫斯克东北，东至日本海，西至松花江与嫩江合流处，南至大蒲石河河口以南。至唐武德年间（公元618—626年），靺鞨族中的粟末靺鞨人纷纷归附，唐中央政府在东北设慎州、夷宾州、黎州等对其进行安置。唐圣历元年（公元698年），受唐册封为震国公的粟末靺鞨首领大祚荣自立为震国王，仍称靺鞨。唐神龙元年（公元705年），唐朝遣使招慰。大祚荣欲与唐修好，乃派次子大门艺入唐为质子，宿卫京师。开元元年（公元713年），大祚荣又遣王子至唐，并请求礼拜佛寺与建立航海通商关系。同年，唐玄宗册封大祚荣为左骁卫大将军、渤海郡王，自是始去靺鞨号，专称渤海。到渤海国中兴时期已拥有五京、十五府、六十二州，成为"地方五千里，户十余万，胜兵数万"（《新唐书·列传·卷一百四十四》）的"海东盛国"。

渤海国入唐朝贡始于唐开元元年（公元713年），此后"每岁遣使朝贡"，贡品以名贵的土特产为主，如虎皮、海豹皮、海东青、鲸鱼睛、人参、玛瑙柜、金银佛像、紫瓷盒、玳瑁杯及美女等。终渤海国之世，"朝唐进贡，臣礼无缺"，曾有一次献貂皮1000张，朝廷则赐帛3600匹。渤、唐之间往来达400次，年平均2次。渤海国在朝贡的同时，利用鸭绿——登州道这条水路"就市贸易"。唐在登州设渤海馆，接待朝贡使臣和办理商业贸易。渤海水运出口的土特产多达40种，主要有名马、虎皮、貂皮、人参、蜂蜜、昆布、乾文鱼、鱼牙釉、玳瑁杯、暗摸靴、紫瓷盒、熟铜等，其中出口量最大的是名马和熟铜，故有"货市渤海名马，岁岁不绝"（《旧唐书·列传·卷七十四》）之说。除官方贸易外，中原各地商人也前往登州与渤海人交易。日本人曾看到渤海商船经常停泊在登州外港青山浦装卸货物。渤海国与唐历时两个多世纪的商贸往来，都是通过鸭绿——登州道水路进行的。

二、唐与新罗的友好往来与贸易活动

新罗，原位于辰韩与弁韩故地，辖境约为朝鲜半岛之东南部，西邻百济，北接高丽，东临日本海，东南望日本列岛。早在南北朝时，新罗人曾附舶百济往返于中国。唐初武德四年（公元 621 年），新罗王真平遣使者入唐朝，唐高祖曾派官员庚文素持节答赉。公元 624 年，册封真平为乐浪郡王、新罗王。在朝鲜半岛三国的角逐中，新罗受到高丽与百济的侵略，多次求援于唐朝，故唐与新罗的关系一直较为友好。从唐初至唐末，唐与新罗之间以航海为中介的政治、经济、文化交往活动十分频繁，派至唐朝的留学生络绎不绝，开成五年（公元 840 年）时，来唐留学的外国学生一次就多达 105 人，有些留学生还参加唐朝的科举考试，有的在考中后还留在唐朝做官。唐与新罗的友好交往，也促生了如张保皋等一批致力于双边贸易的大商人。由于唐与新罗航海交往的频繁，在山东半岛与江苏沿海，还建有许多新罗坊，坊中聚居着新罗侨民与商人。同时，双方在航海活动中也常有互助活动，如唐代登州商人马行余，海行遇风，飘至新罗，新罗国君闻行余自中国而至，接以宾礼。元和年间（公元 806—820 年），新罗王子金士信乘船来华途中，也被风吹到楚州盐城县（今江苏省盐城市），唐朝也予以妥善安置。

三、唐代与日本的友好往来

随着盛唐在当时亚洲乃至世界的崛起，日本很早便开始有计划、有目的地大规模向中国派遣使团。从贞观四年（公元 630 年）到乾宁元年（公元 894 年），日本前后共任命遣唐使 19 次，其中包括迎入唐使 1 次，送唐客使 3 次。还派来许多留学生和学问僧。这些遣唐使不仅来唐朝学习政治制度和文化，还带着大批货物来华，通过唐朝的鸿胪寺进行贸易，也在中国市场上大量采购货物，带回日本贩卖。唐朝政府也多次派使臣到日本回聘。日本使臣带到中国的贡品有琥珀、玛瑙、沙金、银、绝等，唐朝酬答的物品则有书籍、经卷、彩帛及香药等。两国间往来的使臣，实际上是官方的贸易使团。

除官方使团的往来，民间贸易往来也很频繁。中国的商舶经常"多赍货物"到日本贸易。每当中国商船到达时，日本政府立即派出交易唐物使，同唐商进行交易。日本公卿、朝臣、富豪也都纷纷抢在交易唐物使之前竞买，抢购商船载来的"舶来品"。唐宣宗大中十年（公元 856 年），日本僧人圆珍在广州委托船主秀英觉、陈太信把天竺贝多树拐杖、广州斑藤拐杖、琉璃瓶子等物送回日本。到 9 世纪末，由于中国国内政局动乱，日本停止派遣唐使来华，但两国间的民间贸易仍继续发展。从 9 世纪中叶到 10 世纪初，有记载可考的前往日本的中国商船有 30 多起，其中有的商人还数次到日本贸易。可见，在唐代，中日之间各种形式的海上贸易往来频繁。

四、唐代与东南亚、南亚的交往

（一）林邑

林邑在今越南中南部，本汉日南、象林之地。武德六年（公元 623 年），林邑王范梵志遣使朝贡。武德八年（公元 625 年），又遣使贡方物，唐高祖设《九部乐》以宴之。贞观年间（公元 627—649 年），其王头黎遣使偕婆利、罗刹两国使者来贡驯象、镠锁、五色带、朝霞布、火珠；后又献五色鹦鹉、白鹦鹉，朝贡不绝。永徽至天宝年间（公元 650—755 年），凡三入献。至德以后自称环王国，贞元十二年（公元 796 年）"十一月辛卯，昭义王虔休造《诞圣乐曲》以献。十二月己未，大雪平地二尺，竹柏多死。环王国所献犀牛，甚珍爱之，是冬亦死"（《旧唐书·本纪·卷十三》）。

（二）拘蒌蜜

拘蒌蜜在林邑之西，陆路三月行，山居饶象，并养之以供用。显庆元年（公元 656 年）闰正月来朝贡，在盘盘、致物国东南，海路一月行。南距婆利国十日行。东去不述国五日行。西北去文单国六日行。风俗物产与赤土国、堕和罗国略同。[①]

（三）殊奈国、甘棠国

殊奈国（今泰国南部，疑即沙里），昆仑人也，在林邑南，去交址海行三月馀日。习俗与婆罗门同。路绝远，古未尝通中国。唐贞观二年（公元 628 年）十月，朝贡使至。甘棠国，在大海之南，昆仑人也。唐贞观十年（公元 636 年），与朱俱婆国朝贡使同日至。[②]

---

① 冯立君. 九世纪中韩日三国外交制度比较 [D]. 延吉：延边大学，2010.

② 冯立君. 九世纪中韩日三国外交制度比较 [D]. 延吉：延边大学，2010.

（四）真腊

今柬埔寨，一名吉蔑，原为扶南属国。在京师南二万七百里，北至爱州六十日行。武德六年（公元623年），遣使贡方物。贞观二年（公元628年），又与林邑国俱来朝献。太宗嘉其陆海疲劳，锡赍甚厚。自神龙以后，真腊分为两半：以南近海多陂泽处，谓之水真腊；以北多山阜，谓之陆真腊，亦谓之文单国。高宗、则天、玄宗朝，并遣使朝贡。开元、天宝时，王子率其属二十六来朝，拜果毅都尉。大历中，副王婆弥及妻来朝，献驯象11头，擢婆弥试殿中监。元和八年（公元813年），水真腊遣李摩那等来朝。①

第三节　汉赋中的丝绸之路与域外意象

一、汉赋的胡人书写特点

（一）模糊性、轮廓化的侧面描写

从今存汉赋来看，诸如扬雄的《长杨赋》、班彪的《北征赋》和杜笃的《论都赋》等西汉后期和东汉早期赋作，多从侧面描写胡人形象，使得汉赋中的胡人形象具有模糊性、轮廓化的特点。比如，扬雄在《长杨赋》中写道："上将大夸胡人以多禽兽。秋，命右扶风发民入南山。西自褒斜，东至弘农，南驱汉中，张罗网罝罘，捕熊罴豪猪，虎豹狖玃，狐兔麋鹿，载以槛车，输长杨射熊馆。以网为周陛，纵禽兽其中，令胡人手搏之，自取其获，上亲临观焉。"这表明在西汉晚期，胡人在社会中的地位实际上是相对较低的。我们不能确定这些胡人到底属于哪个民族，但我们清楚，他们赤手空拳地在长杨射熊馆里与野兽战斗，对抗恐惧、死神，用勇气和力量获得生存的机会。他们只是供王公贵族娱乐和围观的玩偶，也是作者用以提升大汉威望和确立大汉中心地位的实际存在。

班彪《北征赋》中的胡人虽有明确所指，但形象并不清晰，颇具轮廓化特点："登赤须之长阪，入义渠之旧城。忿戎王之淫狡，秽宣后之失贞。嘉秦昭之讨贼，赫斯怒以北征。""剧蒙公之疲民兮，为强秦乎筑怨。舍高亥之切忧兮，事蛮狄之

---

① 冯立君.九世纪中韩日三国外交制度比较[D].延吉：延边大学，2010.

辽患。不耀德以绥远，顾厚固而缮藩。首身分而不寤兮，犹数功而辞鑐。何夫子之妄说兮，孰云地脉而生残。登鄣隧而遥望兮，聊须臾以婆娑。闵獯鬻之猾夏兮，吊尉漱于朝那。从圣文之克让兮，不劳师而币加。"在该赋中，班彪认为，秦昭王之母宣太后与义渠戎王的淫乱为"失贞"，很自然地将义渠戎视为异类。他凭吊因獯鬻乱华而丧生的尉漱，盛赞汉文帝以德服人的"怀柔"策略，明显将戎、蛮狄、獯鬻等视为"非我族类"、尚未开化的蛮夷，从而凸显了大汉中心主义的叙事立场。

杜笃在《论都赋》中所描写的胡人形象，同样有模糊性、轮廓化的特点："孝武因其余财府帑之蓄，始有钩深图远之意，探冒顿之罪，校平城之仇。遂命票骑，勤任卫青，勇惟鹰扬，军如流星，深之匈奴，割裂王庭，席卷漠北，叩勒祁连，横分单于，屠裂百蛮。烧劂帐，系阏氏，燔康居，灰珍奇，椎鸣镝，钉鹿蠡，驰坑岸，获昆弥……鞭駃騠。拓地万里，威震八荒。肇置四郡，据守敦煌。并域属国，一郡领方。立侯隃北，建护西羌……非夫大汉之世盛，世借雍土之饶，得御外理内之术，孰能致功若斯！"此赋中的冒顿、匈奴、单于、百蛮、宾、阏氏、康居、昆弥、西羌等皆为胡人。作者盛赞汉武帝伐匈奴、征西域的丰功伟绩，宣扬了汉军的强大威武，暗含对匈奴、西域诸族不堪一击的嘲讽之意。作者的叙事立场也与上述二赋无异。

（二）细腻而真实的正面描写

随着胡、汉之间文化交流的日渐深入，时至汉灵帝时期，胡文化甚至成为人们追逐的时尚与潮流。

据《后汉书》载，"灵帝好胡服、胡帐、胡床、胡坐、胡饭、胡空侯、胡笛、胡舞，京都贵戚皆竞为之。"[①] 可见，由于汉灵帝痴迷于胡文化，乃至于京都贵戚竞相效法，胡文化俨然成了一种竞相追逐的文化时尚。这也说明，东汉人对胡人的了解更详细，认同感也进一步增强。由此，诸如王延寿、蔡邕、繁钦等赋家对胡人形象的描写与刻画，也更为精细而真实、具体而生动。

王延寿《鲁灵光殿赋》所描写的胡人形象比较具体而形象。据其序云："鲁灵光殿者，盖景帝程姬之子恭王余之所立也。初，恭王始都下国，好治宫室，遂因鲁僖基兆而营焉。遭汉中微，盗贼奔突，自西京未央、建章之殿皆见隳坏，而

① 范晔. 后汉书 [M]. 杭州：浙江古籍出版社，2000.

灵光岿然独存。"如此，鲁灵光殿由西汉鲁恭王刘馀所建。该赋详细描写了灵光殿梁柱上雕刻的胡人图像："齐首目以瞪眄，徒脉脉而狖狖。胡人遥集于上楹，俨雅踞而相对。仡欺㥏以雕瞵，颠颡颡而睽睢。状若悲愁于危处，憯嚬蹙而含悴。"可见，作者生动描写了胡人有高颧骨、大额头的面部特征，及悲愁蹙额的神态情状。

与《鲁灵光殿赋》描写的胡人形象不同，蔡邕的《短人赋》、繁钦的《三胡赋》则颇为细腻地描写了胡人的真实容貌特征。蔡邕的《短人赋》中云："侏儒短人，僬侥之后。出自外域，戎狄别种。去俗归义，慕化企踵。遂在中国，形貌有部。名之侏儒，生则象父。唯有晏子，在齐辨勇，匡景拒崔，加刃不恐。其馀侁幺，劣厥偻屡。"赋中的"侏儒短人"形貌丑陋如象父，个子短小似晏子，身材扭曲，行为乖张，嗜酒成性，难与深交。作者称其为僬侥之后、戎狄别种，可见其显然也来自域外。

我们知道，古代中原华夏族群总是将四方边境族群分称为东夷、南蛮、西戎、北狄，则"短人"或来自西北某族群。实际上，汉代"百戏"中的侏儒表演项目，可能就引自西域。比如，东汉李尤的《平乐观赋》描写了汉代"百戏"的盛况，就有"侏儒巨人，戏谑为耦"等表演项目。所以，赋中的"短人"很可能就是来自西域的侏儒艺人。蔡邕以戏谑口吻，描写了短人的形貌特点：用各种禽鸟类比短人的头部特征，用昆虫类比其腹部特征，而用门阃、梁柱、劈柴斧、胡鼓、鞋楦子、捣衣杵等器物类比其腿部特征。如此描述，虽然生动形象，但含有歧视嘲弄和挖苦的成分，显然将胡人予以矮化或妖魔化了。不难看出，蔡邕明显具有汉帝国为中心的叙事话语立场。

建安赋家繁钦的《三胡赋》应是残篇。与前面诸赋相比，该赋更细致地描写了胡人的面部特征，对胡人的刻画更为生动而真实："莎车之胡，黄目深睛，员耳狭颐。康居之胡，焦头折颏，高辅陷无，眼无黑眹，颊无余肉。罽宾之胡，面象炙猬，顶如持囊，睰目赤眦，洞頞仰鼻。"赋中详细描写了莎车、康居、罽宾等西域诸国胡人的面部特征，并能够突出他们的形貌特点：莎车胡人黄睛、深目、圆耳、窄脸；康居胡人面黑、凸额、高颧骨、深目、瘦脸；罽宾胡人面如刺猬、大头颅、深目、黄须、高鼻梁。作者如此细致的描写，使得赋中的胡人形象更为生动逼真，如在眼前。

综合来看，尽管关于描写胡人的汉赋现存数量并不多，但我们依然可以观察到关于胡人的创作经历了一个从模糊到真实、从侧面到正面、从妖魔化到真实化的转变过程。这一发现揭示了汉代赋家对胡人的认知和观点随着时间的推移已经发生了变化，同时也显示出丝路文化的影响正在逐渐加强。

二、汉赋胡人书写的意义

（一）以汉王朝为中心的叙事立场

丝绸之路的开通为汉代的赋家们提供了一个全新的视角，使他们能更深入地了解和感知周围的世界；也为那些"归义"宾服的匈奴、西域各族提供了更为全面的视角，以便让他们了解汉武帝国的强大。虽然汉朝与其相邻的民族关系时而紧密时而疏离，时而战乱时而和睦，但赋家们通过他们的文字传达了深沉的情感，歌颂了文帝、武帝等历史人物的智慧和威慑力，并用这种方式含蓄地劝告当前的统治者要致力于治国和仁爱人民。他们深信，只有这样做，才能保证四夷宾服和"天下归心"的统一格局得到保持。以《长杨赋》为例，扬雄对武帝的卓越天赋和战略洞察力给予了高度的赞誉，同时也对汉帝国在战争中的英勇表现和其深远的影响表示了钦佩。他也明确表示了其对保持汉帝国作为全球文化焦点的坚定信仰和自觉态度，文中也确立了以汉帝国为中心的叙述立场。

其实，班固的《两都赋》、张衡的《二京赋》等在描写与胡人相关的事项时，也具有类似的叙事话语立场。例如，《西都赋》中描写诸如九真、大宛、黄支、条枝等边境地区出产的大量"殊方异类"流入长安，真可谓"天下归心"的盛世景象。这正体现了作者以汉帝国为中心的叙事话语立场。《二京赋》中也有着类似的描写："植华平于春圃，丰朱草于中唐。惠风广被，泽洎幽荒，北燮丁令，南谐越裳。西包大秦，东过乐浪重舌之人九译，金稽首而来王。"如果从地理方位来看，丁令、南越、大秦、乐浪如众星拱月，分别位处汉帝国的东、西、南、北边境地带。如此，汉都洛阳自然就是世界的中心了。赋中云"重舌之人九译，金稽首而来王"，说明作者将汉帝国视为当时世界的中心，以此表达其政治自豪感和大汉中心的叙事话语立场。

（二）异类书写观念

有学者指出："人对客观世界的征服，这才是汉代艺术的真正主题。"汉朝与匈奴、西域诸族及周边民族间的政治、经济、军事与文化交流关系，在汉代赋家来看并非一种对等关系，而是一种文化臣服关系。既如此，他们对胡人的描写、塑造，主要目的就在于揭示汉、胡之间具有征服与依附、"怀柔"与"归义"的关系。这其实就是一种异类书写观念。

比如，扬雄的《长杨赋》、班彪的《北征赋》和杜笃的《论都赋》等所描写的胡人形象，仅仅是一种概念化存在，是被作为奴隶、敌人或玩偶而写入赋中的。尽管他们最终成为"慕德向义"的"归义"者，但作者有意识地将胡人矮化或妖魔化，"非我族类"的异类书写倾向非常明显。蔡邕的《短人赋》、繁钦的《三胡赋》采用正面描写的方式，使得胡人形象更为鲜明、生动而真实。表面上看，这些胡人被矮化和妖魔化的成分在减弱。但这只能说明，随着时代变迁和汉、胡间经济、文化交往的日渐深入，赋家们对胡人的认知观念随之发生了变化。只是不容否认的是，在观念深处，他们仍然没有把这些胡人当作同类看待，而是作为满足其猎奇审美趣味的一种异类存在。否则，他们绝不会以如此视角去书写和塑造胡人。

（三）意义场域建构意识

构建文学的"意义场域"是作者与读者共同努力的成果。因此，只有当读者能够理解和接受作家对文学文本意义的表达时，这种表达才会具有文学意义的场域色彩。汉赋，作为一种富有深意的艺术展现，蕴含了赋家在构建意义领域时的核心意识。因此，在创作过程中，作家与读者都要参与其中，通过对话来完成意义场构建的任务。

在汉代赋家看来，赋中表达的意义和旨趣，就应该附丽于周边民族必须归依于汉王朝的事实之上。尽管丝路文化在一定程度上改变了他们的文学视域与空间观念，但也因此使其内心深处的汉帝国中心观念更为强烈而稳固。他们认为，周边异族只有心向"中心"，才是一种正确而明智的选择。在这种观念的支配下，汉赋胡人书写便具有构筑"百鸟朝凤"式的意义场域的强烈意识。可以说，相关汉赋的话题，都围绕这个意义场域展开。比如，扬雄的《长杨赋》这样描写："其后熏鬻作虐，东夷横畔，羌戎睚眦，闽越相乱，遐氓为之不安，中国蒙被其难……

夫天兵四临，幽都先加，回戈邪指，南越相夷，靡节西征，羌僰东驰。"很明显，在扬雄的文学想象中，汉帝国无疑就是政治中心，周边的异族国家只有慕德归附，才是一种明智选择。否则，他们必遭"天兵四临"的惩罚。也正因为如此，杜笃才在《论都赋》中如此赞美汉帝国的神威："若夫文身鼻饮缓耳之主，椎结左衽镶鍧之君，东南殊俗不羁之国，西北绝域难制之邻，靡不重译纳贡，请为藩臣。"这种"重译纳贡，请为藩臣"的热烈景象，就是一种"百鸟朝凤"式的虔诚场景的合理想象。同样，班固《两都赋》中的西都长安，在其有限的苑囿空间中，几乎容纳了周边异族国家的所有珍禽、宝马："其中乃有九真之麟，大宛之马，黄支之犀，条枝之鸟。"我们知道，九真在今越南河内以南，大宛在今中亚地区的费尔干纳盆地，黄支在今印度东南海岸一带，而条枝则在今伊拉克境内。而这些遥远区域中的"殊方异类"，都是在汉帝国强大的文化引力下，才源源不断地流入长安，恰如"百鸟朝凤"一般，汇聚于这个世界的中心。这种情况下，赋家的地理视野中所蕴含的政治情怀也发生了显著的变化。

总之，丝绸之路开通以来，汉朝与相邻异族国家的往来就愈加频繁。汉朝或凭借军事力量征服，或通过遣使同匈奴、西域各国及其他相邻异族国家缔结友好关系，从而使其进献贡品或附庸。由此，大批物产源源不断地流入汉朝境内，大批胡人也相继而来，成为汉代赋家研究与记载的重点。

第四节　唐诗中的丝绸之路与域外意象

一、唐诗咏海上丝绸之路行旅

在唐朝时期，中外文化的交流愈加频繁，唐诗的创作也达到了空前的高峰。唐诗所描绘的社会生活反映了丝绸之路的变迁，具有极大的参考意义。海上丝绸之路促进了商业贸易的兴旺，广阔的海洋激发了人类对未知领域的幻想，唐诗生动地反映了当时的社会生活风貌。那些不畏风波之险远赴异域从事贸易的海商，还有经海路入华的外国人，往往引起诗人吟咏的兴趣，通过这些诗我们可以依稀看到唐代海上丝绸之路上往来人员的身影和行踪。

（一）唐诗中从事贸易的"海客"和"海商"

从事海外贸易的商人被唐代诗人称为"海客""海贾""海商"。中国人很早就在太平洋和印度洋之间从事贸易活动。汉代商使已经到黄支国（在今印度）和已程不国（今斯里兰卡）；东晋时法显从天竺至师子国（今斯里兰卡），在无畏山僧伽蓝见到佛像前有中国商人供养的白绢扇，说明那时已有中国商人从事海外贸易。他从师子国和耶婆提国（今印度尼西亚瓜哇岛或苏门答腊岛或兼称此二岛）回国，都乘商贾大船，反映了中国与东南亚和南亚之间海上贸易的兴盛。唐代海贾出海远航进行贸易活动也很活跃。出海贸易是一项风险很大的活动，柳宗元在其《招海贾文》中极力描写了大海的危险，奉劝海贾珍惜生命，不要过分贪图钱财："咨海贾兮，君胡以利易生而卒离其形？""咨海贾兮，贾尚不可为，而又海是图。死为险魄兮，生为贪夫。亦独何乐哉？归来兮，宁君躯。"在柳宗元笔下，这些海贾"东极倾海流不属，泯泯超忽纷盪沃。殆而一跌兮，沸入汤谷，舳舻霏解梢若木"（《招海贾文》）。汤谷即"旸谷"，神话中太阳升起之处，与"虞渊"（神话中日落之处）相对。《淮南子·说林训》云："日出旸谷，入于虞渊。"屈原《离骚》"折若木以拂日兮"，王逸《楚辞章句》注云："若木，在昆仑西极，其华照下地。"作家用夸张的文学手法写唐代的海贾航行之远。唐代对出海贸易不曾有过禁令，在对外贸易发达的唐代，从事海外贸易的海贾数量众多，只是在重农抑商的传统社会，他们的活动很少受到史家的关注，但在唐诗里我们却可以看到他们的身影。

唐诗里写到海贾们的活动，往往强调他们的远航和艰险。李白《估客行》诗："海客乘天风，将船远行役。譬如云中鸟，一去无踪迹。"估客即贾客，在这首诗里又被称为"海客"，因为他们是从事海外贸易活动的商贾，远客异方。李白《同族弟金城尉叔卿烛照山水壁画歌》："高堂粉壁图蓬瀛，烛前一见沧洲清。洪波汹涌山峥嵘，皎若丹丘隔海望赤城。光中乍喜岚气灭，谓逢山阴晴后雪。回溪碧流寂无喧，又如秦人月下窥花源。了然不觉清心魂，只将叠嶂鸣秋猿。与君对此欢未歇，放歌行吟达明发。却顾海客扬云帆，便欲因之向溟渤。"这是一首题画诗，诗人看到画面上海商扬帆远行，便想象着可以跟他们一起驶向大海深处。刘眘虚《越中问海客》："风雨沧洲暮，一帆今始归。自云发南海，万里速如飞。初谓落何处，永将无所依。冥茫渐西见，山色越中微。谁念去时远，人经此路稀。泊舟悲且泣，使我亦沾衣。浮海焉用说，忆乡难久违。纵为鲁连子，山路有柴扉。"

远离家乡从事海上贸易活动，除了自然风波之险，还有人为的灾难，如战争和海盗。李群玉《凉公从叔春祭广利王庙》："龙骧伐鼓下长川，直济云涛古庙前。海客敛威惊火旆，天吴收浪避楼船。阴灵向作南溟王，祀典高齐五岳肩。从此华夷封域静，潜熏玉烛奉尧年。"据中国神话传说，南海广利王被视为四海龙王之一，居住在南海地区，其地位仅次于东海龙王。当地方官浩浩荡荡的祭祀船队赴广利王庙时，那些海商惊恐地以为有战事发生，急忙移舶远避。黄滔《贾客》："大舟有深利，沧海无浅波。利深波也深，君意竟如何。鲸鲵齿上路，何如少经过。"这首诗的寓意跟柳宗元的《招海贾文》相同，讽劝海商重生轻利。陆龟蒙《奉和袭美吴中言怀寄南海二同年》："曾见凌风上赤霄，尽将华藻赴嘉招。城连虎踞山图丽，路入龙编海舶遥。江客渔歌冲白荇，野禽人语映红蕉。庭中必有君迁树，莫向空台望汉朝。"皮日休《送李明府之任海南》："五羊城在蜃楼边，墨绶垂腰正少年。山静不应闻屈鸟，草深从使骇贪泉。蟹奴晴上临潮槛，燕婢秋随过海船。一事与君消远宦，乳蕉花发讼庭前。""海舶""过海船"即海贾乘用的出海的大船。海贾出海远行，为诗歌中写离情别绪增添了新的题材。游子成为出海经历风波之险的贾客，思妇则是装束奇异的南蛮女子。张籍在《蛮中》中写蛮女思念远行的丈夫："铜柱南边毒草春，行人几日到金麟。玉镮穿耳谁家女，自抱琵琶迎海神。"为了祈求出海的丈夫平安归来，女子抱着琵琶去参加祭祀海神的活动。

当海贾经历风涛之险从海外归来，家乡亲人会举行仪式活动迎接他们。许浑《送客南归有怀》："绿水暖青蘋，湘潭万里春。瓦尊迎海客，铜鼓赛江神。避雨松枫岸，看云杨柳津。长安一杯酒，座上有归人。"白居易《送客春游岭南二十韵》："已讶游何远，仍嗟别太频。离容君蹙促，赠语我殷勤。迢递天南面，苍茫海北漘。诃陵国分界，交趾郡为邻。翕郁三光晦，温暾四气匀。阴晴变寒暑，昏晓错星辰。瘴地难为老，蛮陬不易驯。土民稀白首，洞主尽黄巾。战舰犹惊浪，戎车未息尘。红旗围卉服，紫绶裹文身。面苦桃榔裹，浆酸橄榄新。牙樯迎海舶，铜鼓赛江神。"诗人所送客人远行至"诃陵"，其地在今东南亚一带的大海洲中。从诗人对"客"的叮嘱来看，此客当为贾客，所以诗人劝他："须防杯里蛊，莫爱囊中珍，北与南殊俗，身将货孰亲。尝闻君子诚，忧道不忧贫。"那些远航归来的海贾，了解了域外的信息，见多识广。李白《梦游天姥吟留别》："海客谈瀛洲，烟涛微茫信难求。"

海贾往往携中国丝绸出海，换取海外商货，这在唐诗中也多有反映。首先是珠宝，古代中外传统贸易的一个重要内容就是以中国丝绸换取域外的珠宝。陆龟蒙《奉和袭美太湖诗二十首·雨中游包山精舍》云："包山信神仙，主者上真职。及栖钟梵侣，又是清凉域。乃知烟霞地，绝俗无不得。岩开一径分，柏拥深殿黑。僧闲若图画，像古非雕刻。海客施明珠，湘蘂料净食。有鱼皆玉尾，有乌尽金臆。手携鞾铎伕，若在中印国。千峰残雨过，万籁清且极。此时空寂心，可以遗智识。知君战未胜，尚倚功名力。却下听经徒，孤帆有行色。"诗中海客施予高僧的是得自海外的"明珠"。李洞《送人之天台》："行李一枝藤，云边晓扣冰。丹经如不谬，白发亦何能。浅井仙人境，明珠海客灯。乃知真隐者，笑就汉廷征。"其次是香料药物。项斯《寄流人》："毒草不曾枯，长添客健无。雾开蛮市合，船散海城孤。象迹频藏齿，龙涎远蔽珠。家人秦地老，泣对日南图。"从唐诗里我们还看到了当时海上丝绸之路上的奴隶贸易，有人把非洲和东南亚奴隶贩卖到唐朝内地，称为"海奴"。

从唐诗中我们还可以了解到，那些出海经商的人还会经过长江水道和京杭大运河从事商贸活动，他们倒卖内地商货和域外洋货，长江水道和运河上都有他们的樯帆桅影。成书于9世纪的阿拉伯地理学著作《道里邦国志》中讲到了唐代中国南方沿海的广州、扬州、杭州等城市，书中说："中国的这几个港口，各临一条大河，海船能在这大河中航行。"唐诗中关于内河海船的描写可以与此相印证。周贺《留辞杭州姚合郎中》诗云："波涛千里隔，抱疾亦相寻。会宿逢高士，辞归值积霖。丛桑山店迥，孤烛海船深。尚有重来约，知无省阁心。"诗人来杭州拜会姚合，临别之际，想象着自己回程中于深夜"海船"之上，还会盼望着践约再来。李端《杂曲歌辞·古别离二首》其一："水国叶黄时，洞庭霜落夜。行舟闻商估，宿在枫林下。此地送君还，茫茫似梦间。后期知几日，前路转多山。巫峡通湘浦，迢迢隔云雨。天晴见海樯，月落闻津鼓。人老自多愁，水深难急流。清宵歌一曲，白首对汀洲。"诗人在长江水道见到了"海樯"，那是从事海外贸易的商船正进入三峡前往巴蜀从事贸易活动。王建《汴路即事》："千里河烟直，青槐夹岸长。天涯同此路，人语各殊方。草市迎江货，津桥税海商。回看故宫柳，憔悴不成行。"诗人乘船从扬州沿运河北上，船上乘客来自四面八方，语言各异。因为船从扬州来，扬州又是繁华的国际都市，那里海内外客商云集，因此政府在运河津渡桥口设卡征税。

（二）唐诗中经海上丝绸之路入华的外国人

在中外文化交流进入高潮时期的唐朝，世界上众多国家和地区都与中国建立了友好交往的关系，海上丝绸之路上中外贸易十分兴盛，也使得不同身份的外国人纷纷来到中国。在中国人的传统观念中，"远夷"朝贡是国家强盛、四夷宾服的表现，并为此自豪。而外国人异于中国人的体貌、语言会触发诗人写诗的兴趣和灵感，因此唐诗中也有不少作品写到了外国人。

这些诗反映了当时海上丝绸之路的繁荣景象。周繇《望海》诗："苍茫空泛日，四顾绝人烟。半浸中华岸，旁通异域船。岛间应有国，波外恐无天。欲作乘槎客，翻愁去隔年。"当诗人泛舟海上时，眼见波光浩渺，茫无边际。虽然杳无人烟，却有外国船在附近海域行驶。他由此想象到远处岛屿间有异国存在，但因为不能亲临其地，也只是想象而已。柳宗元《唐铙歌鼓吹曲十二篇》序写唐初对南方地区的征服云："梁之余，保荆、衡、巴、巫，穷南越，良将取之不以师。为《苞枿》第六。"其诗云："弥巴蔽荆，负南极以安。曰我旧梁氏，辑绥艰难。江汉之阻，都邑固以完……澶漫万里，宣唐风。蛮夷九译，咸来从。凯旋金奏，象形容。震赫万国，罔不龚。"在大唐文治武功的昌盛声威之下，海裔蛮夷纷纷臣服，九译入贡。

经海路入华的外国人首先是贡使，东南亚、南亚各国都派遣贡使经过海路入华朝贡。刘长卿《送韦赞善使岭南》："欲逐楼船将，方安卉服夷。炎洲经瘴远，春水上泷迟。岁贡随重译，年芳遍四时。番禺静无事，空咏饮泉诗。"刘长卿《送徐大夫赴广州》："上将坛场拜，南荒羽檄招。远人来百越，元老事三朝。雾绕龙山暗，山连象郡遥。路分江淼淼，军动马萧萧。画角知秋气，楼船逐暮潮。当令输贡赋，不使外夷骄。"韦应物《送冯著受李广州署为录事》："郁郁杨柳枝，萧萧征马悲。送君灞陵岸，纠郡南海湄。名在翰墨场，群公正追随。如何从此去，千里万里期。大海吞东南，横岭隔地维。建邦临日域，温燠御四时。百国共臻奏，珍奇献京师。富豪虞兴戎，绳墨不易持。州伯荷天宠，还当翊丹墀。子为门下生，终始岂见遗。所愿酌贪泉，心不为磷缁。上将玩国士，下以报渴饥。"元稹《和乐天送客游岭南二十韵》："我自离乡久，君那度岭频……冠冕中华客，梯航异域臣。果然皮胜锦，吉了舌如人。风飐秋茅叶，烟埋晓月轮。定应玄发变，焉用翠毛珍。句漏沙须买，贪泉货莫亲。能传稚川术，何患隐之贫。""梯航异域臣"指的就是梯山航海来华入贡的外国使臣。陈陶《赠容南韦中丞》："普宁都护军威重，九驿梯航压要津。十二铜鱼尊画戟，三千犀甲拥朱轮。风云已静西山寇，闾井全移上国春。不独来苏发歌咏，天涯半是泣珠人。""九驿"当作"九译"，诗中写容南韦中丞赴任之地乃沿海地区，当地海港停泊着大量外国贡使的船舶。东南亚国家通过海路入贡了犀牛、驯象。储光羲《述韦昭应画犀牛》："遐方献文犀，万里随南金。大邦柔远人，以之居山林。"白居易《驯犀——感为政之难终也》一诗中写到了外国贡使进献犀牛的事件："驯犀驯犀通天犀，躯貌骇人角骇鸡。海蛮闻有明天子，驱犀乘传来万里。一朝得谒大明宫，欢呼拜舞自论功。五年驯养始堪献，六译语言方得通。上嘉人兽俱来远，蛮馆四方犀入苑。"白居易诗里的"海蛮"即东南亚沿海国家林邑、真腊、诃陵等，它们都曾向唐朝进献驯犀，诗中描写了贡使入贡并受到朝廷厚遇的过程。

　　其次是经商的海胡、海夷。唐朝南方沿海地区的地方长官努力维护对外贸易的顺利进行，并以强大的军事力量保证了海路的畅通，使得外国商人往来方便且安全，正如熊孺登《寄安南马中丞》云："龙韬能致虎符分，万里霜台压瘴云。蕃客不须愁海路，波神今伏马将军。"商人逐利而来，互通有无，促进了中外物质文化交流。杜甫《送重表侄王砅评事使南海》："廷评近要津，节制收英髦。北驱汉阳传，南泛上泷舠。家声肯坠地，利器当秋毫。番禺亲贤领，筹运神功操。大夫出卢宋，宝贝休脂膏。洞主降接武，海胡舶千艘。我欲就丹砂，跋涉觉身劳。安能陷粪土，有志乘鲸鳌。或骖鸾腾天，聊作鹤鸣皋。""南海""番禺"都指今广州，王砅以大理评事从之职出使广州，途经成都遇杜甫，杜甫写诗送别，其中写到广州"海胡舶千艘"，可见来到广州的海外商贾之多。刘禹锡《南海马大夫远示著述兼酬拙诗辄著微诚再有长句时蔡戎未弭故见于篇末》："汉家旄节付雄才，百越南溟统外台。身在绛纱传六艺，腰悬青绶亚三台。连天浪静长鲸息，映日帆多宝舶来。闻道楚氛犹未灭，终须旌旆扫云雷。""映日"描写了广州海上外国商船的数量之多。刘禹锡《马大夫见示浙西王侍御赠答诗因命同作》："忆逐羊车凡几时，今来旧府统戎师。象筵照室会词客，铜鼓临轩舞海夷，百越酋豪称故吏，十洲风景助新诗。秣陵从事何年别，一见琼章如素期。"在广州马大夫的宴会上，有"海夷"献舞。薛能《送福建李大夫》："洛州良牧帅瓯闽，曾是西垣作谏臣。红旆已胜前尹正，尺书犹带旧丝纶。秋来海有幽都雁，船到城添外国人。行过小藩应大笑，只知夸近不知贫。"诗写李大夫赴任福州，沿水路而行，近城时有外国人上船。元稹在《和乐天送客游岭南二十韵》中写道岭南"舶主腰藏宝，黄家砦起尘"，诗中自注："南方呼波斯为'舶主'。胡人异宝，多自怀藏，以避强丐。"周繇《送杨环校书归广南》："天南行李半波涛，滩树枝枝拂戏猱。初著蓝衫从远峤，乍辞云署泊轻艘。山村象踏桄榔叶，海外人收翡翠毛。名宦两成归旧隐，遍寻亲友兴何饶。"翡翠毛是贵重物品，收取其可售高价。

唐代与海外的宗教交流十分密切，不少外国僧人经海路前来传道，也有外国僧人经西域入华，再由海路回国。这些外国僧人主要是佛教僧人。崔涂《送僧归天竺》："忽忆曾栖处，千峰近沃州。别来秦树老，归去海门秋。汲带寒汀月，禅邻贾客舟。遥思清兴惬，不厌石林幽。"此天竺僧欲归本国，乘贾客舟循海而行。佚名《无名氏之散句》："寄宿山中寺，相辞海上僧。"这"海上僧"可能也是指经海路入华的僧人。印度婆罗门教僧人也有经海路入华的。婆罗门教是印度古代宗教，为现在流行的印度教的古代形式，因崇拜婆罗贺摩（梵天）而得名。清江《送婆罗门僧》："雪岭金河独向东，吴山楚泽意无穷。如今白首乡心尽，万里归程在梦中。"有关唐代婆罗门教传入中国的文献资料很少，这两首诗有重要的史料价值。印度婆罗门教僧人经西域东来中国，曾经到中国南方传教。如今年迈力衰，归乡无望，便也就打消了归乡之念，但在梦中仍时时回到家乡。有意思的是，这首诗用了"独"字来形容婆罗门僧的行踪，这反映出婆罗门教在中国遭受冷落的状况。

从以上论述可知，唐诗里有丰富的有关海上丝绸之路发展的资料，远赴海外从事贸易的"海客"在唐诗里留下了身影；经过海路入华的各色外域人等，也在唐诗描写中留下了踪迹；东南亚、南亚入唐贡使，经海路入华经商的"商胡"，从事宗教活动的佛教、婆罗门教僧侣等，都曾引起唐代诗人吟咏的兴趣。关于唐代海上丝绸之路的发展，有丰富的文献资料和考古资料。而从诗史互证角度看，唐诗中反映海上丝绸之路的作品也有重要的史料价值，甚至具有某种重要的补充作用。在中外文化交流形成高峰的唐代，丝绸之路的发展为唐诗创作提供了丰富的素材。唐诗作为社会生活的反映，对于了解丝绸之路的发展历程具有重要的参考价值。

二、唐诗中的阳关意象

（一）丝绸之路上的"阳关道"

阳关故址在唐代沙州寿昌县西六里处，许多古地志书对此有相同的记载。敦煌藏经洞中的《沙州图经》残卷记载，阳关"在县西十里，今见毁坏，基迹见存。西通石城、于阗等南路。以在玉门关南，因号阳关"。通过考证，向达发现阳关遗址位于今天的阳关镇，地处敦煌市南湖乡西南 70 千米处的"古董滩"一带[①]。公元前 139 年，汉武帝派遣张骞前往西域寻求同盟军共同讨伐匈奴。历经多年的波折坎坷后，张骞才得以回到长安，向汉武帝详细报告了西域和匈奴的情况，激发了汉武帝开通通往河西走廊的交通线路的决心。骠骑将军霍去病进攻匈奴，击败休屠王和浑邪王，在河西地区依次建立了酒泉、武威、张掖、敦煌等郡，建玉门关和阳关。在墩墩山上，唯一矗立的汉代烽燧被称作"汉墩"。

自古以来，阳关一直是西出敦煌、通西域南道的关口，是西部边疆的入口，历来备受诗人的推崇，成了诗歌意象。阳关是通往西域的重要通道。除玉门关以外，旅行者只能走阳关，所以阳关又有"阳关道"的称呼。南北朝诗人庾信《重别周尚书二首·其一》："阳关万里道，不见一人归。唯有河边雁，秋来南向飞。"由诗可见阳关道是通向遥远塞外的道路，故庾信《拟咏怀诗十》云："悲歌度燕水。弭节出阳关。李陵从此去。荆卿不复还。故人形影灭。音书两俱绝。遥看塞北云。悬想关山雪。游子河梁上。应将苏武别。"在唐初和盛唐，唐朝向西域扩张并派遣将士远征与边防，往往要经过阳关。在开元盛世中，大唐的疆域向西扩展了万里。从中原地区往西前往安西，或从西域往东来时，可能会路过阳关，敦煌文书伯 5034 号《沙州图志》记载了经过阳关的道路："一道南路，从（播仙）镇东去沙州一千五百里，其路由古阳关向沙州，多缘险隘，泉有八所，皆有草，道险不得夜行。春秋二时雪涤，道闭不通。"阳关道不是四季皆可畅行的道路，由于路险甚至夜间不宜经行，但它是赴西域的重要道路之一。岑参《寄宇文判官》："西行殊未已，东望何时还。终日风与雪，连天沙复山。二年领公事，两度过阳关。相忆不可见，别来头已斑。"这首诗强调了唐朝统治西域时，阳关在西路交通中

① 向达. 唐代长安与西域文明 [M]. 北京：商务印书馆，2017：45.

扮演的关键角色。在唐朝，诗人善于将爱国情怀和家庭情感融为一体，本诗既称赞了守边军人的报国之心，也表达了他们对家乡和亲人的深切思念。因此，表达个人对家乡的感情并不会妨碍唐代诗人表达自己的志向。那些离开中原地区前往阳关以外的人经常会想念家乡、亲友。所以王维《送元二使安西》诗云："渭城朝雨浥轻尘，客舍青青柳色新。劝君更尽一杯酒，西出阳关无故人。"岑参《过酒泉忆杜陵别业》云："昨夜宿祁连，今朝过酒泉。黄沙西际海，白草北连天。愁里难消日，归期尚隔年。阳关万里梦，知处杜陵田。"当诗人前往西域时，两次经过阳关，每次思念亲友都难以自持。他在河西时便开始幻想离开阳关，甚至在梦中也时常回到故土。

在初唐和盛唐时期，国家强大繁荣，士兵们怀揣着为国而战的志向奔赴边疆。尽管在离别之际难免悲伤，但并不会被感情所淹没。骆宾王《畴昔篇》写"少年重英侠……荣亲未尽礼，徇主欲申功"。奉使绝域地，其途中情景："阳关积雾万里昏，剑阁连山千种色。蜀路何悠悠，岷峰阻且修。回肠随九折，进泪连双流。寒光千里暮，露气二江秋。"他前往川地并未经过阳关，这里的阳关只是意象，用来表示边疆地区的孤绝和年轻人为追求功名而前往异乡。骆宾王《久戍边城有怀京邑》写"行役风霜久"的思乡之情："陇坂肝肠绝，阳关亭候迁。迷魂惊落雁，离恨断飞鼋。春去荣华尽，年来岁月芜。边愁伤郢调，乡思绕吴歈。河气通中国，山途限外区。"诗人久戍在外，思乡之情是自然流露的，也是可以理解的。他想象中的归途经陇坂和阳关，这也正是他当年远赴边城的途经之地。王维《奉和圣制送不蒙都护兼鸿胪卿归安西应制》："上卿增命服，都护扬归旆。杂虏尽朝周，诸胡皆自郐。鸣笳瀚海曲，按节阳关外。落日下河源，寒山静秋塞。万方氛祲息，六合乾坤大。无战是天心，天心同覆载。""不蒙"是蕃将之姓，可能是"夫蒙"之讹，当时任安西节度者有夫蒙灵詧，即其人。这首诗意在诗人期望安西大都护能够在边疆立下功勋，使得所有国家都臣服于唐朝，西域地区得以平静。

在安史之乱爆发之前，描写阳关的作品尽管表达了离别的伤感情怀，但是受当时社会稳定和国力强盛的影响，诗歌仍然豪迈，体现出一种盛唐气象。更可贵的是写到阳关，诗人们还表达了立功异域的壮志。王维《送平澹然判官》："不识阳关路，新从定远侯。黄云断春色，画角起边愁。瀚海经年到，交河出塞流。须令外国使，知饮月氏头。"平判官跟随的领袖被称为"定远侯"，这一称呼源于东汉班超。据诗所述，平判官初次出边境，所以诗人送别时难免伤感，但他仍希望其能叱咤风云，这种豪迈的气息大大减轻了别离的悲伤之情。王维《送刘司直赴安西》："绝域阳关道，胡沙与塞尘。三春时有雁，万里少行人。苜蓿随天马，蒲桃逐汉臣。当令外国惧，不敢觅和亲。"这首诗与上首诗题旨相同，都寄厚望于对方。杜甫《送人从军》："弱水应无地，阳关已近天。今君渡沙碛，累月断人烟。好武宁论命，封侯不计年。马寒防失道，雪没锦鞍鞯。"此诗题注："时有吐蕃之役。"黄鹤注："弱水、阳关，皆属陇右道，当是乾元二年秦州作。"此刻大唐仍然掌控着陇右和河西地区，杜甫鼓励他的朋友们要成就大业。尽管描述了冬季的寒冷雪天，但仍然表现了豪迈的精神，"以马寒雪盛为词，极惨澹事，偏作浓丽语"。又如刘长卿《送裴四判官赴河西军试》："吏道岂易惬，如君谁与俦。逢时将骋骥，临事无全牛。鲍叔幸相知，田苏颇同游。英资挺孤秀，清论含古流。出塞佐持简，辞家拥鸣驹。宪台贵公举，幕府资良筹。武士伫明试，皇华难久留。阳关望天尽，洮水令人愁。万里看一鸟，旷然烟霞收。晚花对古戍，春雪含边州。道路难暂隔，音尘那可求。他时相望处，明月西南楼。"因为裴四远赴边地幕府，有效命府主立功报国的机会，虽然阳关路遥，边地令人生忧，但诗中并无悲苦之情。钱起《送张将军征西》："长安少年唯好武，金殿承恩争破虏。沙场烽火隔天山，铁骑征西几岁还。战处黑云霾瀚海，愁中明月度阳关。玉笛声悲离酌晚，金方路极行人远。计日霜戈尽敌归，回首戎城空落晖。始笑子卿心计失，徒看海上节旄稀。"诗歌中通过想象表现了张将军西征的场景，描绘了他在边疆的激战，最后希望将军获得胜利，早日归来。诗人通过历史名人鼓励同伴们建功立业，确保边境的稳定。

安史之乱之后，吐蕃占领了西域，这导致经过阳关的丝绸之路被中断。此时诗人所写的阳关多表达边疆之苦和失去家园的意象。许棠《塞下二首》其一："胡虏偏狂悍，边兵不敢闲。防秋朝伏弩，纵火夜搜山。雁逆风鬃振，沙飞猎骑还。安西虽有路，难更出阳关。"西域的局势令关心国事的诗人感到忧愁。高骈《赠歌者二首·其二》："公子邀欢月满楼，双成揭调唱伊州。便从席上风沙起，直到阳关水尽头。"储嗣宗《随边使过五原》："偶逐星车犯虏尘，故乡常恐到无因。五原西去阳关废，日漫平沙不见人。"崔仲容《赠歌姬》："水剪双眸雾剪衣，当筵一曲媚春辉。潇湘夜瑟怨犹在，巫峡晓云愁不稀。皓齿乍分寒玉细，黛眉轻蹙远山微。渭城朝雨休重唱，满眼阳关客未归。"李商隐《赠歌妓二首》其一："水精如意玉连环，下蔡城危莫破颜。红绽樱桃含白雪，断肠声里唱阳关。"当诗人们想起尚未收回的已失领土时，他们开始指责那些无法维护国界的当权者。这些诗真实地表达了丝绸之路上的阳关的失陷，同时也抒发了唐人的哀叹之情，反映了大唐盛世的衰落。

（二）阳关音信：征夫思妇的情感纽带

"西出阳关无故人"，出阳关便意味着远离家乡。阳关在中国古代诗歌中很早便是著名的离别意象，"阳关音信"乃是唐人诗中写两地相思的常见意象。当亲人远赴西域征战之时，家人便日日夜夜盼望着来自阳关的消息。赵嘏《昔昔盐二十首·织锦窦家妻》："当年谁不羡，分作窦家妻。锦字行行苦，罗帷日日啼。岂知登陇远，只恨下机迷。直候阳关使，殷勤寄海西。""直候阳关使"，家人们渴望着从阳关而来的音信，因此通过对"阳关使"的盼望表达对离家征战的亲人的思念。袁晖《正月闺情》："正月金闺里，微风绣户间。晓魂怜别梦，春思逼啼颜。绕砌梅堪折，当轩树未攀。岁华庭北上，何日度阳关。"在新年的时候，家里的女性总是想着正在远行的男性，推算着他抵达阳关的日期。刘元淑《杂曲歌辞·妾薄命》以思妇口吻描写对远征丈夫的思念："夜深闻雁肠欲绝，独坐缝衣灯又灭。暗啼罗帐空自怜，梦度阳关向谁说。每怜容貌宛如神，如何薄命不胜人。愿君朝夕燕山至，好作明年杨柳春。"分别许久，她在梦中穿越千山万水，最终来到了阳关。

唐代边塞诗中，描绘因战火不断长期戍守未能返乡的征士思乡，以及在家等待征夫归来的妻儿的诗，是最感人肺腑的部分。沈佺期《春闺》："铁马三军去，金闺二月还。边愁离上国，春梦失阳关。池水琉璃净，园花玳瑁斑。岁华空自掷，忧思不胜颜。"阳关是亲人远战之地，离乡之人在旅途劳顿中忧愁不已，闺中思妇在梦中也记挂着阳关，如果没有阳关的消息，思妇就会失去信念。李昶《奉和重适阳关》："衔悲向玉关，垂泪上瑶台。舞阁悬新网，歌梁积故埃。紫庭生绿草，丹墀染碧苔。金扉昼常掩，珠帘夜暗开。方池含水思，芳树结风哀。行雨归将绝，朝云去不回。独有西陵上，松声薄暮来。"诗中的玉关意指阳关，当旅人怀着沉重的心情前往阳关时，故乡的亲人也泪流满面地登高望远，从那时开始孤独的生活。崔湜《横吹曲辞·折杨柳》："二月风光半，三边戍不还。年华妾自惜，杨柳为君攀。落絮缘衫袖，垂条拂髻鬟。那堪音信断，流涕望阳关。"这些诗篇中，诗人常常将边地与故乡融合在一起，表达了思妇和征人分隔两地的相思之情，令人感动。

第三章　汉唐文物与文化传播

本章主题为汉唐文物与文化传播，主要包括五个部分：汉唐文化遗产概述、汉唐帝王陵墓异域形象研究、西安汉唐帝王陵墓文化遗迹概述、西安汉唐帝王陵墓外宣现状研究、西安博物馆丝路文化印记。

第一节　汉唐文化遗产概述

一、文化遗产及相关概念

"文化遗产"（cultural heritage）是一个很难定义的术语，通常用来描述一个民族、国家或群体所创造的所有文化和物质产品，这些产品不断延续，并成为该民族、国家、群体的显著文化特征，并与其他主体形成差异。英语中，"heritage"还可以指代国家或社会形成的历史、传统和特色等，与"传统"本质上相同。

所谓文化遗产，指的是历史传承下来的宝贵财富，可以从物质（有形）和非物质（无形）两个方面进行分类。物质文化遗产是具有历史、艺术和科学价值的文物。非物质文化遗产指的是那些没有物质形式，但与人们的生活息息相关且代代相传的传统文化元素。"文化遗产"是一个在汉语中被广泛使用的词汇，比如尊老爱幼是中华民族的传统美德，是我们的优秀文化遗产。1933 年，胡适先生在芝加哥大学所作的题为"中国的文艺复兴"的著名演讲中也讲道："这场新的运动（指五四新文化运动）却是那些懂得他们的文化遗产而且试图用新的现代历史批评和探索方法来研究这个遗产的人来领导的。"[①] 这里的"文化遗产"和"文化传统"一致。在此意义下，"遗产"可作为"文化遗产"的简称，类似于"文化传统"简称为"传统"。

---

① 胡适. 胡适演讲集 1. 广州：源流出版社，1966.

90

（一）物质文化遗产

物质文化遗产是具有突出普遍价值的建筑物、碑刻、雕塑、书籍、书法与绘画、考古性质的成分或结构、铭文、洞窟等。它是从历史、艺术或科学角度看具有突出的、普遍价值的建筑物、建筑群、文化遗址、历史文物等。物质文化遗产是文化遗产的一种形式，与非物质文化遗产合称文化遗产。物质文化遗产是人类智慧的结晶，是有形的，能够被触觉和视觉感知的。它直观地反映了人类社会发展的重要历史进程，是社会发展不可或缺的物证。

（二）非物质文化遗产

非物质文化遗产简称"非遗"，与物质文化遗产对应。在中国，非物质文化遗产是指代代相传、具有文化遗产属性的传统文化的表现形式，如口头传说、民间文学、表演艺术、社会风俗、礼仪、传统音乐、舞蹈、戏剧、医药、手工艺技能以及与传统文化的表现形式相关的实物和场所，如庙会、传统节日庆典等。非物质文化遗产是文化中最富活力的重要组成部分，它曾被誉为历史文化的"活化石""民族记忆的背影"。与物质文化遗产不同，非物质文化遗产更注重人类对知识和技能的传承，涉及民族独有的精神观念、思维方式、想象力和文化意识，但具有不可再生的特性。

物质文化遗产与非物质文化遗产是文化遗产的两个组成部分，相互依存、相互影响。非物质文化遗产催生了物质文化，而物质文化中则蕴含着非物质文化遗产。物质文化遗产和非物质文化遗产都是人类智慧和历史文明的表现，展现了世界文化的多样性，它们在同一地区或国家中相互依存，形成了一种独特的文化形态。

二、汉代文化遗产

定都长安的西汉王朝开创了中国古代社会的第一个盛世。随着丝绸之路的开通，作为丝路起点的长安城日渐成为东亚文明的中心和著名的国际大都会，中国就此开始以一个强盛国家的姿态从长安走向世界。汉都长安城、汉家陵阙和大量汉代文物及文化遗产，它们从多个方面再现了当时发达繁荣的社会经济、丰富多彩的社会生活、雄浑博大的文化艺术以及蓬勃向上的时代精神。

（一）汉长安城遗址

汉长安城遗址位于陕西省西安市未央区大兴西路。在西汉，这座城市一直是全国政治、经济和文化中心。汉长安城遗址城垣内面积 36 平方千米，加上建章宫等遗址，遗址保护总面积达到 65 平方千米。汉长安城遗址的测绘资料显示，汉长安城遗址平面近方形，城墙横剖面呈梯形，上窄下宽，城墙底部宽约 16 米，现存最高处在 10 米左右。城墙为版筑夯土墙，夯土纯净、质地坚硬、夯层清晰。城墙分段夯筑，墙体错位排列。城墙外侧 20～30 米处，有宽 40～50 米、深约 3 米的城壕。

城墙四角有角楼，角楼均建在城墙四角外侧。东北角楼基址平面东西长 36 米，南北长 27.7 米，角楼基址南边和北边分别与东城墙、北城墙连接。登临角楼的通道设置于角楼内侧，通道为南北向，东邻东城墙，北端至北城墙，南北长约 10.6 米，东西宽约 4.9 米。西南角楼基址经钻探、试掘表明，角楼基址的内侧与南城墙、西城墙内侧平直，东西 28 米，南北 20 米。基址外侧遗迹已经被破坏。

汉长安城有 9 个市区、160 条巷里，街道宽平，布置整齐。大街可并行 12 辆马车，道旁有茂密的草木。长乐宫、未央宫、建章宫是汉长安城最著名的三大宫殿，最盛时期城内人口约有 30 万。汉长安城是古丝绸之路的起点，有“东长安，西罗马”的盛名，是全球最早的国际化大都市，与古罗马媲美，也是那时形制最大的城市。它也是中国古代使用时间最长、定都朝代最多、遗迹最丰富的都城。汉长安城遗址是世界了解中国古代文化的实物资料。

渭、泾、灞和沣等河流环绕汉长安城。由于历代王朝与遗址区群众的精心保护，汉长安城遗址保存了 2200 多年，整体结构完整，是中国现存规模宏大、遗迹丰富、格局明确、保存较为完整的古代统一帝国的都城遗址。汉长安城遗址本身，不仅是中国传统文化长期积淀、升华的产物，而且与中国古代的哲学思想、宗教观念、政治制度、经济发展水平以及文化艺术、建筑技术等诸多方面都有着密不可分的联系。汉长安城遗址可反映出当时的社会生活、思想意识、文化艺术、经济水平等。它对了解、认识中国古代文明来说有着重要的意义。汉长安城遗址于 1961 年 3 月 4 日被列为全国第一批重点文物保护单位。2014 年 6 月，未央宫遗址作为“丝绸之路：长安—天山廊道的路网”起点而被列入了世界遗产名录。

（二）霍去病墓石雕

1. 霍去病墓石雕的艺术特点

霍去病，生于公元前 140 年，卒于公元前 117 年，是西汉名将，能征善战，18 岁随大将军卫青出征，讨伐匈奴，屡战屡胜，特别是在河西走廊、祁连山一带，霍去病纵横千里。元狩二年（公元前 121 年），霍去病两次率军出击占据河西（今河西走廊及湟水流域）地区的匈奴，大获全胜，歼敌 4 万多人，还迫使匈奴 4 万余人归汉。霍去病将匈奴主力横扫无遗，使汉朝控制了河西地区，为汉武帝开拓西北边疆立下了辉煌战功，也为打通西域的道路奠定了基础。

霍去病去世后，汉武帝心痛不已，为了表彰他的战功，特别赐予他陪葬茂陵。霍去病墓底部南北长 105 米，东西宽 73 米，顶部南北长 15 米，东西宽 8 米，占地面积约 5841 平方米。墓冢模拟祁连山的形态，散置了 17 件石雕，其中马踏匈奴、野人抱熊、野兽食羊是组合型石雕；卧马、跃马、卧牛、伏虎、卧象等 11 件是单体石雕，另外还有 3 件刻字石雕。霍去病墓石雕群是目前我国发现的古代陵墓石雕中时间最早、最大、保存最完整的大型石雕群和石刻艺术品群。

马是汉朝的重要军需，霍去病一生建功立业也少不了战马的功劳。在霍去病墓前的石雕群中，马的形象多次出现，其中最具代表性的是马踏匈奴，是霍去病墓石雕群的主像。这些石雕线条清晰、造型生动，形象地体现了汉朝博大的时代精神和艺术风格。该石雕高 190 厘米，长 168 厘米，战马昂首挺立，肌肉丰满，四条马腿结实得宛如石柱一般，肌肉丰满，马蹄下的匈奴人仰卧在地上，苦苦挣扎，表情痛苦（图 3-1-1）。

图 3-1-1　马踏匈奴雕塑

霍去病墓前的伏虎石刻也非常有名。它长 200 厘米，宽 84 厘米，是一件颇具浪漫情怀的作品，堪称霍去病墓石刻群中的佳作。所刻之虎，伏卧休憩，不怒自威。它那强劲有力的前爪支撑着硕大的头，长尾卷搭在背上，看似在懒洋洋地休息，但绷起的肌肉、健硕的体姿，正说明这只威风凛凛的兽中之王只是在假寐。这只老虎身体紧贴在地面，尾巴在背上卷曲，前腿紧闭，身上斑纹简练，展现出了真实、生动的待猎形象。

霍去病墓石雕在保持石料自然形状的基础上，采用圆雕、浮雕、线刻相结合的方法，尽量利用原有石块形态起伏变化的质地进行雕刻，伏虎石刻中虎身卷曲的毛皮是顺着石料天然的纹理而借势取形雕刻出关键细节的，有浑似天成的意趣。此石雕整体造型丰富而简洁，富大气磅礴之感。创作者的线条处理恰到好处，粗与细、简与繁的搭配显现出不同物象的动感和力量。这一石雕在给人以视觉冲击感的同时，也彰显出了霍去病的赫赫战功（图3-1-2）。

图 3-1-2　伏虎雕塑

2. 霍去病墓碑的美学价值

汉代，这一时期的艺术继承了夏商周时期的意向造型，又融合了周边其他民族的造型特色，汉代的海纳百川使得造型艺术呈现出了博大厚重、兼容并蓄的意境，霍去病墓地石雕群就充分体现了汉代造型艺术的美学特点。

霍去病墓前石雕充分体现了"天人合一"的审美理念。霍去病墓用蓝天作为背景，用山体作为基座，坟冢上则种植了苍松翠柏，散置大型石刻，这就让石雕与山体融合在了一起，展现出了忽略细节、以整体为美的特征。整座陵墓虽然是人工设计，但却故意抹去了人工雕刻的痕迹，更尊重与自然的和谐，这种布局方式被后世称为"似墓似山"的陵墓封土法。

　　熟悉道家思想的人都对"天人合一"并不陌生，这一理念是由庄子提出来的。道家要求减弱人工的痕迹，顺应自然发展的规律，达到人与自然的统一。霍去病墓前石雕，就是采用了因石赋形的方法，成了汉代写意风格的代表。

　　不过对于霍去病墓前石雕简单的雕刻手法，学术中存在着两种不同观点。一种观点是尊重自然、天人合一；另一种观点是霍去病的突然死亡，导致修建墓地的工期太短，鉴于工期有限所以工人们才采取了这种雕刻方法。不过无论是哪种原因，都不影响作品呈现出的写意风格，更不影响它成为中国特色纪念碑式雕塑的代表。

　　霍去病墓石雕采用比喻、借用的手法，托物言志，象征了汉朝勇士们开疆拓土、浴血奋战、驰骋沙场的豪情壮志，充分体现了汉朝强盛的国力。它所体现出的自信、包容的精神，对今天的造型艺术具有积极的现实意义。

（三）汉代陶俑

　　西汉彩绘陶兵马俑于 1965 年在陕西咸阳杨家湾兵马俑坑出土，现展出于国家博物馆。杨家湾汉墓的 11 个陪葬坑中，共出土了 2500 余件彩绘陶兵马俑，为研究汉代军阵、军种、兵器等提供了珍贵的实物资料。与之前相比，骑兵俑的份额在总方阵的数量上显著提升，同时展现出了能够单独作战的姿态，是西汉文景时期国力增强的生动写照。陶兵马俑一般的着装和不够完善的马具，说明了骑兵还处于初步发展的阶段，但与战国时期的骑兵相比，又表现出装备日益完善的趋向，身披铁铠的重装骑士正逐渐增多。整批陶兵马俑生动地反映了当时军队正处于从车骑并用向以骑兵为主力变化的关键时期（图 3-1-3）。

图 3-1-3　西汉彩绘兵马俑

1990 年以来，陕西考古工作者陆续发掘了汉景帝阳陵部分从葬坑及陪葬墓，汉景帝阳陵是汉景帝刘启与王皇后"同茔异穴"的合葬陵园，出土了近 5000 件陶俑和陶塑动物，引起了社会各界强烈的反响。其中，最引人注意的是一批俗称"裸体俑"的墓俑，这些墓俑为缺臂裸体状，身份主要为军士、嫔妃、宫女和宦官。这一类型的墓俑为陶质、裸身、着衣、木臂、部分手持缩小版器物，独特且罕见，学界称之为"着衣式陶俑"。学者们根据其仅见于帝王陵墓及个别诸侯墓葬的特征，一致认为它们是最高等级的随葬俑（图 3-1-4）。

图 3-1-4　汉阳陵着衣式陶俑

在西汉的葬俗中，以俑陪葬最具代表性。俑作为重要的丧葬物品，最能反映古代丧葬制度，展示汉朝的艺术水平与成就。汉阳陵陶俑自成一家，整体端庄、饱满、厚重和精致，凝聚了极强的艺术性，具有极高的视觉美学价值，是不可多得的艺术珍品。同时，帝王墓葬及其陪葬坑出土的文物也能在一定程度上反映出西汉的社会状况和生产力发展水平等情况。

三、唐代文化遗产

（一）大雁塔广场丝绸之路雕塑

大雁塔，又称慈恩寺塔，坐落于唐朝长安城南的晋昌坊（今陕西省西安市南）。公元 652 年，为保护玄奘从天竺（今印度）带回长安的经书和佛像而兴建了大雁塔，起初只有五层，后经多次完善，最终成为现在高达 64.517 米，底层边长为

25.5 米的七层塔。大雁塔是现存最早、规模最大的唐代四方楼阁式砖塔，是古代印度佛寺建筑传入中原后融合华夏文化的典型代表，是唐长安城保留至今的标志之一。

"大唐盛世"浮雕长达 106 米，生动地描绘了繁华的大唐胜景。其中蕴含了与丝绸之路和文化交流相关的一些雕像，如"大唐西域记撰写""万国来朝""东商西贾""丝路驼队""佛教盛行"等，这些雕像从多个方面反映了丝绸之路东西方文化互通的情景。南广场的玄奘法师雕像是由西安美术学院教授陈启南先生创作的，它表现了玄奘取经归来后受到官民欢迎的情景。雕像将衣服纹理处理得端庄厚重，手中的禅杖参考了法门寺出土文物的造型，人物刻画端庄雍容。正如古文中所描写的"美丽如华，端庄如神"，整个雕塑庄重肃穆，表现出了玄奘伟大的人格力量。

（二）《大唐西域记》

玄奘，通称"三藏法师"，俗称"唐僧"，他是佛教经典的著名翻译家，中国佛教唯识宗的创始人。贞观元年（公元 627 年），他从长安出发，只身西行，万里孤征，在外 19 年，行程五万里，行经 100 多个古国，遍游印度各地，于贞观十九年（公元 645 年）归来，受到长安民众空城迎接，第二年完成了《大唐西域记》。

《大唐西域记》记载了玄奘探访西域时的所见所闻，涉及 200 多个国家和城邦以及许多不同的民族。书中记录了西域各个国家、各个民族的生活方式、建筑形式、宗教信仰、洗浴、医疗方式以及音乐舞蹈等方面的内容，多维呈现了西域的民俗文化。《大唐西域记》体例严谨，文笔绚丽雅致、简扼流畅。作者按照一定且全面的方式介绍了西域诸国的幅员大小、都城大小、地理形势、农业、商业、风俗、文艺、语言、文字、货币、国王、宗教等内容。有关西域地区的古籍流传下来的不多，而《大唐西域记》不仅记载翔实，有的记载还举世仅有，足以弥补正史地理志、西域传记之缺。例如，关于于阗地区从中原输入并开始养蚕的最早记载，就见于《大唐西域记》。

《大唐西域记》在介绍国家时多数会涉及一些历史人物或历史事件，但该书并非历史人物传记，只是一部地理志，历史人物与历史事件是玄奘参谒名人故地、观看遗存文物时引发出来的。尽管书中记载的历史事件都与佛教有关，但对考察该国的政治状况具有重要的参考价值。

（三）昭陵六骏石刻

一个王朝的开创者，最终将战马作为自己的最终陪伴，这就是唐朝立国之初的气象；以军功立国，以战马终生，这就是唐朝一代帝王最终的选择。著名的唐昭陵六骏是在唐贞观十年（公元 636 年）立于陕西省咸阳市礼泉县唐太宗昭陵北司马门内的 6 块大型浮雕石刻，是为纪念六匹随唐太宗征战疆场的战马而刻制的，分别名为"拳毛䯄""什伐赤""白蹄乌""特勒骠""青骓"和"飒露紫"。其中，"飒露紫"和"拳毛䯄"两石刻在 1914 年时被盗，辗转于文物商之手，最后流失海外，后入藏美国宾夕法尼亚大学博物馆。其余 4 块也曾被打碎装箱，但在盗运时被截获，现陈列在西安碑林博物馆。

唐昭陵六骏石刻传为当时工艺家阎立德、画家阎立本所作。六骏每件宽约204 厘米，高约 172 厘米，厚约 40 厘米，均为青石质地。每屏上方一角原刻有由欧阳询书丹的唐太宗亲题赞语，现已风化不存。昭陵六骏石刻采用了高浮雕技巧，生动地表现了战马的姿态、性格和勇往直前的气势，线条简洁，形态逼真。昭陵六骏的线条顺滑，切割娴熟，精雕细琢，在国内外石雕界享有很高声誉。

从描绘一群不屈战马的昭陵六骏中，能够直观地感受到唐初的战况和背后的时代精神。看重军功、重视军马，同时也是整个盛唐气象的浓缩，从中可见盛唐以开放包容的恢宏大气迎接丝绸之路的各方来客的情景。

第二节　汉唐帝王陵墓异域形象研究

一、汉代帝王陵墓异域形象

（一）汉画像石墓的起源与中外文化交流

在西汉时期，随着西域的开通，中西文化交流日益频繁，新的观念和事物不断传入中原，正如《汉书·西域传下》所载："殊方异物，四面而至"[①]。所以，自汉朝起，西域事物在中原出现以及中原事物在西域出现的情况都变得十分平常。在这种历史背景下，汉代物质文化包括汉代艺术体现出了明显的开放性。外来形

---

① 班固.汉书[M].北京：中国少年儿童出版社，2020.

式影响汉代艺术的深度与广度远超人们的想象。缪哲是秉持上述观点的代表学者，他对汉代艺术与异域文化的交流做了很好的概括。缪哲提到一个有趣的事实，即汉代金属器、玉器等艺术载体中的外来因素大体上被人们认可，但画像石中的外来因素较少被提及。其实，以画像石为代表的汉代石刻艺术，同样与异域文化密切相关。

与亚欧大陆的其他文化圈相比，石雕艺术在中国起步较晚。汉代以前，中原地区极少出现大型石雕，地面建筑以土木结构为主，地下墓葬的主流是木制棺椁。西汉时期，大型石雕开始涌现，地上以宫苑石雕和陵墓石雕为代表，地下则以诸侯王崖墓和画像石墓为代表。相比之下，从西亚到地中海的广大地域范围内，很多文化从更早的时期开始便已有各种石雕和石建筑。

作为汉代石刻艺术的代表，画像石墓同样受到了欧亚草原与希腊文化、波斯艺术的深刻影响。汉代横穴石室墓的起源和发展与希腊文化、波斯艺术的影响密切相关。横穴石室墓是一种汉代新增的墓葬形式，与之前主要的竖穴木椁墓有着本质上的差异，西汉诸侯王崖墓和我们要讨论的画像石墓是其中的典型代表。需要注意的是，在伊朗阿契美尼德王朝（公元前550—公元前330年左右）的首都波斯波利斯附近，有几座大型石质墓穴被凿刻在悬崖上，其中最为典型的墓穴为大流士一世墓。它在正面呈十字形，中央部分有柱廊雕刻并装饰着浮雕。柱廊的中央是通向墓室的通道，水平地进入山崖。墓室由一个前厅和三个拱形后室构成。阿契美尼德时期的其他墓室中采用了相似的形制，但规模和数量不同。这些崖墓始建于公元前6世纪，经过约一千年的时间，一直延续至萨珊王朝（公元224—651年）晚期。西汉诸侯王崖墓大多与波斯崖墓有着类似的横穴多室结构，而且在西汉崖墓中曾出土过不少带有波斯风格的随葬品。这些都表明了西汉诸侯王对波斯物品十分感兴趣，以及他们与域外确有联系。根据推论，中国最初在建造横穴石室墓方面的理念受到了波斯的影响。汉族人因此发展出了全新的墓制，从竖向的穴型结构转变为横向，用石材取代了木材，进而使得中国古代主流墓葬结构发生了变革。崖墓的建造促进了石匠职业的发展，同时也引发了从高层贵族到底层民众均开始建造画像石墓的风气。另一方面，画像石墓不是在封闭的环境中发展起来的，其发展不断受外部文化的影响，因此其中可以见到很多外来因素，这主要体现在石刻画像题材、地面附属石雕及地下建筑结构等方面。

（二）石刻画像中的外来母题

画像石的外来题材是展现汉朝与别国交流情况的最直观的方式，也最早地受到了学者的关注。近些年，有不少学者探究了相关主题，如有翼神兽、佛教题材、胡人图像等。1986 年，巫鸿探究了包括画像石在内的汉代艺术中的佛教元素，认为这些元素实际上并不具备宗教作用，只是汉代艺术对佛教体裁的偶然借用。[①]西王母是汉代信仰体系中的重要神祇，在汉画像石中有着较为固定的形象。而西王母图像，甚至是西王母的概念，都体现出了来自西方的影响。邢义田在一系列论文中，从图像、文献与考古实物资料入手，考察了胡人、猴与马等汉画像石中常见的题材，揭示了中原与欧亚草原艺术的互动交流关系。同时，他也指出，域外母题在进入中原之后，经常会发生造型和寓意上的变化。[②]

与上述论著相近的画像石题材研究还有很多。这些研究多数采用对类似母题进行比较的方法，很少有人对西方母题进入中国的原因和途径等作出更多阐释。在画像石墓方面，学者们对建筑结构受到的外部影响的研究程度相对较低。画像石在其最初的创作阶段并非孤立的艺术品，而是构筑墓葬的建筑材料，是画像石墓的有机组成部分。因此，本书研究的焦点是"画像石墓"，而非"画像石"。广义的画像石墓，不仅包括画像石刻和地下墓室结构本身，还包括墓前附属石雕、石祠堂等，这些元素也常常体现出外来文化的影响。

（三）地上附属石雕与外来影响

汉朝画像石墓前的建筑如石阙、石柱、动物石雕等，是中国陵墓神道的最早原型。墓前石阙显然是对汉朝木构的仿制。但是，中国传统的陵墓并不常在坟墓前放置动物雕像和纪念石柱，这在西方则相反。西汉霍去病墓的大型石雕群是汉地于墓前放置附属石雕最早的例子，包括马踏匈奴、野人抱熊、伏虎、卧象、卧牛以及石鱼、石蛙等雕像。汉武帝讨伐匈奴时，吸收了匈奴人的文化，因此雕塑群和草原文化有关，反映了中西文化交流的境况。东汉在石墓前则开始更多地使用石雕，最著名的是山东嘉祥武氏家族的墓地。此墓地中除了著名的武氏祠、石碑和石阙，还有一对石狮站在双阙前。两只狮子都瞠目张口，西面的狮子看起来

[①] 巫鸿. 中国绘画：远古至唐 [M]. 上海：上海人民出版社，2022.

[②] 邢义田. 立体的历史：从图像看古代中国与域外文化 [M]. 北京：生活·读书·新知三联书店，2020.

是只母狮，高 1.28 米，长 1.48 米；东面的雄狮与其尺寸相似，舌头翻卷到上颚，拥有曲折的鬃毛。根据石阙上所刻铭文，得知石狮的雕刻时间为公元 147 年，即东汉桓帝建和元年。[①] 这些石雕显然是源于西方，因为狮子不产自中国。据《后汉书》记录，章和元年（公元 87 年）、永元十三年（公元 101 年）月氏和安息曾派遣使进献狮子。此外，将石狮放置于墓园也是西方的一种传统。英国牛津阿什莫林博物馆中藏有一件出土于意大利罗马的石狮。这只狮子张开大口，牙齿锋利，舌头在上颚外翻，同时双翼也向前卷曲。这尊石狮子可以追溯到埃特鲁里亚时代，即公元前 6 世纪。当时的人们会在墓门口放置石雕狮子、斯芬克斯等以镇墓辟邪，这与汉朝兴起的神道类似。在汉代，除了引入狮子，许多异域动物也被引入中原，《汉书·西域传下》有记载："巨象、师子、猛犬、大雀之群食于外囿"。另一方面，在考古学中也经常会见到一些外来动物的形象，如江苏盱眙大云山汉墓 M1 出土的鎏金铜象和铜犀牛。在这么多种外来动物形象中，只有狮子常用于汉代墓前神道，这也从侧面证明了将石狮置于墓园中的传统可能来自域外。

秦君神道石柱是汉朝最具代表性的神道石柱，出土于北京西郊。除了 2 根石柱，还出土了 2 块超过 2 米的石阙和若干石雕碎片。一块石阙上雕刻着侍卫、青龙和瑞鸟等常见形象，另一块上则有一段铭文。据铭文可知，这批石雕的年代为东汉和帝永元十七年（公元 105 年）。这对石柱外表相似，高约 2.25 米，均有柱基。它们的柱身有平行的瓦棱纹，在连接柱身和柱头的位置有一圈垂瓣纹。两只翼兽托举着柱额，其上刻有"汉故幽州书佐秦君之神道"。秦君神道石阙上刻有铭文"匪爱力财，迫于制度"，这从侧面说明了当时的墓葬包括神道的规模可能已有较为具体的制度，同时也说明了汉代在墓葬之前竖立石柱的行为很可能已非常普遍，只是时至今日，这些地面石雕多已湮没不见。

实际上，我国自两周时期开始就有了竖立木制表柱的做法。本书认为，秦君神道石柱和类似的瓦楞石柱可能受到了西方古典柱式的设计灵感的启发。首先，认为起源于本土的学者引用的《水经注》和《晋书》等书出自汉代石柱之后，这些文献能否准确反映数百年前的情况存疑，如《水经注》就多有谬误。用这些后期纪录来推断很可能会产生差错。其次，凸棱纹石柱与束竹柱在外观上相似，但

---

① 马安钰. 武梁祠新议——对武梁祠石画像的重新解读 [J]. 中国民族博览，2016，（4）：201-202.

汉代石柱的表面有许多凹棱，而不是凸棱，因此很难说是在模仿束竹柱。而这种凹棱纹与西方古典柱式的柱身造型极其类似。再次，石柱上的绳索纹可能只是装饰纹样，不一定是模仿绳索束竹的结果。汉代画像石的主题图像周围常刻有多种装饰花纹带，其中就包括绳索纹边饰。另外，汉代非瓦棱石柱上也曾出现过绳索纹。比如在山东平阴孟庄汉墓中，有若干墓室空间由石柱分隔。其中的十号柱周身刻满画像，构图分为上下两层，由一条绳索纹隔开。构图下层的人物立于虎、羊、龟等动物背上，双手托举绳索纹，构图上层的是另外一组类似的人物与动物。孟庄汉墓的二号柱周身浮雕的内容也是漫游的禽鸟、动物及人物形象，构图同样是两层，但由卷云纹分隔。由此可见，十号柱的绳索纹和二号柱的卷云纹一样，只是装饰纹样，很难说是对功能性绳索的模仿。最后，也是最重要的一点，汉代之前并没有秦君神道石柱柱身与柱头相接处的垂瓣纹，但其类似于古典柱式中常见的垂瓣纹。汉代神道石柱中的很多因素无疑受到了西方古典柱式的影响，这些瓦棱纹石柱有很大可能是外来文化与本土风格结合的产物。

西方古典柱式可以追溯到古希腊，后来逐渐传播到希腊化世界，包括今天的中亚和西亚地区。这些地区与中国相近，且双方保持着文化交流。在伊朗的波斯波利斯，有着一系列规模宏大的宫殿建筑，其建造大约始于大流士一世在位期间（公元前550—公元前486年）。尽管在建造波斯波利斯王宫的过程中使用了许多木材来建造柱梁，但比起柱梁更加著名的是它拥有数量众多、精美绝伦的石刻浮雕、巨大的石柱以及造型独特的柱础和柱头。例如薛西斯宫殿的大门就使用了大量的凹棱石柱，其样式与秦君神道石柱的样式颇为相似。在印度北部矗立着一系列纪念石柱，年代可追溯至阿育王在位期间（公元前273—公元前236年）。这个作品的外观和雕刻技法明显受到了阿契美尼德文化的影响，它们的许多细节，如柱顶凹槽、垂瓣纹、写实的动物形象以及风格化的狮子形象，都类似于波斯波利斯的石刻风格。另外，阿育王石柱的柱头上常常蹲踞着石兽，这种组合虽然在汉代还比较少见，但显然影响了南朝神道石柱的柱头立兽与莲瓣纹的造型。

古典柱式还随着亚历山大大帝东征传播到中西亚等地区。例如，阿富汗北部昆都士省的阿伊哈努姆古城遗址，就有古典柱廊环绕庭院的布局，并曾出土大量希腊风格的建筑残件、雕像、钱币等，其中的很多柱头还显示出了希腊与波斯风格的融合。在塔吉克斯坦境内费尔干纳谷地的苦盏，考古学家们也曾发掘出希腊化城塞建筑遗址以及武器、钱币、陶器等。这两座希腊化城市坐落在离新疆仅数百公里的地方，并与地中海文明和中原文明有着长期的文化交流。因此，西方古典柱式也很有可能传入中原并被汉代工匠所借鉴和吸收。

然而，在古典柱式从中西亚传入中原最可能的地区新疆，却没有发现古典石柱的痕迹。不过汉代的新疆地区并非没有希腊化影响的痕迹。疏附县的古遗址曾出土一小块年代约在公元前1世纪—公元2世纪的大理石浮雕残片，上面刻有葡萄枝缠绕及希腊式人物饮酒的情况。圆沙古城建于西汉，位于和田以北的沙漠内部，其中出土了流行于古希腊罗马的带柄铜镜。此外，以圆沙古城和营盘古城为代表的圆城在塔里木盆地广受欢迎，这归因于古希腊罗马建筑艺术的向东传播。另外，年代约为东汉中晚期的尉犁县营盘墓地的15号墓，曾出土大量保存完整的随葬品，包括古希腊罗马风格的织金罽和织金锦、中原风格的鸡鸣枕、古典艺术风格的人兽树纹红罽袍，这反映出了中原与异域丧葬文化的融合。这些材料都说明了汉代新疆丝路之繁盛，以及中原文化和希腊化文化在塔里木盆地的传播。除此之外，古希腊罗马风格的丝织品、玻璃器皿、木雕、壁画等在塔里木盆地的古遗址中也多有发现。新疆暂未发现汉代的希腊化风格石柱或石室墓等大型石雕，这可能只是当地经济水平较中原落后，或材料、技术匮乏的原因。

（四）地下建筑结构中的域外因素

汉代画像石墓的地下建筑结构同样有很多异域因素，最典型的例子是墓顶、石柱等建筑元素显著地表现出了外来文化的影响。汉画像石墓的墓顶建筑形式多种多样，有平顶、覆斗形顶、券顶、穹隆顶、拱顶、藻井顶、阶梯形顶（或称叠涩顶）等。其中，除穹隆顶均为小砖砌筑、拱顶既有小砖也有石块砌筑外，其他种类的墓顶均为石造。这些墓顶形式是中国独立发展出来的，还是受到外来影响而产生的呢？平顶形式简单，不需要特殊的技能即可建造，因此任何文化均可独立发明。覆斗形顶在西汉诸侯王墓中已经多有采用，而且画像石墓中的覆斗形顶的五块石板的组合方式采用了类似于木结构的榫卯连接，因此可以认为，这种形式也是在中国独立发展出来的。小砖券顶和穹隆顶已有学者做过探讨，其认为，很可能是受到中西亚影响而产生的。然而，藻井与阶梯形墓顶的起源还未有学者讨论过。这两种墓顶最早见于东汉中晚期的画像石墓中，可以认为是东汉中期才出现的类型。这两种墓顶结构虽复杂，但已体现出较高的建筑技术水平，并没有从简单到复杂的发展阶段，因此很有可能也是自域外传入的。

汉墓中藻井顶的建造方式是先用四块三角形石块组合成方井形状，再依次压角套叠数层，在最顶端覆盖方形石块。这些石刻朝向墓室的一面，尤其是覆顶石上，经常有浮雕装饰。莲花是汉墓藻井装饰的常见纹样，比如沂南汉画像石墓与密县打虎亭二号汉墓的墓顶分别饰有雕刻及绘画的莲花纹。中西亚和地中海地区比汉朝早一千多年就开始采用藻井结构，很多石质建筑的顶部均类似于汉墓的藻井结构。这种藻井是在古代木制藻井结构的基础上演化而来的。汉墓中的藻井建筑技术一开始就水平较高，呈现出明确的发展轨迹。这种复杂的藻井形式在中西亚和中国独立地诞生，实在令人难以置信。因此，汉地更可能受西方文化的影响。

二、唐代帝王陵墓异域形象

（一）唐墓壁画反映的外来元素

保存至今的唐墓壁画呈现出了丝绸之路的风情。

一些古墓中安葬了域外人士，比如阿史那忠墓、李思摩墓、执失奉节墓和契苾明夫妇合葬墓、安元寿墓和安菩墓、李谨行墓，还有贞孝公主墓。

壁画中蕴含了许多外域元素，有胡人、胡物、胡风胡化三种类别。胡人有12种形象，包括使者、仪卫、贡人、胡客、胡商、伎乐、马夫、驮夫、车夫、驯兽师、僧侣、仆从。这些角色符合唐代周边民族在中原地区的活动历史，与陶俑、金银器、陶瓷器、石质葬具以及文献记载相符，描绘了胡人群体的"附属""外来""少数"的地位和职业角色。

胡物主要是器物和动植物。胡物器物的器型、纹饰和制作技巧都受到西方金银、玻璃类生活用具的启发，如胡瓶、多曲盘、高足杯等，展现了唐代上流社会生活的豪华气息和这种风气对丝绸之路奢侈品贸易的驱动力量；胡物动植物诸如马、骆驼、猎豹、鹰鹘、波斯犬、狮子等珍稀动物，关乎经济、政治和军事建设或者对感官享受的追求。

胡风胡化有胡服胡饰、胡食胡饮、胡乐胡舞、胡骑胡戏等类别。胡服胡饰的服装、发式、妆饰融合了各民族元素；胡乐胡舞汇聚了西域的舞蹈、乐器和表演者；胡饮胡食反映了外来饮食文化；胡骑胡戏可以推断出唐代时社会狩猎、大马球和百戏的流行。

（二）内化与外化

从文化交流的角度来看，唐代墓壁画所呈现的与丝绸之路相关的设计不仅展示了外来文化对唐代社会的影响，如穿胡服、跳胡舞、享用胡食等，还呈现了"汉人胡化"的情况，而且表明了这些异质文化元素在本地发展并与其他文化相互作用的情况。除此之外，唐朝文化与外来文化的互动形式具有冲突、选择、适应与融合、共处与共进等特征，最终展现出内化与外化共存的独特状态。

内化是指一个文明的吸收融合能力，体现着文明的进化生命力；外化的形式主要为商贸、战争、迁徙、文化传播，一方面可以促进文明的创新，使之发展，另一方面也可能导致文化特色的流失，使其被同化。唐墓壁画中的一些元素的来源难以追溯，但依然呈现出内化和外化后的外来性。

在中华民族的发展历程中，文明互动和跨文化交流一直是推动社会进步的力量，它们造成了文化的区域性、协同性和多样性和文明结构的多元与融合，并加强了世界对中华文明的认同。这不仅对不同文化、地域和国家的发展产生了影响，还对以唐朝为核心的全球体系的演化带来了影响。通过研究唐墓壁画中唐代文化交流来探究胡汉关系的变化，还有助于探索唐代中西文化的交流历史、现状与未来。

（三）双向交流互动的主旋律

唐朝的文明与域外的文明通过丝绸之路进行长期、广泛和深入的学习和交流，展现出承前启后的中时段特征。唐朝人以包容并蓄的心态接纳外来文化，并积极地将大唐帝国的文化向周边国家传播，这主要体现在文化制度、葬式葬仪（墓葬壁画）、服饰、乐舞百戏等方面。

在唐代，中原地区与周边及中亚、西亚等地的民族和政权之间的联系多维、持续、双向，有力地推动了各民族之间的交流和互动，促进了唐代社会的发展。唐代的墓壁画作品如《客使图》《马球图》《狩猎图》《胡腾舞》《胡旋舞》等，展示了唐朝与300多个国度之间的文化交流历史。

唐代的墓壁画生动地呈现了唐朝与境外国家或文化之间的历史交流，展示了大唐文明与外部文化的互斥、互动、互容和互相渗透的过程，和同异并存、求同存异、异中求同、同中化异的深层次历史趋势。

（四）丝路历史的图像化表现

唐朝在唐墓壁画中展示了与域外的交往，包括政治、商贸、军事、文化和人员等方面。唐墓壁画展示了丝绸之路带来的外来物品、文化、生物、饮食、服饰、行为方式等在唐代社会中的流动、演变、适应与融合。透过生动逼真的画面，我们能够体味到王国维在《咏史二十首》中所表达的"远人尽有如归乐，知是唐家全盛时"的惬意，也领会到彭树智先生所说的重要内涵：文明的生命在交往，交往的价值在文明。文明交往的真谛在于其所包含的人文精神本质。

综上，唐墓壁画是丝绸之路的重要历史遗存，通过唐墓壁画及其他丝绸之路历史遗存（如石窟壁画、寺观壁画等）能够进行丝绸之路历史演变的图像化表达，与古代文献和考古记录共同证明丝绸之路是一条历史悠久、覆盖广泛、影响深远、跨越种族、遗产丰富的贸易路径，它在全球历史、中国历史以及中华民族的演进中扮演了重要角色。

需要注意的是，唐墓壁画不及其他陪葬品的数量且保存难度极大，因此其价值更为珍贵。它具有题材丰富、时代特征鲜明的特点，已成为补正、印证、论证丝绸之路和文明交往历史的第一手材料。

第三节　西安汉唐帝王陵墓文化遗迹概述

一、西汉十一帝陵

西汉帝王陵共 11 座，除文帝霸陵和宣帝杜陵位于西安市东郊白鹿原以北、南郊少陵原外，其余 9 座均建在渭河北岸的咸阳五陵原上，东西横亘百余里，气势恢宏，蔚为壮观。从兴平市豆马村到咸阳正阳乡张家湾，依次是汉武帝刘彻茂陵、汉昭帝刘弗陵平陵、汉成帝刘骜延陵、汉平帝刘衎康陵、汉元帝刘奭渭陵、汉哀帝刘欣义陵、汉惠帝刘盈安陵、汉高帝刘邦长陵和汉景帝刘启阳陵等皇帝陵墓。

随着西汉初期政治、经济和文化的发展，汉王朝建立、完善和稳固了多种制度。在封建社会中，礼仪典章体系得到了高度重视，各方面都存在着严格的规定需要恪守。西汉皇帝即位之初，即开始营建自己的陵墓。西汉帝陵是西汉时期营建时间最长、规模最大、耗费最大的建筑，是国家的重点工程。作为西汉王朝最高统治者的安葬之所，其等级之高、规模之大、设施之完备、内涵之丰富是其他墓葬不能比拟的。帝陵不仅由高大的墓冢、陵庙、城垣、门阙等雄伟壮丽的地面建筑组成，还随葬有大量精美的物品，帝陵周围大多有数量不等的功臣贵戚的陪葬墓，是西汉帝王希望延续其统治生涯的"地下王国"。时至今日，帝陵又升华为汉代文化遗产的群居地。

长陵是汉高祖刘邦与吕后合葬墓，位于陕西省咸阳市东约 20 千米的窑店街道三义村北。长陵有两座相邻的墓穴，西侧为高祖陵，东侧为吕后陵，两座墓穴的坟丘大小几乎相等。在西汉王朝后，帝王陵墓的建设中未出现过这种现象。尽管孝文窦皇后对西汉政权的建设做出了巨大贡献，但她的葬礼规模仍然无法与吕后相比。这表明吕后在刘邦逝世后，做出了非常多的努力来巩固和加强汉初的政权，并产生了显著的政治影响。吕后在刘邦生前和死后取得的政治成就，使她在去世后得到了皇帝规格的葬礼和政治殊荣。墓园内外都有建筑，包括寝殿、便殿、陵庙以及宫人、官员和守陵军队居住的地方。皇帝陵园中，寝殿扮演着重要的祭祀角色。在寝殿殿堂中央的神座上，摆放着汉高祖的"衣冠、几杖、象生之具"。墓园里的守陵宫女像侍奉在世的皇帝、皇后那样恭敬，每日四次送上饮食，这就是"日祭于寝"。便殿是休息宴请的场所，建在寝殿旁。在重要的祭祀活动前后，参与者可以在这里休息。在汉代其他皇帝的陵墓中，没有像长陵一样保留着皇帝（或皇后）生前穿过的衣物，以及供全年祭祀用的便殿。

安陵是汉惠帝刘盈的陵墓，该墓于 2001 年 6 月 25 日被列入第五批全国重点文物保护单位，位于咸阳城东 18 千米处渭城区韩家湾乡的白庙村。安陵呈覆斗形，底部周长 725 米，高 25.22 米。安陵西北百米处处为张嫣皇后墓，因吕后死后张嫣被废，封丘很小。安陵北白庙村一带有邑城遗址，安陵东还有 12 座陪葬墓。

霸陵，即江村大墓，是西汉文帝刘恒的陵寝，位于陕西省西安市灞桥区狄寨街道江村东部的台塬上，大约修建于西汉文帝前元元年（公元前 179 年）至西汉文帝后元七年（公元前 157 年），面积达 5200 平方米。2006 年开始，陕西省考古研究院、西安市文物保护考古研究院对江村大墓区域进行多次调查、勘探、发掘。
2021 年 12 月 14 日，江村大墓被国家文物局确定为汉文帝的霸陵。霸陵，地表无
封土，为"亚"字形竖穴木椁墓，东南西北四面各有一条墓道。墓室四周环绕着
上百座外藏坑，外围以"石围界"为门阙形成陵园。霸陵出土的文物有陶俑、陶盆、
陶罐、陶马、铁器、铜器、车马器、马骨、弩、漆木器遗迹、明器印章等。霸陵
是重要的实物资料，可用来研究和探讨以西汉王朝为代表的中国古代国家陵墓制
度、政治思想和意识形态的发展变化。

汉景帝刘启和皇后王氏合葬的墓葬位于陕西省咸阳市渭城区正阳镇张家湾与
后沟村北的咸阳原上，跨越了咸阳市渭城区、泾阳县和西安市高陵区三县区。阳
陵始建于汉景帝前元四年（公元前 153 年），至汉武帝元朔三年（公元前 126 年）
竣工，从汉景帝始修陵到王皇后入葬，阳陵的修建时间长达 28 年。这个陵园的
核心是皇陵，四角拱卫，南北对称，东西相连，整齐有序，展现了皇帝的地位和
严格的等级观念。阳陵帝陵和后陵的墓形都呈现"亚"字形，朝西面东，这在西
汉十一陵考古中是第一次。这一发现解答了学界对于汉陵面南或面东的长期争议
难题，表明了汉代帝陵并不遵循昭穆制度。

茂陵位于陕西省咸阳市兴平市东北，其东西为横亘百里的五陵原，西距兴平
市 12 千米，东距咸阳市 15 千米。其北面远依九嵕山，南面遥屏终南山。汉武帝
刘彻的茂陵墓是汉代规模最大、历时最长、葬品最多的帝王陵墓，因此人们常将
其形容为中国版的"金字塔"。近期在陕西进行的考古挖掘中，除了汉武帝陵墓和
李夫人陵墓之外，还发现了九处规模较大的古墓，它们均位于汉武帝茂陵陵园内。

茂陵于建元二年（公元前 139 年）至后元二年（公元前 87 年）建成，历时
53 年。茂陵的修建时间几乎与汉武帝的统治时期一样长。众多皇室成员、官员商
贾也花费了大量资金建造地下墓室以效仿帝王，但不能随心所欲，因为丧葬文化
已经形成并制定了典章制度，君王到百姓的陵墓等级、规格以及每件陪葬品的样
式、质地和数量等都有详尽规定。茂陵的陪葬墓有李夫人、卫青、霍去病、霍光、
金日磾等人的墓葬。在高大的夯土封冢之下，茂陵的核心建筑——地宫，成为"方
中"。1981 年，陕西考古学家从茂陵 1 号无名冢的葬坑中出土了大量精美文物，
如属于国家一级文物的汉代鎏金鎏银铜竹节熏炉（图 3-3-1），它原为未央宫之物，
后来被赏赐给阳信长公主家，现藏于陕西省历史博物馆。

图 3-3-1　鎏金鎏银铜竹节熏炉

平陵是汉昭帝刘弗陵和孝昭上官皇后的合葬陵墓，位于咸阳市城西 6 千米处秦都区双照街道大王村，是陕西省重点文物保护单位。陵冢封土为覆斗形，底部周长 2700 米，高 29.2 米，西有上官皇后陵。周边原有陪葬墓 57 座，现存 23 座，如窦婴墓、夏侯胜墓、朱云墓、张禹墓、韦贤墓等。

杜陵始筑于元康元年（公元前 65 年），初元元年（公元前 48 年）汉宣帝刘询葬于此，为西汉诸帝陵中规模较大、保存较好的一座，承袭了武帝和昭帝的随葬制度。刘询在位期间，全国政治清明、社会和谐、经济繁荣，史称"宣帝中兴"。有历史学家认为，宣帝时期是汉朝武力最强盛、经济最繁荣的时候。陵墓内金钱财物、鸟兽鱼鳖、牛马虎豹应有尽有。杜陵遗址所处的少陵原属武帝时上林苑的一部分。在西汉帝王陵寝中，杜陵规模较大、保存完整性最高。参照对汉阳陵和汉茂陵的调查，发现它们的面积仅占杜陵墓葬的一小部分，而杜陵内还有许多遗址需要考古验证。通过对杜陵的发掘，人们对汉代帝王陵墓的陵区、礼制建筑的规划和形制认识更深。据陕西考古最新发现，杜陵陵园内发现了规划有序、排列整齐的大中型墓葬五十多座。与埋葬在陵园外的贵族、大臣等的陪葬墓不同，杜陵园内陪葬墓专门为皇帝的家属而设。由于皇帝家族中皇子、公主各有自己的陵墓，可以得知那些墓葬仅是皇帝的高级嫔妃。

2010 年，在西安市长安区的杜陵保护区内，在距地面约 70 厘米深处的瓦砾层中发现了 3 件高足玉杯和 1 对圆雕玉舞人，经文物部门认定均为国家一级文物，现收藏于西安博物院。杜陵出土的这 4 件玉器中，3 件高足玉杯是迄今发现的汉代等级最高的玉杯，而西汉圆雕玉舞人则是迄今为止发现的形体最大、唯一 2 件相连的汉代圆雕玉舞人。汉宣帝杜陵中的玉器虽然数量仅有 4 件，但无论是从玉质、工艺还是从艺术审美上来看，都堪称汉代玉器的精品之作。更为难能可贵的是，这 4 件玉器是汉宣帝生前御用之物（图 3-3-2）。

图 3-3-2　杜陵出土玉器

渭陵位于陕西省咸阳市渭城区周陵镇新庄村东南，是西汉第十一位皇帝汉元帝刘奭的陵墓。渭陵始建于西汉永光四年（公元前 40 年）。陵园像方形，南北 410 米，东西 400 米，由夯土筑成的垣墙围绕四周。陵冢位于陵园之中，呈覆斗形，底边长约 120 米，顶边长 50 米，高 29 米。现陵冢顶部已塌陷。在陵北 300 米，发现一建筑遗址，东西长约 200 米，南北宽约 100 米。建筑墙基、平铺方砖居住面和路面遗迹犹存，并从中出土了一批玉雕和其他文物。最近，在汉元帝渭陵的考古挖掘中，除了帝陵和王皇后陵，还发现了一个布局合理、有序排列的墓园，其中包含 5 排、32 座的中大型墓葬。

作为陕西省的重点文物保护单位，延陵位于咸阳城北 5 千米处渭城区周陵乡马家窑，是汉朝成帝刘骜的陵墓。成帝即位的第三年（公元前 30 年）初春着手在长安城西北的渭城延陵亭部修陵，因此取名延陵。延陵陪葬墓在陵东北约 600 米处，有班婕妤墓、许皇后墓、赵飞燕墓、赵合德墓等，当地群众称之为"愁女坟"或"愁娘娘坟"。

康陵位于咸阳市渭城区周陵镇大寨村之西，是西汉平帝刘衍与王皇后同茔异穴的合葬陵。陵园略呈正方形，东西 423 米，南北 413 米，四面垣墙之中建有阙门，今遗迹无存。陵冢形如覆斗，近冢顶内凹成台，距离墓顶 5.5 米。陵冢高 30.6 米，陵基边长约 210 米。封土呈覆斗状的孝平王皇后陵，位于帝陵东南方向，距离帝陵 570 米，底长 86 米，顶边长 33 米，高 10 米，周围有大量汉代砖瓦。

义陵是汉哀帝刘欣的陵墓，属于陕西省重点文物保护单位，位于咸阳城北 6.5 千米处渭城区周陵乡南贺村。义陵封土是覆斗形，底部和顶部皆为正方形，底边长东西 175.5 米、南北 171 米，顶边东西 58.5 米、南北 55.8 米，封土高 30.41 米。墓园平面呈方形，边长 420 米，四周墙正中心各开设一个大门，门外面有两个阙楼，现在只有北边的墙正中央保留了一个宽约 1.5 米，高 1 米的阙楼残址。在陵园里有西汉时期的砖瓦碎片，如长乐未央和长生无极等。

二、唐十八帝陵

唐代近 290 年的历史中先后出现了 21 位帝王，唐朝皇帝陵共有 20 座，除去末代两帝不在陕西安葬外（唐昭宗李晔和陵和唐哀帝李柷温陵分别在河南偃师和山东菏泽），其余都葬在长安以北的塬上，号称"唐十八陵"。18 座陵墓以长安为中心，呈扇面状分布于关中渭河北岸的平原和山梁上，位于陕西省乾县、礼泉、泾阳、三原、蒲城、富平 6 县，东西绵延 100 多千米，与渭水汉九陵呈平行一线，十分壮观。据《长安志》记载，昭陵和贞陵周围一百二十里；乾陵周围八十里；泰陵周围七十六里；定、桥、建、元、崇、丰、景、光、庄、章、端、简、靖等 13 陵周围四十里；献陵周围二十里。清朝时期，毕沅进行了十八陵的修缮工作，并在此立碑。

唐陵制度延续了汉朝的传统，在魏晋南北朝时期动乱后，由堆土为陵演变为以山为陵。陵区划分为三个区域：陵山、陵园（内外城）和下宫、陪葬墓群。依山为陵严格的制度、严谨的布局、完整的结构、宏大的规模，集中体现出大唐王朝的恢宏气魄，为世界陵墓史上的奇观，也对后世的帝陵制度产生了深远的影响。

渭北六地分布着唐十八陵，依次为乾县的高宗和武则天乾陵、僖宗靖陵；礼泉的太宗昭陵、肃宗建陵；泾阳的宣宗贞陵、德宗崇陵；三原的高祖献陵、敬宗庄陵、武宗端陵；富平的中宗定陵、懿宗简陵、代宗元陵、文宗章陵、顺宗丰陵；

蒲城的睿宗桥陵、玄宗泰陵、宪宗景陵和穆宗光陵。

献陵是唐朝开国皇帝李渊的陵墓，坐落在今陕西省咸阳市三原县徐木乡永合村，是陕西省首批重点文物保护单位。献陵是李渊在唐贞观九年（公元635年）逝世后被安葬的地方。在献陵修建之初未有陵邑，分为内外两城，规模恢宏。献陵坐北朝南，封土是覆斗形，高21米，底径东西150米，南北120米。献陵的周边有67座皇亲重臣的陪葬墓，如众星捧月般为献陵增添了华丽的色彩。献陵石刻的风格朴实刚毅，豪放健壮，形态稳重。内城四门各有石虎一对，南门外矗立着一对高大的华表和石犀。唐代帝王陵基石刻的题材广泛，但仅在献陵立有石犀。石犀身长340厘米，身高207厘米，是用整块青石石料雕琢而成，脚有三趾，做缓步走动的姿态。石犀体形高大、比例恰当，反映了当时雕刻家对这种动物造型的整体把握。

犀牛是一种珍贵的动物，根据考古发现和文献记载，我国古代在华南、华北地区产犀牛，但现今已经绝迹。在西汉平帝、东汉章帝时的史籍中有外国献生犀的记载，如果献陵石犀有原形可寻的话，极可能与这次进贡有关。可以说，石犀的出现反映了汉唐西南丝绸之路的存在。献陵石犀现有一尊存于西安碑林博物馆（图3-3-3）。

图3-3-3　西安碑林博物院献陵石犀

昭陵坐落在陕西省礼泉县的九嵕山脚上，为唐太宗李世民的陵墓，是唐十八陵中规模最庞大的一座。昭陵陵园周长60千米，占地面积200平方千米，共有陪葬墓180余座，由陵园、下官建筑、祭坛和陪葬区组成，呈扇形展开，气势宏伟。

作为我国帝王陵园中面积最大、陪葬墓最多的帝王陵墓，昭陵被称为"天下名陵"，也是唐代一座有代表性的帝王陵墓。陵园的最北端是昭陵的陵寝，类似于长安的宫城，与皇宫内宫相当（图3-3-4）。

图 3-3-4　昭陵鸟瞰图

昭陵司马门内列置了14国君主的石刻像，也称昭陵14国蕃君雕像，包括突厥、蕃、高昌、焉耆、于阗、薛延陀、吐谷浑、新罗、林邑等国的君主。他们体格强健、深目高鼻，有的卷发，有的辫发，有的后梳拢，服装有翻领和偏襟两种，是研究唐代民族关系、外交政策和丝绸之路文化的重要见证。唐太宗被各国君主封为"天可汗"后，积极地与周边国家进行政治贸易交流，这反映了唐代中国与中亚、西亚各国友好往来的盛况，也是唐朝走向强大的重要见证，展示了唐朝"天可汗"时代海纳百川的胸襟和崇高的国际地位。

乾陵是一座葬有两朝帝王、一对夫妻皇帝的合葬陵，这在中国乃至全世界都是独一无二的，乾陵是全国重点文物保护单位，葬有唐朝第三位皇帝高宗李治和中国历史上唯一的女皇帝武则天。乾陵始建于公元684年，历经23年才基本完成，规模雄伟。

乾陵位于陕西省咸阳市乾县以北6千米的梁山上。梁山有三座山峰，乾陵坐落在海拔最高的北峰，峰较低，东西对峙，上面各有土阙，当地人称"奶头山"。乾陵壮阔的气势来自其依山傍水的地理优势。陵园建筑按照古代长安城的规划设计，四座城门以四大神兽命名，朱雀门是南门，玄武门是北门，青龙门是东门，白虎门是西门。门外摆放着一对石狮子，还有一对筑阙台。61尊无首的蕃臣雕像来自数十个国家的藩国君臣，初建成时，石像的背面都刻有原型人物的名字、职位和国籍等信息。石像双手前拱，显示了大唐王朝统一万邦的荣耀，再次证明了盛唐时期长安与中亚、西亚之间丝路贸易的繁盛。

除了石狮之外，乾陵中的鸵鸟雕像也备受关注。在乾陵神道的两侧，摆放着各种石刻。在神道华表北200米处，有高浮雕石刻的鸵鸟，左右对称排列。在石屏的中央是一只侧身鸵鸟，下方是石屏的底座，顶部则铭刻着活泼流畅的蔓草图案和几只小鸵鸟作为鸵鸟浮雕的装饰。西域国家通过丝绸之路将鸵鸟作为贡品送到中国，可以追溯到汉武帝时期。在唐代，中国与西域各国的联系加强，对鸵鸟的认知程度不断提高。《册府元龟》记载："吐火罗国献大鸟，高七尺，帝以太宗怀远所致，献于昭陵，仍刻像于陵之内。"根据资料，乾陵的鸵鸟雕塑可能是源自真实鸵鸟。在当时，鸵鸟被视为异邦神鸟，放置鸵鸟雕像在墓前是为了夸扬墓主怀远的品德。在乾陵石刻的仪仗队伍中，鸵鸟被安排在前面，格外珍贵。这也反映了古代中亚、西亚国家如伊朗、吐火罗等曾派遣使者沿着丝绸之路将鸵鸟送到中国与唐朝建立友好关系的历史事件（图3-3-5）。

图3-3-5 乾陵鸵鸟石刻

定陵坐落于陕西省渭南市富平县西北15里的凤凰山，是唐中宗大和大圣大昭孝皇帝（初谥孝和皇帝，唐天宝十三载二月，改谥曰大和大圣大昭孝皇帝）李显的陵墓。定陵由三座墨青石山峰拼接而成，如飞翔的凤凰，故得名"凤凰山"。陵园为长方形，坐北朝南，地形北高南低，由南向北分为多层台地，而以陵墓为最高处。周围约10千米，有朱雀、玄武、青龙、白虎四门。

桥陵位于陕西省渭南市蒲城县城西北 15 千米处的丰山，是唐朝睿宗李旦的陵墓。宋沉邈在《真宗皇帝忌日醮文》中称："伏以荆山之鼎既成，空瞻桥冢；帝所之游不返，孰问钧天？"桥陵利用山峦作冢，在山腹开凿地下宫殿，地面围山筑城，四面设置了门，陵园周长约 13 千米，由于在开元盛世建造，有崇厚的设施。尽管经过了 1270 多年的沧桑岁月，但仍有 40 多座石雕保存完好，如石华表、石鸵鸟、石马、石人、石狮等，栩栩如生。园中石雕整齐地排列着，气势恢宏，使桥陵堪称盛唐石刻艺术的露天展览馆。

泰陵位于陕西省渭南市蒲城县东北 15 千米处五龙山余脉金粟山南，山腹中建造墓室，四周绕陵筑墙。长眠于此的是唐朝第六位皇帝李隆基，他为开元盛世勤政为国。泰陵陵园广阔，陵内封地达 38 千米，是诸陵中最大的。陵区以玄宫为中心，依山势构筑陵墙，平面布局分内外两城，很像京师长安，内城四周各开一门。

建陵是唐肃宗文明武德大圣大宣孝皇帝李亨的陵墓。建陵依山为陵。陵园东墙长 1524 米，北墙长 879 米，西墙长 1373 米，南墙长 1050 米，面积 15 万平方米。这座墓葬的石刻在唐十八陵中保存最完整、雕刻最精细。陪葬墓有汾阳王郭子仪和沔国公李怀让等墓。

元陵位于陕西省渭南市富平县西北 15 千米的檀山，海拔 851 米，是唐代宗李豫的陵墓。元陵依山建陵，陵区方圆 20 公里。《旧唐书·令狐峘传》载："德宗即位后，曾诏立代宗元陵制度，物极优厚，当竭币藏奉用度。"遭到令狐峘的反对，德宗从之，只好从俭埋葬。从中可以推断，元陵陵寝的规模比先帝要小，体现了"安史之乱"之后的政治和经济状况的日益困难。与建陵相似，元陵陵园石刻现存有陵园东、西、北神门外石狮和北神门外石马残块。

崇陵位于陕西省咸阳市泾阳县西北 20 千米的嵯峨山上，方圆约 20 千米，依山为陵，居高临下，山水环绕，墓冢高耸，全用方形和长方形青石叠砌而成，石块凿出凹槽，卡有铁拴板，浇灌铁汁，极为坚固。陵园有四个门，都有一对石狮。在朱雀门的外面，有石人十对，华表一对，翼马一对，鸵鸟一对，仗马五对。玄武门有仗马三对。朱雀门外曾经有八尊立人石像，它们都是王宾，但现在只剩下一尊。

丰陵是唐顺宗李诵与庄宪皇后的合葬陵，位于今陕西省渭南市富平县城东北约 20 千米处的金瓮山之阳（今曹村乡陵村），依山建陵，陵区方圆 20 千米，东北距唐睿宗之桥陵 26 千米。

景陵位于陕西省渭南市蒲城县城西北 7 千米处的金帜山，依山为陵，现在陵园东南、西南和西北角还保存着阙址，东南角阙址底长 20 米，宽 7 米，高 4 米；西南角阙址底径 15 米，高 3.5 米；西北角阙址高度 5.5 米，底径为 14 米。三个角阙址周围有大量唐代砖瓦碎片。

光陵位于陕西省渭南市蒲城县北 13 千米辛子坡村北的尧山之上，是全国重点文物保护单位。光陵倚山建陵，方圆 20 千米，海拔 1091 米。遗址内有清代毕沅书的唐穆宗光陵石碑。玄宫在半山上。

庄陵位于陕西省咸阳市三原县东北 15 千米陵前乡柴窑村东 250 米，在陵园中央有一个陵台，其南北宽度相差 47 米。神墙周围的墙基宽度为 3 米，除了西南角的阙址因被平坦处理而消失外，其他角落的阙址都还存在。

章陵是唐文宗李昂的陵墓，坐落在陕西省渭南市富平县城西北 15.3 千米的雷村乡与齐村乡交界处的天乳山阳面。陵园平面近方形，内城四面各有一门，四角建角阙。南门外有长约 500 米的神道，其南有一对乳台。如今只存在城垣东南、西南和东北角阙的残址。

贞陵坐落于陕西省咸阳市泾阳县西北仲山山脚，该陵园的面积几近于太宗的昭陵。仲山东、西两座山峰巅上，各有一对神门阙址，宏伟壮观。陵园东南角阙址位于泾阳县石滩村西北，高 2 米，平面呈曲尺状，长、宽各 12 米；西南角阙址坐落于泾阳县崔皇村西北；西北角阙址坐落于淳化县富德大队庙坡北。

靖陵位于陕西省咸阳市西北 50 千米处乾县铁佛乡南陵村，是唐朝僖宗李儇的陵墓。靖陵封土为覆斗形，高 7 米，方圆 20 千米。陵园残存石刻华表一对、翼马一对、石狮一对。因受到多次盗掘，陕西省文物局于 1995 年批准省、县文物部门对靖陵进行科学挖掘，这是国家唯一一次对唐代皇陵进行挖掘。

简陵是唐懿宗李漼和惠康皇后王氏的合葬陵墓，坐落于陕西省渭南市富平县西北 30 千米处长春乡紫金山（虎头山）上，懿宗的陵寝在主峰下，海拔 889 米。咸通十四年（公元 873 年）七月，唐懿宗病死，乾符元年（公元 874 年）二月，葬于简陵，谥号昭圣恭孝皇帝。1956 年 8 月 6 日，陕西省政府宣布将其作为首批重点文物保护单位。

端陵为唐朝武宗李炎的陵墓。它位于陕西省咸阳市三原县徐木原西边（今三原县徐木乡桃沟村东北），距离唐高祖李渊陵墓约 5 千米，距离唐代宗李豫陵墓约 6 千米。这座陵园占地面积约为 30 万平方米，长宽分别为 540 米和 593 米。石狮在神门外 10 米，长度为 1.7 米，宽度为 1 米。

第四节　西安汉唐帝王陵墓外宣现状研究

一、西安市政府外宣活动

西安的汉唐帝王陵由于其丰富的历史文化价值和宏伟的建筑风格，吸引了来自全球各地的游客。为了推广和宣传汉唐帝王陵，西安市政府采取了一系列措施。

旅游宣传活动：西安市政府经常组织各种旅游宣传活动，包括举办展览、文化交流活动、主题论坛等，吸引国内外游客了解并参观汉唐帝王陵。

旅游线路开发：为了方便游客参观，西安市政府制定了多条与汉唐帝王陵相关的旅游线路，包括一日游、两日游等，将陵墓景区与其他西安著名景点相结合，提供全方位的旅游体验。

修缮和保护：汉唐帝王陵作为重要的历史遗迹，得到了政府的高度重视。西安市政府投入了大量资金进行修缮和保护工作，确保陵墓的完整性和可持续发展。

文化活动：为了传承和弘扬汉唐文化，西安市政府举办了一系列相关的文化活动，包括演出、展览、传统节日庆祝等，吸引更多的人了解和热爱汉唐帝王陵所代表的文化。

西安汉唐帝王陵作为中国丰富而独特的文化遗产之一，其外宣工作有助于引起国际社会对保护和传承世界文化遗产的关注。通过展示陵墓的历史、建筑和文物等方面的价值，国际社会可以更加透彻地认识到文化遗产保护的重要性，并加强对自身文化遗产的保护。通过外宣工作传播西安汉唐帝王陵的信息，能够加强国际社会对中国历史文化的认知和了解。这有助于促进不同文化之间的交流与发展，增进各国人民对中华文化的认同感。在国际旅游和文化交流的背景下，西安汉唐帝王陵的外宣工作对于推动文化多样性和跨文化对话具有积极的影响。

西安汉唐帝王陵的知名度提升和外宣工作的开展，吸引了越来越多的国际游客。这直接促进了旅游业的发展，带动了相关产业的兴起，包括酒店、餐饮、导游服务等。同时，游客的增加也为当地经济带来了积极的影响，促进了就业机会的增加与经济的繁荣。国际专家学者、文化遗产保护组织等可以通过参观考察、学术研讨会等形式，与中国相关部门合作，共同推动文化遗产保护工作的开展。这种合作有助于分享经验、探讨技术与方法，并促进国际的友好交往。

二、汉唐帝王陵墓翻译研究

被赋予"内陆型改革开放新高地"使命的西安，应该充分利用地理优势，凭借得天独厚的宝贵资源，以汉民族文化为突破口，弘扬历史文化遗迹、激活历史瑰宝、增强民族文化自信，同时传承中华优秀传统文化，促进中华传统文明的对外传播。然而，不可否认的是，国际传播需要依赖翻译活动，文物翻译是中华传统跨文化传播中的重要一环，翻译的规范化直接制约着文化传播。文物翻译的关键是遵守能够融合文化差异的翻译准则。

（一）国内外西汉帝陵研究进展

20 世纪 30 年代以来，西安汉陵文化遗产受到了国内外众多学者的广泛关注，其文物史迹和文化遗物的翻译也成为近年来相关领域的一个研究热点。在国外，日本学者最先研究西汉帝陵，多从汉代诸陵的位置、形制、陵邑、遗物等方面进行考古研究。近年来，东南亚国家和日本的考古、历史学专家与我国学者积极开办了合作研究项目，如秦汉史研究学会和"战后秦汉史研究的总结与展望"主题研讨会等。

在国内，陕西考古界硕果累累。2021 年，由陕西省文物局主办的"西汉帝陵考古成果暨致敬考古百年展"在汉景帝阳陵博物馆陈列馆展出，该展览以西汉帝陵为焦点，回顾了考古学发展历史，归纳了西汉帝陵的主要发现与研究成果，彰显了西汉帝陵考古对陕西乃至中国文化事业的重大意义。2021 年，"考古中国"重大项目进展线上发布会聚焦了汉唐时期的重要考古发现，考古队员经过精细发掘和缜密分析，判断江村大墓为汉文帝的霸陵，并确定了霸陵的准确位置，解决了西汉 11 座帝陵的名位问题。

西安汉陵文化遗产虽受到了国内外专家的广泛关注，但学者们主要依托田野考察和发掘，聚焦西汉历史文化、帝陵的考古与保护和文物文化对外传播策略分析。他们对文物翻译原则与标准、翻译损失与补偿手段、汉陵文物英译的准确性与有效性、对外传播途径与效果的关注程度不高。相关研究主要集中在翻译技巧或者将技巧和文化相结合进行探讨，并没有深入挖掘汉英两种语言文化的差异而导致的翻译损失。对如何译介信息型功能语篇的文物文本、寻求各个层面的补偿而达到最切近又最自然的对等语，如何用英语讲好西安文物故事的研究成果而弥补不足。因此，潜在的文化软实力、跨文化传播效应还远未得到充分发挥。综上所述，文物翻译与一般性文体翻译明显不同，存在着独特的文化内涵与民族属性，如果不能够准确传达文化信息，弥补文化缺失并积极寻找译语优势手段实施补偿，即使源语和目的语字字对应，译文仍然无法照顾西方读者的接受度和阅读习惯，也无法准确诠释文物精髓、展示审美价值。

（二）文本翻译研究结果

1. 译名统一

笔者走访了西安汉阳陵博物馆和茂陵博物馆，搜集了大量展品名称和简介的翻译文本，经分析发现西汉陵文物翻译中存在着标准不统一的问题，也存在着古代器物通用名称不统一和属性名称不统一的情况。一般而言，文物名称主要由通名和属性名两部分构成。通名指器物造型或类别，如瓶、罐、尊、盘、碗、碟、杯、壶、鼎、环、佩、镜等。属性名称通常表明器物的特点，如色彩、纹饰、产地、形状、人物故事、产地、年代等（表 3-4-1）。

表 3-4-1　通用名称不统一的语料

通用名称	汉阳陵博物馆	陕西省历史博物馆	大英博物馆
陶壶（21 号）、茧形壶（15 号）	Kettle、cocoon-shaped pot	An earthen pot with the pattern of fingermails（指甲纹陶壶） A Thin-necked pot（细颈壶） Cocoon-shaped Painted Pottery Jar（彩绘茧形壶）	Covered jar with lotus-shaped knob and incised lotus scrolls
陶釜（21 号）、陶釜（13 号）	pettery cauldron、pettery pot	Pottery cauldron Cauldron with Characters as WuSi（五祀卫鼎）	

中国是世界上最早创造和利用陶器的国家之一。目前已出土的大量精心制作

的西汉时期的陶器以泥质灰陶和夹砂陶为主，主要器形有罐、盆、壶、钵、碗、杯、盒、豆等多种，纹饰有方格纹、涡旋纹、绳纹等，器身还出现了神兽、人物图案，其造型规整，纹饰雕刻细腻，技法娴熟。西汉时期，在陶器方面的一个杰出成就是陶俑的发展和陶俑技术的成熟，如从汉阳陵不同的外葬坑中都出土了大量形态各异的着衣式陶俑和动物陶塑。另一个杰出成就是低温铅釉陶的发明，这种以低温铅釉施于器表为特征的陶器是由汉代首创的，这一类型的陶器多为墓葬出土，没有实用器。造型有壶、盒、谷仓、灶、猪圈等。

我们需要研究如何准确地对这些文物进行翻译。在比较陕西各大博物馆的实物时，当"陶"作为限定语时，可以使用"pottery"修饰"碗"和"盘"，如"陶碗""陶盘"中的"陶"，所以"陶碗"可以译成"pottery bowl"。如果文物命名只提到陶器，可以翻译成"potteries"。

汉阳陵两处外葬坑中陈列的陶壶和陶釜，属于同一种器物，翻译却不统一。进入大英博物馆官网后，搜索与馆藏文物类似的文物，借鉴其命名方式可知"罐"和"壶"的译文有"jar""jug"和"pot"，利用牛津权威词典可以发现"jar""jug"和"pot"之间的区别。经综合考虑之后，可以提供更为准确的文物翻译。同为"陶罐"，如果强调"广口"，则用"jar"；如果强调"带柄"，"jug"则更为贴切；若是用于储存、凉水、做饭的工具，则用"pot"更为恰当些。而"kettle"指的是用于煮水或加热的电壶，不能算古代以黏土和料作胎，经成型、干燥、焙烧等工序制成的器物。在翻译的过程中，译者需要对此进行仔细斟酌。

汉阳陵外葬坑21号坑的展板介绍："出土着衣式陶俑84件，其中男俑49件，宦者俑6件，粉彩女俑29件。"粉彩这项工艺，指的是在烧好的胎釉上先勾画轮廓线、施含砷物的粉底，再在轮廓线内填上一层玻璃白，然后在这层玻璃白上罩上一层粉色，接着用水洗染外面的粉色，砷的乳蚀作用会使颜色产生粉化效果。

关于"粉彩"，牛津英文词典解释"pastel"为"a soft coloured chalk used for drawing pictures or a pale delicate colour"。它指的是一种绘画颜料，通常制成笔形，所以又称"粉彩笔"或"色粉画笔"或"淡雅的颜色"。"painted"指的是用颜料涂料覆盖在陶器或瓷器表面的工艺，虽不能准确表述粉彩工艺，但在陕西大多数博物馆中已经约定俗成。例如，陕西省博物馆出土的彩绘步兵俑、彩绘铠甲武士俑分别被翻译成"painted figures of infantryman"和"painted figures of armed warrior"。大英博物馆则将江汉代粉彩侍女译为"famille rose female attendants"（表3-4-2）。

表 3-4-2 属性名称不统一的语料

通用名称	汉阳陵博物馆	陕西省历史博物馆	大唐西市博物馆	美国大都会艺术博物馆
粉彩女俑（陵东 21 号）	Painted females	Painted pottery figurines 粉彩女俑	Pastel musicial on horse back 粉彩骑马乐俑	Famille rose female attendants

因此，关于中国陶器或瓷器釉彩的工艺补充，建议运用翻译补偿理论来最大限度地恢复精美工艺器物的审美价值。中国瓷器釉彩的演变为从无釉到有釉、单色釉到多色釉、釉下彩到釉上彩，逐渐出现上釉下和釉上合绘的五彩、斗彩等。在翻译中，中西方读者对颜色的理解相似，故而常常运用直译方式翻译单色釉，如将单色釉按照颜色直接翻译成"red-glazed""yellow-glazed"等。对于复杂具体的上釉彩工艺，我们可以采用分散补偿理论的方法。这意味着在翻译目标语文本时，需要标记补偿内容并与原文分开呈现，以确保向目标语读者明确传递补偿内容。建议学习大英博物馆的方式，将釉彩名称作为背景知识，在宣传册或展板段首进行补充介绍，以此克服音译带来的理解难题。我们还可以使用已被西方广泛接受的译本来命名釉彩，如：粉彩——famille rose，三彩——tri-colored，五彩——polychrome，青花——blue and white，秘色瓷——celadon 等。

2. 信息完整

笔者走访了两座汉陵墓博物馆，并对比了陕西省历史博物馆和西安市博物院的文物翻译情况，发现在汉阳陵外葬坑段首解说词和茂陵展板及石像介绍中，英文译本存在信息缺失严重的问题（表3-4-3）。

表 3-4-3 信息缺失不完整的语料

通用名称	汉阳陵博物馆	茂陵博物馆	陕西省历史博物馆／西安市博物院
陶器有陶盆、陶仓、陶钵（陵东 21 号坑、15 号坑）	无信息		Pottery Basin with Dragon Motif 龙纹彩陶盆
铁器有铁斧、铁钵、铁权、铁钩	无信息		Plain Black-glazed Bowl 素胎黑化钵

续表

通用名称	汉阳陵博物馆	茂陵博物馆	陕西省历史博物馆／西安市博物院
半两铜钱	bronze coins		
马踏匈奴		Hun Invader Hoofed by Warhorse	Tree-color Hu figurines 三彩胡人俑
卫青、霍去病、李夫人、公孙弘、上官桀		Wei Qing、Huo Qubing、Madam Li、Gongsun Hong、Shangguan Jie	
永巷丞印、永巷厨印、甘泉仓印、太官丞印、宗正之印	无信息		

如陵东 21 号坑展板介绍，"在坑道西半部分发现有木箱遗迹，木箱东侧主要放置陶器、铁器等物品。陶器有陶盆、陶仓、陶钵；铁器有铁斧、铁钵、铁权、铁钩。坑的东部，放置陶狗、陶猪、陶鸡、陶牛等陶塑。"其英文则译为"The traces of wooden boxes, pottery and iron appliances, and pottery dogs, chickens, oxen were positioned in the western and eastern half respectively."。

又如，"bronze coins"不能完全对应"半两铜钱"，建议翻译策略有二：其一，运用分立补偿理论在展厅展板段首语或单独区域以文字或图片的形式补充我国钱币背景知识。比如，在我国的钱币历史中，介绍钱币的主要三类单位，即计数单位（如贯、文）、计重单位（如两、铢）和计值单位。半两钱币最早出现在秦惠文王二年（公元前 336 年），秦始皇统一中国后，改革钱币制度，将秦国原有的外圆内方的半两铜钱推行于天下。半两铜钱是我国最早的统一货币。西汉初期，沿袭秦制，仍然使用半两铜钱。钱币以重量为名称的方法，一直延续至唐朝初期。其二，使用整合补偿理论，将原文与补偿内容融合成一体，如此无须任何有关补偿的标记。比如，半两铜钱，圆形方孔，面文"半两"二字。钱径一般为 2.5～2.77 厘米，重 12 铢（我国古代规定 1 两为 24 铢）。它可以直接按照西方读者理解的重量单位克翻译，或音译加注释。这种译法既保留了古代钱币的民族特色、文化联想，也实现了翻译的通达，满足了目的语读者的可读性，可以说是天衣无缝的整合补偿翻译法。

在茂陵石刻和博物馆展板的英文介绍中，汉朝赫赫威名的大将军卫青、剽姚校尉霍去病、西汉建立以来第一位以丞相封侯的公孙弘、西汉外戚大臣上官桀将军的译名仅仅为汉语拼音，该信息对不熟悉我国历史文化的西方读者来说是无效信息。这里明显缺失了大量人物介绍，如墓主人、陪葬人和朝中大臣的身份概述，但如果在原处详细介绍却又违背了行文简洁的原则。笔者建议可在展厅配备影像资料，用双语语篇增补帝王将相的传奇故事。

翻译损失问题在文物翻译中存在普遍性，如果一味用拼音替代或省去不译，那如何确保译文能完整传达原文的信息、意义、文化因素和审美价值？笔者建议重构文化缺省内容，译者需要在翻译实践中进行必要补偿，最理想的补偿方式是在译入语文化中进行文化解释、采用文化加注、补偿文化形象损失。

3. 词汇准确

西汉初期的铜构件多为圆筒中空，断面呈圆角方形，中部正面有一椭弧形口，表面纹饰不同，如饕餮纹、兽面纹等。在文物翻译时，一些译者常常将其译为 "device"，device（an object that has been designed to do a particular job）指的是仪器、设备，远远不够贴切。同样，西汉结构复杂的官职，如少府属官、陵令主持、诸庙寝园食官令、文吏对应的英文词汇也都不准确（表 3-4-4）。

表 3-4-4　词汇不准确语料

通用名称	汉阳陵博物馆
铜扣、铜构件	bronze button、bronze devices
西汉少府的属官	junior offical
陵令主持	junior official
诸庙寝园食官令	working staff from the temples
汉代文吏	Official of Han Dynasty
司马道（12 号坑）	sacred way
视死如生	Imitate true-life
汉代陶俑分为素衣、着衣、半素半着衣式三类，均为分体模式	Pottery figurines in the Western Han Dynasty fell into two types: the dressed and the clay-coated. Most of the figurines were dressed

古人认为死亡是人的生命形态的一种变化，而不是结束。所以，为了让死者在另一个世界过得更好，同时表达生者对其的思念之情，古人对葬礼、墓室等往

往比较在意。汉朝以厚葬而著称，墓葬中体现着显著的"视死如生"思想。因此，"imitate true-life"远远不能用来表达中华古代帝王的丧葬观念和墓葬仪式。同样，司马道，又称"神道"，是在寺、庙、陵、祠碑等参拜场所前行的道路，自汉朝以来，司马道为"墓前开道，建石柱以为标"①。英文"sacred way"一词无法准确表达帝王陵墓的中轴线和庄严肃穆的墓葬文化。

4. 行文简洁

翻译文物应该尽可能简洁自然，以避免同义词重复或语义不准确。例如，"木刻佛顶心陀罗尼经"（Buddhist sutra printed by wood block printing）中发生了 print 的重叠使用，信息冗余不精练。另外，应将文物产地和窑口作为补充信息。可以对信息进行独立整理换行标注，使目标读者获得有效信息。同时，对地名、朝代、年代进行音译，再加上具体公元纪年，能够帮助西方游客更好地理解时间概念。另外，将年份和产地信息分开排列、换行，更符合信息文本简明的特点，能够有效地传达信息。为了让参观博物馆的游客快速地获取有用信息，可以减少每行的信息量。

客观而言，信息实用文体翻译中的文物英译具有特殊性，难度也非常大。首先，西汉十一陵文物遗迹现存资料不够充实完善，文物合理开发和宣传并未引起重视。目前西汉陵墓遗迹除了已经建成博物馆的三座，其他八座只剩封土，它们的历史遗存仅有纪念意义。而且，其中汉武帝博物馆展厅文物的标示牌上仅有汉语文字，缺少英语名称。其次，文博专业翻译人才总量不足，具备较高双语能力、文学素养和文博知识储备的翻译工作者欠缺。文物文本包括大量文博专业术语，所蕴含的帝王将相历史事件、典故传奇、诗词歌赋等文化因素都是文物翻译的一大难点，这都需要专业翻译人员深研文献、潜心研究，并提高语言水平和翻译能力。另外，翻译补偿研究明显滞后于翻译领域其他理论的研究，实施补偿的理论及指导文物翻译实践研究仍处于边缘地位，相关研究不足，缺乏系统性和可操作性。

西安汉帝王陵墓出土的文物是中外游客了解西汉文化的窗口，是陕西省对中国和世界文明做出重要贡献的见证。关于地方文物英译的规范化建议如下。

第一，政府应该给予文物翻译工作高度关注、指导和支持。翻译文物是传承

---

① 郑艺鸿. 明代帝陵石刻研究 [M]. 合肥：安徽文艺出版社，2020.

民族文化的过程。官方英文网站是传播中华优秀传统文化的最佳平台。希望政府能够加强对博物馆的指导和支持，派遣专家和学者对博物馆的翻译工作进行指导，针对英文官方网站提出建设性意见，全面加强城市历史文化的国际影响力。

第二，为了让名胜古迹走向国际，管理人员需转变思路，给予翻译人员足够的支持与空间。

第三，译者应当提升自身的认知水平和翻译技能。在翻译流程中，翻译人员至关重要，其翻译理念和方法直接决定着译文质量。译员应该认识到历史文物翻译的特点，并高度重视文化因素。要了解文物的文化背景，掌握相关学科和行业知识，同时考虑文化差异，在原语文化的基础上选择合适的词语。很多人认为会外语就能翻译，实际上文物翻译不仅仅需要较高的外语水平，还需要了解和接受文化，进行有效的文化信息筛选，合理选择翻译内容。

第四，印刷排版人员应认真履行翻译工作的最终审核职责。排版印刷是译文呈现给读者前的最后一个步骤，至关重要。若排版印刷人员的工作失误，会导致翻译出现错误。这种翻译不仅不能传播文化，还会带来负面影响。因此，排版印刷人员应该致力于加强英文能力，认真对待工作，确保文物翻译的质量。

第五节　西安博物馆丝路文化印记

一、西安知名博物馆概况

（一）陕西历史博物馆

位于陕西省西安市大雁塔西北侧的陕西历史博物馆（图 3-5-1）创立于 1983 年，由张锦秋负责建筑设计，于 1991 年 6 月 20 日开放。这座博物馆是中国第一座大型现代化国家级博物馆，它的建成标志着中国博物馆事业迈上了新的发展阶段。这座建筑群采用了"中央殿堂、四隅崇楼"的唐式建筑风格，包括中央殿堂和四个高耸的角楼，整体布局井然有序，错落有致，庄重雄伟，不仅有古朴庄重之风，而且将帝王宫殿与园林相结合，融合了民族传统、哲学思想、地域特色和时代精神。该博物馆建筑外观的设计呈现了盛唐时期独特的风度。长安曾经是周、秦、汉、隋、唐等十三个封建王朝的都城，拥有丰富的地上和地下文物，并形成了独特的历史文化氛围。

图 3-5-1　陕西历史博物馆

陕西历史博物馆占地面积有 6.5 万平方米，内部建筑的面积达到了 5.56 万平方米。藏品库区面积占地 8000 平方米，展厅面积则达到 1.1 万平方米。该馆藏有超过 170 万件（组）藏品，其时间范围覆盖了 100 多万年，囊括了从最简单的石器到现代社会生活的多个领域。这些珍品不仅数量众多、涵盖各种品类，而且品质精良、价值不可估量。这座综合性历史类博物馆自开馆以来，一直秉承着"保护第一、加强管理、挖掘价值、有效利用、让文物活起来"的文物工作方针，坚持有效运用文物藏品来实现社会教育和收藏保护等多重目标，同时也推动着产业发展。除基本陈列外，该博物馆还安排了专题陈列和临时展览。这三个部分相互呼应，达到了互相辉映的效果。

馆内关于陕西古代史的文物陈列了 3000 多件，生动地阐述了陕西古代文明的发展历程，时间跨度从 163 万年前的古人类到 1840 年鸦片战争前。对陕西古代文物的展览共有三个展厅，分别展示了七个历史时期。这些历史时期包括史前时期、周朝、秦朝、汉朝、魏晋南北朝时期、隋唐时期和唐朝之后的陕西历史。展览包含两方面的内容：第一部分是关于唐墓壁画珍品的展示，第二部分是展示何家村窖藏出土的大唐文物遗宝。20 多座唐代墓穴中，精美绝伦且数量近 600 幅的壁画被收藏于陕西历史博物馆，这些壁画的面积为 1000 多平方米，是博物馆的独家珍品。壁画涵盖了 69 组 82 幅被认定为一级品的图像，它们是研究唐代贵族生活和心灵追求的重要形象资料。1970 年 10 月，在对西安何家村唐代窖藏的发掘中，所发现的文物数量众多，且其精美的制作和保存良好的状态引人注目。在 20 世纪隋唐考古领域中，这次发掘被视为极为重要的考古发现之一。此外还有一种称为"临时展览"的展览形式，其周期短，更新快，内容丰富。例如，2023 年 4 月举办的"时光刻度——陕西历史博物馆藏搪瓷中的时代记忆"展览和 2023 年 8 月举办的"盛世唐音——唐代乐舞文化展"。

　　博物馆中的珍品包含了各种文化元素。因商周青铜器庄严优美又见证着礼乐文明的历史特征而备受瞩目。历史悠久的陶俑，生动地展示着丰富多彩的生活和独特的形态。汉唐时期制作的金银器，工艺精湛、造型优美，展现出盛世的繁荣和气象。唐墓壁画独具特色，被誉为"古都明珠，华夏宝库"。它们保存完好，以极富艺术感和历史内涵闻名，是中国古代文明的艺术瑰宝，也是展现陕西历史文化与地位的重要窗口。

（二）陕西考古博物馆

　　陕西考古博物馆（图 3-5-2），位于陕西省西安市长安区文苑南路与终南大道交会处东北侧，总建筑面积 3.5 万平方米，室内展陈面积 5800 平方米，室外展陈区域 1 万平方米，是中国首家考古专题类博物馆。陕西考古博物馆共展出了超过 5200 件文物，涉及 138 个考古项目，90% 以上珍贵文物为首次公开展出。

图 3-5-2　陕西考古博物馆

　　2012 年，陕西省开始筹建中国第一座考古博物馆。2022 年 4 月 28 日，陕西考古博物馆试行开放。截至 2022 年 4 月，陕西考古博物馆的建设方陕西省考古研究院，收藏了从旧石器时代开始，各个历史时期遗址、墓葬出土的文物标本等 20 万余件。陕西考古博物馆的长期展览致力于呈现"华夏文化的考古发掘和保护"这一主题，分为"考古历程""文化谱系""考古发现""文物保护科技"四个板块，全方位展示相关内容。陕西考古博物馆在强化陕西文化遗产保护、使用和管理，增强中华优秀传统文化在全球的影响力，促进陕西文化产业的发展等方面扮演着重要的角色。

　　陕西考古博物馆的基本陈列以"考古圣地华章陕西"为主题，分为"考古历程""文化谱系""考古发现""文保科技"四大篇章。考古历程篇首先回顾乐中国考古学在金石学时期的积累，并以陕西宝鸡斗鸡台考古为切入点，介绍了中国考古学的诞生和考古类型学的成熟，随后通过半坡遗址、秦陵兵马俑、法门寺等代表性考古项目，系统梳理了中华人民共和国成立以来陕西考古的发展历程。文化谱系篇展示了陕西境内的考古学文化谱系，以旧石器时代为起点，按时间顺序解读了陕西地区各种文化类型的分布范围、文化特征和代表性遗址。考古发现篇划分为三个单元，专门介绍了陕西各时期重点考古项目，分别为杨官寨、芦山峁、石峁三个都邑遗址；秦、汉、唐时期遗存；耀州窑址、吕氏家族墓等宋代之后的陕西考古发现。文保科技篇介绍了文物保护工作，分别呈现了陶瓷器、青铜器、复杂遗存、壁画、纺织品和漆器文物的修复、保护与研究，重点展示了新技术、新手段、新材料在文物保护中的运用。

（三）西安博物院

　　西安博物院（图 3-5-3）于 2007 年 5 月 18 日正式对外开放，总占地面积约 16 万平方米，建筑面积 1.6 万平方米，由博物馆、唐荐福寺遗址、小雁塔三部分组成，是一座集文物收藏、科学研究、社会教育、园林休闲于一体的优雅历史文化休闲场所。现为国家一级博物馆、全国 AAAA 级旅游景区。此外，它还是全国古籍重点保护单位，是全国科普教育基地，被列为陕西省委、省政府，以及西安市委、市政府的重要接待场所。

图 3-5-3　西安博物院

西安博物院的主体建筑为博物馆，它的整体外观融合了"天圆地方"的哲学思想和建筑理念，其博物馆展览空间面积超过 5500 平方米。馆内馆藏超过 11 万件文物，其中包括 1 万件以上的国家三级以上级别的文物，采取了基本陈列、专题陈列、临时陈列三种陈列方式。

基本陈列包括"古都西安—帝都万象"和"古都西安—千年帝都"展览，它们以西安作为 13 王朝古都的一千多年建都史及三千多年的城市发展史为主线，通过周、汉、唐、宋、元、明、清时期多个城市模型，展示了西安城市发展的历史脉络，同时将西安地区出土的各时期具有代表性的文物精品按时代顺序进行了陈列展示。专题陈列包括"三真六草 镂月裁云——古代书画艺术陈列""宝相庄严——长安佛教造像艺术专题陈列""天地之灵——院藏古代玉器精品陈列"和丝路明珠小雁塔。临时陈列以自主办展、引进展览、合作办展为模式，不仅办展数量多，而且档次高。

西安博物院小雁塔是唐长安城中著名皇家寺院荐福寺的佛塔，已有 1300 余年历史，是西安地区保持了初建原貌的唐代建筑。寺内每日敲响的"雁塔晨钟"被誉为长安八景之一。小雁塔于 1961 年列入全国重点文物保护单位，2014 年随着"丝绸之路：长安—天山廊道的路网"申遗成功，小雁塔也入选了世界文化遗产名录。

（四）大唐西市博物馆

大唐西市博物馆是中国第一家非国有"国家一级博物馆"，建筑坐落于隋唐长安城西市遗址之上。它是一座素以展现丝路文化、述说丝路故事为特色的遗址类博物馆，主要以反映盛唐文化、丝绸之路文化和商业文化为主题，同时是大唐西市文化产业项目的重要组成部分及文化核心。博物馆建筑面积 3.5 万平方米，展览面积 0.85 万平方米，建筑风格独特、鲜明，设计师将传统博物馆的设计理念与现代建筑玻璃化钢结构的设计形式融为了一体，建成的整个馆体像一颗璀璨夺目的钻石，彰显了盛唐的辉煌与繁荣（图 3-5-4）。

图 3-5-4　大唐西市博物馆

馆藏文物 2 万余件，包含西市遗址出土文物和博物馆创办人 20 多年来精藏的文物等，其中以展示唐代丝路贸易和唐人市井生活的近万件西市出土文物藏品为主要特色。这些藏品从商周延续到明清，历经长达 3000 余年的时间跨越。展览馆内珍藏了多样化的文物，其中包括精美神秘的青铜器、丰富多彩的陶瓷器、姿态万千的陶俑、璀璨夺目的金银器、精湛无比的丝绸、巧夺天工的玉器，以及来自不同国家和历史时期的货币。除此之外，墓志、宗教文物以及建筑文物也是文物库藏中非常有价值的部分，它们为展览提供了稳固的基础。

博物馆的陈列分为基本陈列、专题展览、临时展览、特别展览、艺术体验中心五个部分。基本陈列包括"丝路起点 盛世商魂"和"活的穿越，镇馆之宝"，展出了唐代西市东北角"十字街"遗址、车辙遗迹，介绍了历史上西市作为丝路起点的重要地位、交易品类、商业文化和繁华胜景。

"货币中的丝路故事——丝路古币"展览汇集了来自 48 个古国、超过 2000 枚货币，将丝绸之路沿线各国、地区和历史时期的文化渊源联系在了一起，生动呈现了多姿多彩的货币文化。"贞石千秋——大唐西市博物馆珍藏墓志展"展出了 14 个历史朝代的 500 多份墓志。这些墓志所蕴含的大量珍贵信息，可以被广泛应用于对古代社会文化、文学、艺术等方面的研究，尤其是对隋唐时期历史的探究。展览包含 100 多个主题，旨在通过展示和交流，强调中国丝绸之路文化、西市文化和博物馆里精美的藏品。这些展品以生动的形式展示了中国传统文化的卓越之处，以及丝绸之路沿线国家的文明和风俗。特别展览包括"供飨观众，文物会友"和"盛世遗珍——大唐西市博物馆藏精品面面观"，馆藏精品荟萃，主题丰富。艺术体验中心是丝路文化展览的延伸和丝绸艺术创意活动的现实体验。

大唐西市博物馆先后获评国家 4A 级旅游景区、国家级和陕西省"文化产业示范基地"、第一批国家级非物质文化遗产生产性保护示范基地、中国文化遗产保护与传承典范单位、中华优秀文化传承基地和亚洲十大民营博物馆及杰出贡献奖等荣誉称号。

（五）茂陵博物馆

西汉是中华民族文化发展史上一个极为重要的历史时期。经过 70 余年的休养生息，至汉武帝时期，政治稳定，经济强盛，茂陵出土的随葬品，是汉武盛世衍生出的物质文明的华章，同时也展示着汉人磅礴大气的风格。茂陵景区位于陕西省咸阳市兴平市南位镇，包括茂陵博物馆和汉武帝茂陵园区。茂陵、霍去病墓同属第一批全国重点文物保护单位（图 3-5-5）。

图 3-5-5　茂陵博物馆

汉武帝茂陵是西汉帝陵之冠，素有"东方金字塔"之美誉。其周围有大将军卫青、骠骑将军霍去病、三朝重臣霍光、车骑将军金日磾、倾城倾国李夫人等陪葬墓 20 多座。西汉断代史博物馆位于茂陵东边，毗邻于冠军侯霍去病的墓园。这座博物馆的用地面积为 49.2 万平方米，而其建筑规模是 16 159 平方米。该博物馆主要展出汉武帝茂陵、霍去病墓和大规模石刻群等重要藏品。

茂陵博物馆共收藏了 5244 件文物（包括组合物）。这个分类中包含 69 件被列为一级文物，54 件被列为二级文物，还有 577 件被列为三级文物。2001 年，茂陵博物馆被公布为 4A 级旅游景区。2009 年 5 月，茂陵博物馆被中国国家文物局公布为首批二级博物馆。

茂陵博物馆的院落被划分为前院和后院，整体设计以南北中心轴线对称布局为主。采用仿汉悬山式瓦屋的建筑风格。前半部分以鱼池假山为中心，东、西两个展厅左右对称。后半部分以天然巨石垒成，以仿祁连山势而建的霍去病墓冢为中心，墓冢上的原有石刻呈对称式分布于东、西两廊。馆内园林景色宜人，仿汉建筑群林立、亭台楼阁、碧波荡漾、四季常青。基本陈列包括霍去病墓石刻展、霍去病生平事迹展、汉武帝故事造像展、汉茂陵历史文化菁华展和汉茂陵出土文物菁华展。其中位于霍去病墓东西两侧的石刻长廊具有极高的历史和艺术价值，共有 17 件石刻，这些石雕包括石人、跃马、马踏匈奴、卧牛等，其雕刻技法简练有力，形态雄健遒劲，呈现出原始、豪放的艺术特色。这些巨型石雕一直保存完好，没有受损。它们是中国历史上最早发现的巨型石雕，同时也是汉代石雕艺术的杰出代表，在中国美术史中扮演着独特而举足轻重的角色。

（六）昭陵博物馆

被日本友人誉为"中国的三大碑林之一"的昭陵博物馆，位于陕西省咸阳市礼泉县烟霞镇西侧的李勣（徐懋功）墓前，建筑面积 7000 平方米，陈列面积 2000 平方米，属社会科学类历史遗址专题博物馆，也是唐朝断代史博物馆（图 3-5-6）。

图 3-5-6 昭陵博物馆

昭陵博物馆藏品共计 4550 件，藏品主要为唐昭陵陪葬墓，如杨恭仁墓、长乐公主墓、张士贵墓、郑仁泰墓出土的男女立俑、骑马俑、壁画以及碑石，它们具有品位高、身份高、出土集中等特点。2002 年 2 月 20 日，昭陵博物馆被国家旅游局评为 3A 级旅游景区。

昭陵博物馆整体采用中国古典式轴对称庭院模式，仿唐古建，红廊青瓦，雕梁画栋，富丽堂皇。内有展厅四座，三大基本陈列主题，即昭陵出土文物精华展、昭陵碑林和昭陵唐墓壁画。昭陵出土文物精华展展示了来自昭陵陵园的 200 多件珍贵文物，旨在呈现唐代初期的文化、经济、政治、军事和社会情况。昭陵碑林所记载的 40 块碑石和 40 多个墓志铭是被发掘出的珍贵文物，它们对于研究中国初唐时期的书法和雕刻艺术具有重要意义。此外，这些碑文还可以弥补文献的不足，具有特殊的纠正历史、证实历史、补充历史的价值。在昭陵出土的五座陪葬墓中，共有 37 幅珍贵的壁画，展示在昭陵唐墓壁画展览中，总面积接近 300 平方米。这些壁画不仅对历史考古研究具有重要意义，同时也极富观赏价值，具备艺术性。

专题陈列集中收藏展示了初唐撰文大家许敬宗、上官仪、岑文本以及书法大家欧阳询、褚遂良、殷仲容等名将良相撰文或书写的墓碑、墓志近 80 余件。昭陵碑林是全国保存唐代书法艺术名碑最多的专题碑林。昭陵博物馆所珍藏的历史文物不仅是初唐时期繁荣发展的真实见证，还详尽记录了唐代前期政治、经济、军事、文化及其他重要信息。

二、西安丝绸之路文物

泛指的丝绸之路涵盖陆上和海上两个方面。陆地通道起点是中国的长安（今西安），途经甘肃、新疆，穿越中亚和西亚，最终与地中海各国相连。这便是广为人知的陆上丝绸之路。这一通道的起源可以追溯到西汉时期，当时汉武帝派张骞前往西域开辟贸易路线。文物承载灿烂文明，传承历史文化，维系民族精神。西安是古丝绸之路的重要节点，能见证丝路交流和文化碰撞的西安众多博物馆的代表性藏品和文物遗存数量众多，精美绝伦，历史价值享誉盛名，一件件精美的文物，让我们见证两千余年来中华文明与丝绸之路沿线各国经济、文化交流的悠久历史。

古代东西方的文化交流之路通常被称为"丝绸之路"，但实际上东西方对外贸易的主要商品除了丝绸之外，还有陶瓷、玉石、金银器、玻璃器等，古代中国向外输出的商品主要有丝绸、陶瓷、茶叶等，同时西方也向中国输入了金银器、香料、宝石等物品。在西安考古发现的瓷器、陶俑、石刻、铜像、金银器、琉璃器、佛像、壁画、碑石、墓志等工艺美术品和历史遗存，全面再现了古代丝绸之路上西方与中国贸易沟通和文化交流的多样性，同时也使我们领略到了汉唐长安的国际都市风采。

（一）西汉鎏金铜蚕

西汉鎏金铜蚕于 1984 年出土于陕西省石泉县，现收藏于陕西历史博物馆二层的西汉时期展厅内。它是中国国内首次发现的鎏金蚕，为国家一级文物，是陕西省历史博物馆的镇馆之宝。鎏金铜蚕通长 5.6 厘米，胸围 1.9 厘米，高 1.8 厘米，重 0.01 千克。全身首尾共计九个腹节，胸脚、腹脚、尾脚均完整，体态为仰头或吐丝状，呈老熟蚕昂首吐丝状，部分的鎏金层还保存完整，侧面跟腹部因刮削稍有剥蚀。

鎏金铜蚕雄浑大气、线条简练朴素，造型轮廓抓住了蚕眠或者它吃桑叶时的形态，头部昂起，身体曲线自然，无过多的细节描写，工艺细腻，为汉代典型的造型艺术形象（图 3-5-7）。鎏金铜蚕可能是陪葬品，象征墓主人死后获得重生；也可能是蚕种代表，鼓励蚕桑生产的奖品。铜蚕的发现揭示了汉代陕西在蚕桑和养蚕方面的发展规模，是丝绸之路上的关键标志和证据，同时也突显了丝绸在古代东西方贸易中的重要地位。

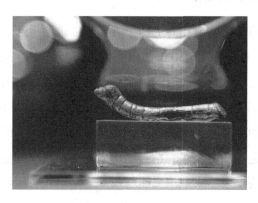

图 3-5-7　西汉鎏金铜蚕

（二）西汉鎏金铜马

西汉鎏金铜马，1981 年 5 月出土于陕西省兴平市茂陵陪葬坑阳信墓南，现收藏于茂陵博物馆。西汉鎏金铜马为中国出土的少数秦汉时期鎏金马之一，为国宝级文物。汉鎏金铜马体长 76 厘米，通高 62 厘米，重 26 千克，通体铜铸鎏金，昂首、翘尾，四腿直立，体态矫健。头部造型尤为生动，粉鼻亮眼，昂头，眼睁，鼻鼓，口微张，露牙，两耳竖立，耳间有鬃毛，颈上刻鬃毛，作站立状，颈部和前胸肌深陷，四肢筋健明显，马身中空，这些特征为西汉时代典型的大宛马的特征（图 3-5-8）。

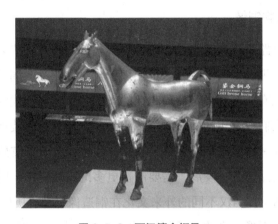

图 3-5-8　西汉鎏金铜马

西汉鎏金铜马可能为阳信公主之物，为汉武帝对其的赏赐。西汉时期为了应对匈奴的威胁，以及维护国境的安全稳定，军队常常需要大量优质的马匹来支持战争。因此，马成了汉朝皇帝最珍视的宝贵生物。根据《史记》的记载，张骞归汉后曾陈述道："西域多善马，马汗血"。[1] 这种马一直被称为"汗血宝马"，在中国有超过两千年的历史。

考古学家在发掘过程中已经找到了很多秦汉时期的古马文物，其中包括铜马、陶马、玉马和石马等。但是鎏金铜马非常稀有，只有极少数几件存世。这使得西汉鎏金铜马在史学、考古、文物和科学领域的价值都十分珍贵。鎏金铜马虽未经过专业修复，但自发掘以来，马身表面依然闪烁着金色光芒，且整体保存状况非常好。这说明在西汉时期，冶金和铸造技术已经非常高超。西汉鎏金铜马原型为

---

① 司马迁 . 史记 [M]. 长沙：湖南岳麓书社，2021.

汉武帝时期经由丝绸之路引进的外来马种，既是大汉帝国养马业兴盛的体现和大汉雄风精神气质的缩影，也是承载丝绸之路灿烂文明和友好交流的历史见证。作为中国人民发展对外友好关系的使者，西汉鎏金铜马不仅有助于考古工作者了解大汉与大宛之间的历史文化，更是呈现中华民族精神气质的重要历史见证。2011年，西安世界园艺博览会在西安开园时，西汉鎏金铜马也在园区标志性的建筑长安塔中精彩亮相，闻名中外，也因此于同年登上央视网人文纪录片《国宝档案》。2018 年 5 月 19 日，中国邮政发行《丝绸之路文物》邮票，第二枚邮票图案就是鎏金铜马。

（三）西汉人物铜像

西安是丝绸之路重要的节点，西安博物院与丝路有关的代表性藏品众多。由于冶铁技术的不断提升，西汉时期广泛使用了大量铁制品。同时，铜冶炼工业和相关制造业的地位有所下降。与商周时期的青铜器相比，汉代的青铜器显得更加朴素。尽管现在人们日常用的器皿、墓葬用品、贵族宫廷的装饰品等多使用其他材料，但铜器仍在一些领域如日用品、陪葬品、皇家及贵族宫廷装饰品中大量应用。另外，随着商品经济的发展，需要制造更多的铜质货币，因此制造青铜器的工艺水平仍然很高。在西汉不同的外来文化在铜造像上都有所反映。

西汉裸体幼童铜像，高约 10 厘米，出土于西安北郊，现收藏于西安博物院。其肩生双翼，项戴珠圈，手拿小钹合于胸前，其所持之钹又名"盘铃"，整体形态自然生动，乖巧可爱，犹如小天使一般。整体造型带有异域特色，与汉代艺术风格不同，与希腊神话中的厄洛斯相似，即罗马神话里的丘比特。据推断，这件翼童很可能是通过丝绸之路由西方传入长安（图 3-5-9）。

图 3-5-9 西汉裸体幼童铜像

西汉羽人铜像，高 15.3 厘米，重约 1.3 千克，出土于汉长安城遗址，现收藏于西安博物院。所铸铜人相貌怪异，长脸，尖鼻阔嘴，两耳竖长，脑后锥形发髻，肩生双翼，跪膝垂羽，身着无领紧袖，膝下有鳞状垂羽。铜像底部有一固定器物插孔，青铜人双手做捧持状（图 3-5-10）。

图 3-5-10　西汉羽人铜像

根据考古材料，汉代羽人多为人鸟组合，偶见人鸟兽组合，大都长着两只高出头顶的大耳朵，这件羽人的造型属于人首人身，肩背出翼，并非常见的人首鸟身或人首兽身、身生羽翼的类型，而是具备秦汉时期阴阳两界的仙使特征。在西汉时期，天子和贫民都渴望延长寿命。尽管人们承认有生命终点，但他们仍试图超越这个限制。这种追求是合情合理的，而"仙"则在汉代的思想与信仰中表达了这种愿望。作为一位飞仙，羽人不仅是永生的楷模，同时也是引领众生与逝者飞升仙境的仙使，照顾生者，抚慰死者。但也有学者认为这种"羽人"思想来源于土生道教，但造型受西方艺术影响，所铸与伊朗祆教的主神阿胡拉·玛兹达相似，因为伊朗东北部出土过与此相似而时代要早得多的翼人。据推断，这件羽人铜像是 8 世纪大食占有中亚后，大批祆教教徒经丝绸之路向东迁徙的产物。

（四）咸阳沈家桥东汉双兽

汉代石刻不论从历史意义和艺术价值都堪称一绝。众多墓室陵园中雕刻的艺术品，都是汉文化艺术的重要组成部分。相比秦代的写实，汉代更注重写意，风格更趋向于雄浑简练。茂陵博物馆的霍去病墓大型石雕群就是其中的典范，是汉代石刻艺术的经典，体现出了汉人充满自信和具有创造力的精神，也反映出了那个时代真实的艺术盛况。除此之外，汉代陵墓石兽，列置于帝王陵园、贵族墓园及其神道两侧的大型圆雕石刻兽类，不仅是汉代墓葬空间体系中的重要组成部分，而且是揭示汉代丧葬礼仪的重要实物材料。

陕西省咸阳市沈家桥出土了一对石兽，全长 2.2 米，高 1.05 米。二兽皆作狮虎形，无翼无角，体态优美，昂首挺胸，张口卷舌，圆耳竖立。头颈部有向后卷曲的鬃毛，胸前鬃毛更为茂盛，四肢强劲有力，矫健挺拔，身后一条壮硕的长尾拉伸了从头部至背脊的优美曲线，也增添了双兽行进中的气势（图 3-5-11）。其复制品现收藏于西安碑林博物馆。

图 3-5-11　咸阳沈家桥东汉双兽

虽然西安碑林官方称其为"东汉双兽"，但考古专家从形态和鬃毛判断其物种为狮子。狮子是对中国文化影响甚大的外来物种，是古代欧亚文化中的神兽。在西汉张骞通西域后，开始传入中国。狮子本身的输入，据记载是西亚和中亚地区的国家通过丝绸之路以朝贡形式进入中国。《后汉书·本纪·孝和孝殇帝纪》记载："安息国遣使献师子、扶拔。"《旧唐书·列传·卷一百四十八》中也有记载："康国，即汉康居之国也……贞观九年，又遣使贡狮子。"狮子的艺术形象的传播影响深远，如墓前狮子石雕、墓志壁画狮子图像和日用器物的狮子造型与纹饰等。可以说，咸阳沈家桥东汉石狮的出现，不仅作为体现汉代造型艺术风格与精神的物质遗存，也是我们研究古丝绸之路文化艺术交流的重要历史物证，反映了汉唐时期中国与中亚、西亚各国友好往来的历史事实。

（五）唐镶金兽首玛瑙杯

唐镶金兽首玛瑙杯于 1970 年 10 月发掘于陕西西安何家村唐代窖藏，现收藏于陕西省历史博物馆，被称为 20 世纪隋唐考古最为重要的发现之一。金银器和玉器是唐代工艺铸造的代表作品，而被称为"皇冠上的明珠"的何家村窖藏是唐代最珍贵的文物窖藏之一。一些考古学家将其称作"何家村文物"或"大唐文物"，与西方著名的"阿姆河文物"互相对应。这批 1000 多件的珍贵文物不仅代表着唐代金银器工艺的最高水平，还包含着古丝绸之路上中西文化交流和友善互通的人文精神。

镶金兽首玛瑙杯，长 15.5 厘米，高 6.5 厘米，上口近圆形，直径约 5.9 厘米，是唐代的酒器形象，是中国首批禁止出国（境）的展览文物之一。玛瑙杯雕琢工艺极其精细，通体瑰丽，光鲜润泽，纹理细腻，色泽层次分明，所用玛瑙为红、棕、白三色相杂。杯身造型高雅，形状如伏卧兽头。竖直的一端雕成杯口，另一端雕成兽首形状，兽首圆瞪双眼，目视前方，兽首两只羚羊角延伸到杯口，兽嘴镶嵌可卸下的金帽，杯中的酒可从金帽倒流而出，上下贯通（图 3-5-12）。

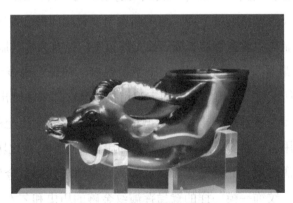

图 3-5-12　镶金兽首玛瑙杯

唐镶金兽首玛瑙杯以产自中亚、西亚地区的红色夹心玛瑙制成，为国内仅见之孤品。在选用材料、采用工艺、运用色彩以及创造形态等方面，这件作品都被视为唐代玉雕艺术中的佼佼者。在唐代，很少见到类似的俏色玉雕风格，这种风格的形成是中外文化交流的结果。据专家考证，此件兽首玛瑙杯为外来物，制作年代约为 6 世纪后期，造型源于西方一种酒具，古希腊人称之为"来通"。"来通"是希腊语音译，指的是连通、流出之意。它像一个漏斗，可用于注入神酒，当时西方人相信来通角杯是圣物，用它注酒能防止中毒，而如果举起来通将酒一饮而尽，则是对酒神致以最高敬意的方式。传到亚洲以后，"来通"广泛流行于自美索不达米亚平原至外阿姆河地带的广大区域中，甚至进入中国。也有学者认为它可能是古代前伊斯兰时期波斯帝国萨珊王朝时期的物品，经过丝绸之路贸易或朝贡到长安。2014 年 11 月 18 日至 2015 年 1 月 5 日，唐镶金兽首玛瑙杯在中国国家博物馆举办的大型文物展览"丝绸之路"中展出。

（六）唐金银器皿

隋唐时期通过丝绸之路传入长安的文物，可以反映出这一时期丝路沿线贸易与文化交流深入发展的盛况。唐代丝绸之路空前繁荣，大多数金银器是来自中亚、西亚的舶来品，通过朝贡、贩运的方式大量输入中国，在皇室礼仪和百姓生活中得到广泛使用，成为唐代最具时代特点的工艺美术品种，产量丰富，造型别致，工艺奇巧，纹样精美。通过丝绸之路，唐代金银器的飞速发展受到了外来金银器输入的作用，西方悠久的金银制作工艺对唐代金银器的制作、造型和纹饰产生了重要的影响。例如，丝路沿线带有异域风采的东罗马－拜占庭风格、萨珊波斯风格、粟特风格、天竺风格缤纷呈现，与中国本土文化之间融合发展成为常态。

唐时金银器制作主要在都城长安，长安甚至专门设有为宫廷服务的手工作坊。陕西唐代金银器最早发现于 1958 年，出土了银碗、银碟、银壶十余件。随后在西安市沙坡村、何家村、蓝田、临潼和宝鸡市扶风县法门寺陆续出土了金银器物。其中，何家村窖藏金银器种类丰富、造型精美、级别高贵，出土的 270 余件金银器全为皇家日常用品。西安市南郊的何家村即唐长安城中的兴化坊，北边临皇城，西边临西市。盛唐时期，此处是皇家贵戚和高官显贵居住的黄金地段。何家村遗宝中，两件造型、纹饰一模一样的鸳鸯莲瓣纹金碗的历史和艺术价值极高。金碗通体纯金，圈足和碗体之间焊接，足底有一圈联珠。其高 5.5cm，口径 13.7cm，足径 6.8cm，重 392g。金碗的腹部是捶揲出的双层莲瓣纹装饰，为两片向外凸起的莲花对卷的形状。上层是动物纹，下层是忍冬花纹饰，莲瓣上的空白处装饰飞禽和云纹。这种莲瓣状是凸瓣装饰中的一种。凸瓣纹，多指花外凸，有的通过捶揲或铸造等方式在器物上形成圈上下交错倒置的花纹，两层为圈。捶揲工艺是利用金银质地柔软的特点，将金银片衬以软物或放置于模具上锤击成型，然后再进行细部雕刻纹饰的工艺。凸瓣纹样工艺较复杂，唐之前我国没有，而在波斯、希腊罗马等国家较为流行（图 3-5-13）。

图 3-5-13　鸳鸯莲瓣纹金碗

据专家考证，金银器的壁面捶揲出凹凸起伏的纹饰的工艺，最早起源于公元前 6 世纪地中海沿岸的希腊罗马，随着唐代丝绸之路的发展，逐渐传入中原，并随着工匠的不断锤炼，形成了具有中国特色的纹饰。金银器底部一圈浮雕式的圆珠，也不是中国传统器皿的造型，而是粟特金银器的典型风格。在唐代的金银器物中，碗的占比很大，形制也很多，但银器较多，金器较少，如此华丽精致且反映唐丝绸之路贸易文化交流的金碗，更是万中无一。

在伊朗高原地区，3—8 世纪风靡流行一种长椭圆形、器壁呈曲瓣状的酒杯。这是由于当时该地区主要受波斯萨珊王朝（也被称为波斯第二帝国）的统治，该帝国成立于公元 224 年，一直存在了 400 多年，于公元 651 年灭亡，与罗马帝国共存。这种酒杯被学者称为"萨珊式多曲长杯"，尤其以八曲长杯最具特色，其八曲长杯拥有八个横向分层式的曲瓣和椭圆形矮圈足形制，是萨珊王朝最具代表性的器皿之一，是伊朗人创造性的日用器物，经中亚、西域东传到了中国。唐代经过工匠的模仿与改造，会在多曲长杯上加入唐人喜闻乐见的图案和纹饰，使之逐渐变成了具有唐代民族特点和文化的器物。可见在唐代各种外来物品中，金银器是表现外来文化影响最为清晰的艺术品，能够反映唐朝对外来文化的学习和两种文化的融合。

萨珊式八曲银长杯，高 2.7 厘米，长径 9 厘米，短径 5 厘米，出土于西安长安区，现收藏于西安博物院。通体素面，杯体较深，平面呈八曲椭圆形，曲瓣对称，杯内壁有棱凸起，底部椭圆形圈足脱落。传入中国的多曲长杯，一般为八曲或十二曲，曲明显凸鼓，这与中国传统光滑平整的工艺形成了鲜明的对比。多曲长杯因其造型奇特夸张，杯体厚重饱满，成为唐代贵族偏爱的盛酒器（图 3-5-14）。

图 3-5-14　萨珊式八曲银长杯

带有异域风格的萨珊多曲长杯传入中国后，从开始的仿制到后来的创新，在中国的发展过程中形成了波斯文化同唐文化相互融合的发展轨迹，其后被注入本土化审美因素，器型、材质的变化也更符合中国人的审美习惯，曲瓣和内壁凸起的棱线逐渐淡化，也出现了玉、水晶等多种材质的多曲长杯。其中在何家村遗宝中，就有两件不同凡响的八曲长杯，一件为白玉制作，一件为水晶制作。

玉石的使用在我国已有数千年的历史，中国人一直保持着对玉的热爱和重视，既喜欢欣赏、收藏玉，又习惯佩戴和珍藏玉。玉石在人们心中拥有着特殊的地位和珍贵的价值。从白居易的"玉瓶泻尊中，玉液黄金脂"，李商隐的"沧海月明珠有泪，蓝田日暖玉生烟"就能看出玉石的价值和中国文人对玉的喜爱。玉石美轮美奂，历尽沧桑而光彩不改。白玉忍冬纹八曲长杯，高 3.8 厘米，长径约 10 厘米，短径 5.5 厘米，玉质洁白温润，外壁饰有忍冬。忍冬是一种缠绕之物，开花先为白色，后转为黄色，因此也叫金银花，此花在冬天也不凋谢，故有"忍冬"之称，是从南北朝开始就流行的一种装饰纹样。白玉忍冬纹八曲杯是由于阗玉制作而成的文物。于阗玉质优稀少难得，还被认为能延年益寿，宫廷常用其制作饮食器具。在唐代，于阗玉更是豪门贵族身份的象征。7世纪后半叶有椭圆形矮圈足的银长杯流行，此杯应制作于这一时期。其形制完全模仿萨珊式多曲长杯，而装饰纹样则直接继承了南北朝时期已经流行的忍冬纹，可以说是丝绸之路上中西文化结合的产物（图3-5-15）。

图3-5-15　唐椭圆矮圈足银长杯

另一件水晶八曲长杯，器型与同时出土的白玉忍冬纹八曲长杯相同，有八个横向曲瓣，为椭圆形矮圈足，只是外壁素面无纹饰（图3-5-16）。这是我国目前考古发现的唯一一件唐代水晶容器，极为珍贵。文献记载，水晶多产自西域各国，在唐朝为贡品进贡到我国。隋唐时期，水晶多被形容为文采殊绝的宝物。因为晶莹剔透，纯洁高贵，唐代诗歌中常常把它比作冰水、露珠甚至月光。例如，严维对水晶的咏物诗，"王室符长庆，环中得水精。任圆循不极，见素质仍贞。信是天然瑞，非因朴斫成。无瑕胜玉美，至洁过冰清。"李白的"玉阶生白露，夜久侵罗袜。却下水晶帘，玲珑望秋月。"这两件八曲长杯在造型上有着明显的伊朗萨珊风格，但是萨珊却很少用玉石和水晶材料制作长杯，从中国文化对玉石类材质的偏爱来看，推测这两件八曲长杯可能是由唐朝工匠仿制的，也可能是来华波斯工匠制作的。

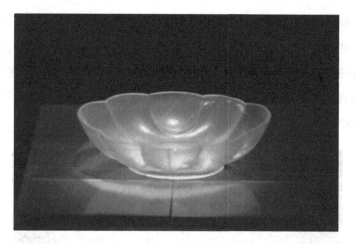

图 3-5-16　水晶八曲长杯

（七）唐丝路胡人俑

唐代的长安城中居住着大批胡人，通过陆路和海路纷纷来华进行贸易活动，以致当时的长安城商贾遍地，胡乐、胡服、胡食、胡姬、胡旋舞也风靡长安。据说，当时在长安居住的外国人和少数民族已有 5 万人之多。长安胡风胡俗极盛一时，大诗人李白也写有"胡姬貌如花，当垆笑春风"的名句。唐太宗时期商贾往来频繁，与边民交市的友好政策也一直推动着胡商的贸易交流，使得这种有利于东西方经济交流的商业观念始终贯穿着整个唐朝。胡商正是在这种社会背景下，创造了丰富的物质文化，给唐代社会以及各少数民族国家的经济注入了新的生机和活力，是促进大唐与西域、中亚、西亚各国的经济和文明发展融合的催化剂。

因此，全国各地只要有贸易交流的地方，就会出现"胡商"的忙碌身影。他们不仅贩运商品，牵驼养马、耕田扶犁，还是变幻百戏的卖艺者和卖酒的酒家胡，还有一部分进入中原后成为为朝廷效力的文臣武将。在丝绸之路上出土的很多文物俑，尤其是以胡人形象为蓝本烧制的陶俑，对研究大唐经济贸易、对外关系、开放政策和社会习俗都提供了形象的资料，是中外文化交流的有力见证。

唐三彩袒胸胡俑是一件唐朝时期的唐三彩文物，出土于乾陵陪葬墓永泰公主墓，收藏于陕西历史博物馆。胡人的艺术形象是盛唐时期多元与宽容的象征。胡俑有别于传统的汉俑和唐俑，能够在视觉上直观地辨识胡人。唐三彩袒胸胡俑所塑胡人浓眉深目，阔嘴高鼻，满腮胡须，头发中分编成双辫交盘于脑后，皮袍向外翻开，露出胸部和腹部，外形与突厥人长相接近，有可能是从西域入长安经商的突厥人。只见他昂首挺胸，面带微笑，左手叉腰，右手向上呈半握状，好像在牵马或牵骆驼（图 3-5-17）。

图 3-5-17　唐三彩袒胸胡俑

此外，还有一种叫作"昆仑奴"的黑人俑。唐人史籍笔记中的黑人泛指卷发、黑肤，被贩卖或进贡入唐，从事马夫、船夫、奴仆、农耕、艺人之类低贱工作的外国人，他们服务于少数显贵阶层。昆仑奴多在乐舞戏弄中出现，这件黑人俑应是手持棍子进行舞蹈的昆仑奴（图 3-5-18）。

图 3-5-18　昆仑奴俑

在唐朝人的理解中，似乎胡人与骆驼理所当然地要在一起，杜甫也写下了"胡儿制骆驼"的诗句。杜甫《寓目》诗云："一县葡萄熟，秋山苜蓿多。关云常带雨，塞水不成河。羌女轻烽燧，胡儿制骆驼。自伤迟暮眼，丧乱饱经过。"这是对胡人驭驼这一普遍现象的概括。骆驼在关中与中原地区并不常见，史书中也很少记载。坚忍而顽强的骆驼，被誉为"沙漠之舟"，它们在枯燥炎热的环境和物资匮乏的情况下，仍能发现生命之源；能够在沙漠中不迷失，迎着逆风找到回家的路。在旧时丝绸之路的商贸和政治军事中，骆驼扮演着重要的角色。

大量形态各异的骆驼陶俑在西安唐代墓葬中被发掘出土，这是唐代考古中一个备受瞩目的独特现象。这些骆驼陶俑具有丰富的形态，多种多样，数量众多。它们与多种马俑、人俑混合在一起，有单独作俑的情况，也有被胡族人运载货物作俑的情况。这些实际情况让人不禁想到中外贸易有着很大的发展空间。因此，骆驼陶俑具有独一无二的地位，它不仅展示了唐代高超的艺术技巧，还是"丝绸之路"文化的重要象征。

在出土的众多骆驼或牵驼陶俑中，属于一级文物的三彩载乐骆驼俑是唯一一件被评为国宝级文物的唐三彩，现收藏于陕西历史博物馆，是陕西历史博物馆馆藏文物中18件（组）国宝级文物之一。2013年，三彩载乐骆驼俑被国家文物局列入《第三批禁止出境展览文物目录》。这件古物是一种陶艺品，采用古代陶塑的形式。唐三彩是一种创新礼品和工艺品，它为已经存在了几千年的陶器和瓷器增加了独特的生产方式和品类，代表了唐代工艺技术进步和提高的成果。

该俑由三彩骆驼俑、乐师歌伎（7位乐师、1位歌伎）组成。骆驼则呈现出引颈高昂、发出嘶鸣的姿态，身高达48.5厘米，身长为41厘米。小小的驼背上承载八人，其上乐师歌伎自然地投入演奏。7位男乐师均头戴幞头，身穿圆领袍服或胡服，背向围坐，手持笙、箫、琵琶、箜篌、笛、拍板、排箫奏乐，神情专注、姿态各异。乐师围成的圈中站立着一位女俑，体态丰腴，宽衣长裙，高发髻，左手掩于袖中抬至胸前，右手后摆，微微扬首，做歌舞状，应是一位随着音乐歌唱的歌伎。驼背放置驮架做平台，台面铺方格纹毛毯向两侧下垂，毛毯色泽鲜艳，刻菱形方格并涂有黄、蓝、白三色釉（图3-5-19）。

图 3-5-19　三彩载乐骆驼俑

　　这组载乐俑，从其形态风格分析，可以确定是盛唐时的作品。涉及乐器基本上都是胡乐，而歌舞者是穿着汉服的汉族。据此考古学家指出这组舞乐俑有别于胡舞，应是盛行于开元、天宝时的"胡部新声"。"胡部新声"开始是新疆地区的舞乐，后来传至甘肃河西一带，经过改造而传入长安。

　　整件作品中人物形象个个生动鲜活、色彩斑斓，连骆驼也沉稳有加，好似一个小型胡人乐舞团队跋涉山水，经过漫长沙漠路来到丝路的起点，在长安东市、西市、民间坊肆纵情献艺。经过汉化的他们正整装待发，沿着丝绸之路踏着乐步，西出长安都门返回故乡。往事越千年，当我们闭目遐想色彩斑斓的骆驼欢送胡部新声、载歌载舞地行进在洒满丝路花雨的旅途上时，也就更深刻地理解了中国文化强大的包容力和活力。

　　与骆驼、胡人有关的陶俑并不少见，但骆驼上出现希腊"酒神"这一图案实属罕见。酒神图驮囊陶骆驼产自隋代，出土于陕西省西咸新区北周家族墓园，现收藏于陕西考古博物馆。骆驼两侧驮囊上各模印一组人物，形象相同。其主体为一主二从的三人形象，居中男性呈醉酒状，形似希腊神话中的酒神狄俄尼索斯。他是宙斯之子，护佑着希腊的农业与戏剧文化。酒神在两旁人围绕簇拥下扶肩搭背，侧旁的男随从手提鸭嘴胡瓶。酒神头顶背后有光环，这是酒神与太阳神的混合特征（图 3-5-20）。

图 3-5-20　隋酒神图驮囊陶骆驼

　　在中亚，这类形象极为常见。例如，2023 年 9 月，甘肃省博物馆举办了巴基斯坦犍陀罗艺术展，其中一件酒神金碗出土于公元前 1 世纪的犍陀罗地区，现为伊斯兰堡博物馆藏品。这件金碗中央头像便是酒神狄俄尼索斯，他眉骨隆起，络腮长胡，长发垂肩（图 3-5-21）。西方古代社会的文明因狄俄尼索斯的推动而得到提升，其还教授了人们有关种植葡萄和酿酒的技巧。

图 3-5-21　酒神金碗

可见，在长达千年的历史长河中，犍陀罗曾通过丝绸之路积极地与其他国家进行文化交流和互相学习，这使得他们展现出了独特的活力和创造力，在亚洲文明的传播史中产生了深远的影响。酒神图驮囊陶骆驼这件罕见珍品，充分展示了犍陀罗文化的艺术魅力及其对中国和东亚的深远影响，它结合了希腊的"酒神"题材和西域骆驼形象，见证了东亚文明与地中海文明的交流盛况，展现了古丝绸之路交流互鉴的持续性，对于深入研究中西文化交流史具有十分重要的意义。

除了贸易往来的友好"使者"——丝路骆驼，丝绸之路上胡人骑马商旅的形象也十分常见。唐朝帝王墓和陪葬墓中出土了大量的胡人牵马俑和骑马俑。1966年，西安市莲湖区出土了一件珍贵的国宝级文物——三彩腾空马，目前被收藏于西安博物院。这件文物包括了胡人骑马俑和疾驰的马两个部分，尺寸为长52厘米，高38厘米。其制造工艺高超，线条流畅，釉色细腻，呈现出沉稳优美的形态。唐三彩腾空马中的胡人少年昂首挺胸，端坐马背。头发中分梳耳后，两发髻相盘结，面部轮廓丰满清晰，高鼻深目，露出自信的笑容。少年驾骑骏马，手扬鞭落，策马飞奔，兴奋之情如同"春风得意马蹄疾，一日看尽长安花"。骏马四蹄张开，腾空飞奔，颈上鬃毛直立，真实再现了丝绸之路上西域胡人急奔长安的生动形象。少年通身施蓝色釉，马通体以褐黄釉为主，马鞍之后有白、绿、黄三色相间的囊袋，胎釉结合紧密，釉面光洁鲜亮（图3-5-22）。

图 3-5-22　唐三彩腾空马

马是唐三彩动物俑中塑造最为传神的一种，喜爱骏马是唐人的传统，在石刻、陶瓷、绘画等艺术形式中皆可看到唐代骏马的形象。制陶工匠们抓住了马的内在精神，以强劲膘肥的外形体现了骏马彪悍勇猛的性格。这件胡人腾空马，以生动活泼的造型、鲜亮的釉色、奋发向上的意义成为唐三彩中的精品。以陕西历史博物馆、大唐西市博物馆为例，所藏三彩戴笠帽骑马胡人俑数量众多，形态各异，但均是四蹄着地的形态，所以西安博物院的这件三彩腾空马实属罕见珍品。

（八）史君墓石椁

西安地区出土了一些与昭武九姓有关的墓志，这充分反映了中外文化交流的状况。汉文史籍称其原住祁连山北昭武城（今甘肃临泽），后被匈奴击走，西迁中亚河中地区，支庶分王，有康、安、曹、石、米、史、何等九姓，皆氏昭武，故称昭武九姓。昭武九姓人除了在唐经商从事贸易，还能在朝廷中担任某种职务。

大型文物史君墓石椁，于2003年在西安市未央区出土，长246厘米，宽155厘米，高158厘米，收藏于西安博物院。石椁整体为中国传统歇山顶殿堂式建筑，四壁均有浮雕。西、北、东三面按顺时针方向依次排列的11幅浮雕场景，推测应是表现史君的出生与成长、史君夫妇的日常生活与死亡等内容（图3-5-23）。

图3-5-23 史君墓石椁

墓主史君是北周凉州萨保，粟特人。石椁四壁浮雕内容和风格皆带有鲜明的西域特色，壁上刻有四臂守护神、祆神、狩猎、宴饮、出行、商队、祭祀等题材的图案，石椁门楣上则用汉文和粟特文刻着墓主墓志。史君墓的发现意义重大，是继西安北郊粟特人聚集地的康业墓、安伽墓等有关中西文化交流的又一重大发现。史君墓石椁上的图像内容丰富多彩，涉及了汉文化和祆教等诸多内容，为研究丝绸之路提供了异常珍贵、丰富的文字和实物资料。

（九）丝路古币

西安大唐西市博物馆收藏的古代丝路货币数千枚，其时代从公元前的古中国、古希腊、古罗马、古印度到近代的阿富汗、伊朗、东印度，纵贯数千年。丝路古币在地域上的分布涵盖了欧洲的地中海沿岸、西亚、中亚、南亚以及阿拉伯和印度半岛，还有丝路东方的中国，横跨数万里。它以时间为纵轴、以地域为横轴，串起了"丝绸之路"沿线各国、各地区、各历史时期的人文背景，展现了沿"丝绸之路"地区不同历史时期丰富多彩的货币文化，同时描绘了这一历史线路的辉煌历程。随着丝绸之路贸易活动的蓬勃发展，通行的货币不仅有助于促进东西方之间的贸易，还促进了沿线各国经济、文化和友好关系的繁荣。这些分属不同时代、不同国家和地区的货币，承载着其时其地的厚重历史，展现着不同的地域文化风貌、丰富的艺术和审美理念，弥补着文献记载的缺失，对加速商贸交流、促进文化融合、增进人民友谊发挥了巨大的作用，向后人们叙述着那些鲜为人知的丝路故事。

古中亚是古希腊文化、伊朗文化、古印度文化和中国汉文化交会之地，是祆教、佛教、基督教、摩尼教的传播乐土。古中亚金属币的特点体现在五大方面。一是材质，以银、铜为主。二是面值，银币多沿用希腊德拉克马制，无面值和重量，不规范的小铜币较多。三是钱文，正面图像主要是王像或神像，背面为王像或神像或动物图纹，还有多种徽记。四是文字，文字类型多，变形严重，币面常出现两种或三种币文。五是币形，多为不规则圆形，还有较多方形。

丝绸之路上，西亚、中东地区的通用货币多为安息货币和萨珊银币。安息王朝钱币为圆形，以金银为主，以德拉克马为计量单位。其钱币形制仍是希腊式，正面是面朝左的国王头像，早期王像头戴风帽，后改为佩戴发帻装饰；背面正中为牧人持弓像，周边铭文多为希腊文。安息钱币制作精巧，华丽细致，每逢新王登基或喜庆之时，会按王像打造新币（图3-5-24）。

图 3-5-24 波斯（萨珊）银币（公元 226—651 年）

米特里达梯二世币，是安息王国的钱币，现收藏于大唐西市博物馆。钱币正面是安息王朝的国王米特里达梯二世（公元前 124 年—公元前 87 年）。安息帝国也称帕提亚帝国，公元前后的中叶时期，帕提亚王室的实力逐渐减弱，最终在公元 226 年被兴起的萨珊家族领袖阿尔达希尔推翻。安息王国制造货币的技巧极其熟练，其中印有安息国王米特拉达梯二世肖像的货币头像尤显惟妙惟肖，成了安息王国货币的代表作之一（图 3-5-25）。

图 3-5-25 米特里达梯二世币

大唐西市博物馆收藏的古币除了西亚、中东地区的波斯金银币、阿拉伯金币，还有罕见的罗马金银和少量铜币，它们是中国同古罗马经济交流的实证。罗马金银币正面为当时皇帝的正面像，铭文中包含皇帝的名字，背面多为胜利女神像，其正反面均有图像及文字。

公元前 2 世纪，时值西汉武帝时期，使臣张骞奉命出使西域，开启了东西方文化交流与融合的局面。中国与罗马最早的交流始于东汉和帝时期，两国贸易往来主要集中在以现今土耳其的伊斯坦布尔为中心的巴尔干半岛及其周边地区。公元 97 年，班超派甘英出使大秦，大秦是古代中国对罗马及近东地区的称呼。拜占庭帝国先后经历的 12 个王朝中，利奥王朝、查士丁尼王朝、希拉克略王朝等的文物在陕西都有出土。例如，希拉克略一世金币，现收藏于大唐西市博物馆。金币正面中间为头戴王冠、肩披铠甲的国王希拉克略像，周边有铭文（图3-5-26）。

图 3-5-26　希拉克略一世金币

第四章　汉唐西域文学研究

本章主题为汉唐西域文学研究，包括汉唐西域文化与文学传播概述、汉唐宗教文化及传播研究、粟特文书与突厥碑铭文、唐昭武九姓诗人作品与西域乐舞诗四部分。

第一节　汉唐西域文化与文学传播概述

一、西域及西域文化相关概念

（一）西域的概念

古代所称的"西域"，是指自中国往西方延伸的一片地区，其具体范围并未明确界定。《大唐西域记》记述了玄奘亲历印度、巴基斯坦、孟加拉国、尼泊尔、斯里兰卡、阿富汗、伊朗和阿拉伯等地的丰富细节，其中也包括现今新疆地区的情况。一般来说，西域被用来指代新疆地区。根据《汉书·西域传》的描述，所谓的西域指的是汉朝境内的玉门关及其以西地区的一个统称。张骞是汉武帝派去开拓西域的第一个使者，随后汉宣帝设立了西域都护府。唐朝在西域设立了安西和北庭两个州的守护。自此之后，中原地区和狭义西域地区在政治、经济和文化领域都有着密不可分的联系。任何一个王朝都把西域视为故土，行使着对该地区的管辖权。19 世纪末之后，"西域"一名渐废弃不用。

西域文化的根源追溯起来十分复杂，一说源自印度及其周边南亚国家，也有说源自伊朗，即古代中国历史中所提到的波斯，还有说源自阿拉伯国家，即古代历史中提到的大食。因其独特的地理位置和历史变迁，西域成为中国、印度、波斯和西亚四大古代文明的交织荟萃之地，广泛吸收世界各国、各民族的优秀文化，最终形成了具有独特魅力的、复杂神秘的"西域文化"，这是一种富含多样地理风貌、丰富风土人情、多民族文化、丝路奇景和物华天宝的多元、多维度并存的文化。

（二）中土之西域元素

1. 竞技

在滔滔历史长河画卷中，许多建功立业、驰骋疆场的英雄人物均离不开宝马良驹的烘托助力。在古代，不论帝王将相还是寻常百姓，他们都对马情有独钟。据史实记载，马是由西域小国的商队经丝绸之路贩运至中原地区的。7世纪，唐玄奘记，龟兹龙池"诸龙易形，交合牝马，遂生龙驹"（《大唐西域记·卷一 三十四国》）。李白《天马歌》曰："天马来出月氏窟，背为虎文龙翼骨"。传闻乌孙双翼被视为汉王朝最早驯养的天马。大宛马被确认为汉武帝时期产自锡尔河流域的优质品种马。"汗血马"一词可以指代大宛马和波斯诸王所骑乘的尼萨马，这两种马都属于同一品种。长久以来，汗血马一直是备受中国人民爱戴的生灵，饱含着浓郁的中华文化底蕴。《史记》中曾记载汗血马的存在，作者描述大宛地区马匹数量众多，有些马甚至会流出汗血。汉武帝赞扬此马"卓越非凡"。元朝时，汗血马成了成吉思汗的坐骑，它们在战场上表现出色，为蒙古大军立下了众多功勋。

在中国古代，马球、蹴鞠和捶丸被誉为"三大球"。马球运动最初传入中原时，主要用于培训骑兵。因为当时的领导者大力支持，所以马球运动在唐朝广受欢迎，成了备受推崇的赛事活动。唐代宫廷中马球活动盛行，同时还兴建了专门的马球场地。在唐长安大明宫含光殿遗址中发现的一块石志上面刻有"含光殿及球场等，大唐大和辛亥乙未年建"的字样。这表明，在修建皇宫殿宇的同时，也建造了马球场。在唐朝，马球曾经是一项备受欢迎的"马上高尔夫运动"。

中亚的马球比赛流行至今，已经在俄罗斯东部的各个民族中渐渐流行起来。除了中亚地区之外，马球的流行区域还包括亚美尼亚、阿塞拜疆、阿富汗和伊朗等国家。在阿拉伯语中也出现了引用维吾尔语中的"乔杆"的波斯语，因此断言马球运动是由中原地区传入西方的说法并不准确。中原地区并非以畜牧业为主要经济基础，因此该地不是马匹的产地，也不是马所需草料等饲料的重要来源地。实际上，马球运动是从北疆草原传入内地的。中国汉文历史文献显示，在春秋时期以前的经典中，尚未出现"骑"的字眼。直到唐朝以后，才开始出现有关马球的记载。随着时间的推移，11世纪时马球运动因非汉族传统项目而逐渐被人们所忽视。

2. 物产

古代的斯里兰卡岛被称为"狮子国"，据记载当地居民善养狮子。"狮子"这个词最初作为动物名称是从波斯传入中国的。开元末年，西方国家向唐朝进献了一只狮子。公元622年四月，叶护可汗派遣使者献上了一张狮子皮。公元635年，唐太宗得到了康国朝贡的一只狮子，并委托虞世南用文学之美来赞美这只狮子，《狮子赋》由此被创作。在显庆二年（公元657年）和开元七年（公元719年），吐火罗曾三次向唐朝进贡狮子。画家李伯时以"白描画"的形式，创作了于阗贡狮的画作。

龟兹每逢重大节日便有斗驼戏，岑参《酒泉太守席上醉后作》诗云："琵琶长笛曲相和，羌儿胡雏齐唱歌。浑炙犁牛烹野驼，交河美酒归叵罗。"汉和帝永元十三年（公元101年），安息国献上了一种吐火罗的鸵鸟，这种鸵鸟被波斯人称为骆驼鸟。公元620年武德年间，突厥使臣献上了一只条枝巨鸟。公元650年永徽元年，吐火罗献上了一只鼓翅鸵鸟，唐高宗将之供奉在唐太宗的陵墓前。元和十一年（公元816年），回鹘向唐朝贡献骆驼。开元五年（公元717年），于阗、突骑施使团向唐朝贡献骆驼，高仙芝在石国得到大批骆驼。波斯犬被献上后，罗马狗也开始在唐朝长安开始出现。在天宝十二年（公元753年），花剌子模的代表穿越西域携带着波斯产的紫色鹿皮进入了长安。

3世纪时，中亚把棉花传到了中原地区，到了6世纪，中国的突厥斯坦地区已经开始种植棉花。西域高昌的棉花因其独特的品质而在唐代驰名。当地居民耕种棉花、纺织纱线、制作布匹，而后将其运往唐朝境内。到了中世纪，中亚和西亚生产的羊毛也在唐朝享有盛誉。公元719年，安国派遣使者到达唐朝，并携带着大量贡品，其中包含了郁金香、石蜜以及彩色羊毛地毯。8世纪，突骑施、米国、史国的君主贡献"舞筵"（大羊毛毯）给长安。天宝九年（公元750年），"火毛"（石棉）、"绣舞筵"（彩色长毛毯）经丝绸之路东行运入长安。

汉代前，西瓜、葡萄由中亚花剌子模等地传入西域。汉朝，张骞通西域将葡萄种子引入敦煌。据《博物志》所载，西域地区出产一种葡萄酒，可长时间保存而不会腐败。据说，这种酒可以存放十年，喝醉后数日才能醒来。3—4世纪，葡萄酒已被引入中原地区，河西走廊地区已经有了西凉酒和燕姬葡萄酒。9世纪，长安地区引进了高昌地区的马乳葡萄。唐代诗人刘禹锡在其《葡萄歌（一作薄桃）》中也描绘了晋地移种的凉州葡萄与马乳葡萄制作的葡萄酒："野田生葡萄，缠绕一枝高。移来碧墀下，张王日日高……马乳带轻霜，龙鳞曜初旭……自言我晋人，种此如种玉。酿之成美酒，令人饮不足。"一时间，饮葡萄美酒，颂饮酒之诗，成了唐代文人雅士生活中一道亮丽的风景。例如唐朝王翰《凉州词》："葡萄美酒夜光杯，欲饮琵琶马上催。"因此，皇帝也会发布法令，要求高昌每年向朝廷进贡各式葡萄及葡萄酒。长安禁苑中开始出现移植葡萄园。例如韩愈《题张十一旅舍三咏葡萄》："新茎未遍半犹枯，高架支离倒复扶。若欲满盘堆马乳，莫辞添竹引龙须。"杜甫《寓目》："一县蒲萄熟，秋山苜蓿多。关云常带雨，塞水不成河。羌女轻烽燧，胡儿制骆驼。"葡萄和苜蓿都是张骞从外地引入汉地的作物，羌族女性和胡儿互相对应，诗中情景应该发生在西域、凉州或敦煌。

品酒少不了各类精致的酒器。唐永泰公主墓的前墓室东壁上，就绘有一个手捧波斯风格高足杯的侍女。在西方高足杯通常用于盛放葡萄酒，而在整个永泰公主墓的壁画中它多次出现，足以证明葡萄酒在唐代贵族中广为流行。胡人酒馆中最令人印象深刻的当数那些貌美如花的胡姬。在唐诗中，描写她们的笔墨十分生动。胡姬酒馆中的酒具也充满异域风格。这些西域元素是唐代酒文化的基石，展示了唐代文化的丰富多彩。

在唐初时期，唐朝的势力范围延伸至波斯和突厥地区。当时的唐人除了对葡萄和葡萄酒有所了解，也日渐开始欣赏古希腊艺术中的葡萄纹样式。这种样式开始蔓延到各种以葡萄为装饰的器物中，多见于唐镜和织锦。瑞兽葡萄纹铜镜，便是当时流行的最具特色的新镜类之一。何家村遗宝之一的葡萄花鸟纹银香囊和西安博物院藏品之一的唐代金背瑞兽葡萄纹铜镜都属于该类镜形。中国传统的花鸟、瑞兽纹饰和从西方传入的葡萄纹巧妙地结合在一起，花鸟之灵动、兽之奔跃、禽之飞舞，共同组成了活泼、开放、富于变化和具有神秘色彩的装饰图案。

3. 胡风

唐朝是一个流光溢彩的王朝，其多姿多彩正体现在对各民族文化和音乐海纳百川的气度上。音乐、乐手和曲目的记谱法从西方经丝绸之路传到了唐朝。在古代，西域国家把一些曲式、乐曲和乐器进献给朝廷作为"土贡"，如龟兹乐、疏勒乐等乐声随着丝绸之路上的骆驼铃声一同传来。隋朝热衷于欣赏西域音乐的风气一直延续到唐代，而在唐代还引进了高昌乐。突厥富有雄浑风格的乐器（其中包括匈奴三弦琴、大号、鼓和钹）传入唐朝之后，便被用于宫廷举行的庆典和胜利归来的仪式中。在敦煌，还发现了用弦线标记乐谱来书写古代琵琶曲的方式。唐朝时期，西域地区如龟兹、高昌、疏勒、安国（即安息、布哈拉）、康国（即撒马尔罕）和天竺的音乐也被保留了下来。胡琴成了唐代管弦乐器的重要组成部分，它包含木管乐器，如横笛和筚篥等。打击乐器也在唐朝开始流行，包括钹、羯鼓和大鼓。唐朝琵琶和古筝在低音方面的演奏方式是从龟兹传入的。当时的唐玄宗擅长演奏羯鼓，同时也在皇家梨园中支持胡乐的发展。《霓裳羽衣曲》是唐玄宗根据西域《婆罗门曲》改写的，杨贵妃及安禄山还会随之大跳胡旋舞。

当时长安和洛阳的教坊是民间传播上层社会音乐的主要机构。唐朝的宫廷演奏中大量吸收了西域管弦乐，并将之与汉乐融为一体，盛传于贵族和市民阶层。例如，唐朝诗人王建在《凉州行》中描述："城头山鸡鸣角角，洛阳家家学胡乐。"从中可以看出唐太宗时期奉行开朗的民族融合政策，研习胡乐已经成为当时的一种时尚。各西域国家纷纷尊崇唐太宗，北方各族和西域领袖前往长安，视他为各族的天可汗。

根据西方学者的描述，唐朝所引入的外来音乐可以分为三种：一种是古伊朗音乐，以于阗为中心；另一种是吐火罗音乐，以龟兹为中心；还有一种是粟特音乐，以康国为中心。于阗的笛子演奏者、龟兹的曲子创作者、塔什干的舞者，以及帕米尔、石国、史国、曹国、米国、穆国的音乐家所做出的贡献，丰富了中原地区的音乐文化。唐朝皇宫里的音乐团队中，许多出色的音乐家来自河中地区和东突厥斯坦地区，另外还有来自安国的音乐家、康国的横笛演奏家以及来自龟兹的音乐家。西域音乐对唐朝文化产生了深远的影响，尤其是龟兹乐中的鼓舞曲，它因雅俗共赏的特点而备受唐人推崇，并成为当时流传广泛的乐曲之一。西域音乐文化是汉唐诗赋的一大重要题材，其中最为常见的是演奏胡乐的乐器。例如，备受赞赏的龟兹乐器，以其四弦曲项琵琶最受重视。岑参《白雪歌送武判官归京》中写道："中军置酒饮归客，胡琴琵琶与羌笛。"可见除琵琶外，羌笛也是常见元素之一。羌笛在汉朝时流入中国，与其他乐器不同的是，羌笛常作为边关将士战余用来消遣娱乐的解压工具。

　　长安人非常喜爱汉代时从西域传入的舞蹈。西域舞蹈的速度快，舞姿优美而富有力量感，常常会使用跳跃和翻转动作，营造出充满活力和热情的氛围。在唐朝的长安城中，人们喜欢跳健舞、软舞、文舞、花舞蹈和马舞蹈等。健身舞中广泛运用了西方舞曲的元素，如阿连、柘枝、胡旋以及胡腾等。石国男子着波斯装窄袖衣、戴尖顶高耸帽旋转跳跃胡腾舞，康国、史国和米国的粟特女子习惯在一块小小的圆形毯子上跳胡旋舞，身姿飘逸，双脚不断交替着踏着毯子，如狂风骤起，正是"人间物类无可比，奔车轮缓旋风迟"。唐人最喜欢的中亚软舞为《春莺啭》和《苏合香》。长安著名的西域乐舞有《醉胡乐》《打毬乐》和《破阵乐》。除了西域乐舞，7世纪时突厥人也将牵线木偶带入了长安，而在8世纪，中亚的琴师也在唐朝受到了热烈的欢迎。随着陆路丝绸之路的不断发展，西域的音乐、服装和食品也越来越受到中原地区的青睐，唐朝全国上下都被西域文化所深深吸引，并逐渐形成了一种西域化的社会风尚。唐朝时期，元稹以《和李校书新题乐府十二首·法曲》中的诗句"女为胡妇学胡妆，伎进胡音务胡乐"描绘了胡服、胡乐风气在唐代逐渐流行的一大社会现象。

　　从西安史料和出土的俑像和壁画来看，大批乐师和伎乐在大唐长安安居乐业、各展才华。西安唐墓中大量出土了丰富多样的三彩骆驼和满脸络腮的胡俑，这不禁让人联想起当年丝绸之路上驼铃叮当、大漠落日的情景。

二、唐代西域文化传播中的胡姬形象

　　在唐代，政治、经济、文化都处于蓬勃发展的状态。文化的包容性和广泛性非常强，西域和中原文化之间的交流十分频繁。唐代为西域文化的发展提供了更多的交流机会和平台。在丝绸之路繁荣的时期，许多西域族人来到中原地区，使汉族人民在贸易、迁徙等方面变得更加便利。其中，胡姬以她们独特的地域特色影响了中原地区的文化、服装和生活方式。胡姬所带来的异域舞蹈、歌曲逐渐深入了民间生活，成为人们竞相效仿的对象。唐代文人也受到其影响，创作了许多描写胡姬的诗作。此外，胡姬所带来的美酒、舞蹈等也在唐代诗歌中得到了体现，成了当时社会生活中不可或缺的一部分。

　　长安西市中的许多酒馆里有胡姬唱歌、跳舞来增添热闹气氛。王绩、张祜、李白等文人学士常常光顾这些酒家，他们的诗作中经常提到"酒家胡"和"胡姬"。

所谓酒家胡，指的就是那些在酒家当垆侍酒的胡姬。例如，王绩在《过酒家》中说道："有客须教饮，无钱可别沽。来时长道赊，惭愧酒家胡。"而张祜则在《横吹曲辞·白鼻騧》说："为底胡姬酒，长来白鼻騧。"这些唐诗都展现了文人墨客对胡姬的钟爱之情。胡姬最初因其美丽的外貌而备受瞩目，随着时间的推移，她们成了当时独具特色的文化风情的代表。胡姬的形象促进了唐代文化和西域异族文化之间的接触与融合，这一进程体现出了人文艺术对文化的渗透和影响。唐代文化逐步吸收了西域的生活方式，同时西域的文化特色也逐渐融入唐代历史文化的主流。胡姬在这个过程中既是社会生活和文学艺术的传播者，同时也是促进不同民族融合的重要推动力量。

（一）形象溯源

在辛延年的《羽林郎》中，首次出现了西域异族女子"胡姬"的形象，"胡姬年十五，春日独当垆。长裙连理带，广袖合欢襦"。在诗中，胡姬年轻美丽，穿着当时流行的长袍和宽袖子，以及合欢短袄。她们的姿态优雅，神采奕奕。

唐朝时期，中外文化之间的交流十分密切。胡姬作为中亚地区商人进献给权势贵族的礼物，她们安居在唐代都城长安，为当时想要饮酒作乐的文人群体充当侍女。这些来自西域的女子凭借出色的舞艺和唱歌技巧为唐代都城注入了新鲜的活力和热情。胡姬在长安地区广受欢迎，这反映了大唐文化具有多元交流、融合的特征。

（二）胡姬形象

胡姬的面容颇具魅力，她们深邃的眉眼是一种美丽的胡女标志。唐代文人观察到她们的容貌华丽动人、自然天成且别具一格，因此他们在唐代诗歌中将其描述为明亮美丽、自由自在的女性。李贺在《龙夜吟》中写道："鬈发胡儿眼睛绿，高楼夜静吹横竹。"李白在《前有一樽酒行二首》中描述："胡姬貌如花，当垆笑春风。笑春风，舞罗衣，君今不醉欲安归？"在张祜的《横吹曲辞·白鼻騧》一诗中，有"为底胡姬酒，长来白鼻騧。摘莲抛水上，郎意在浮花"这样的描述。胡姬在诗中被描绘得多情且具有诗意，美丽而富有才艺。她们的容颜和举止无意中唤起人们的怜惜和爱慕之情。在陕西省历史博物馆所收藏的壁画中，描绘了妆容浓重且不加点缀的胡姬，展现出了她们优雅飘逸的身姿，这种独特而美丽的形象成了唐代异域女性文化的象征。

胡姬的美不同于传统意义上的"窈窕淑女"，而是带有独特的"异域风情"。透过胡姬，可以领略到西域美酒、羌笛、乐舞和胡音。唐朝人向往胡人的英勇豪气和自由大方的精神，而胡姬刚好可以让他们一展坦荡狂放之姿。李白在《少年行二首》诗中描述了一幅美丽的画面："五陵年少金市东，银鞍白马度春风。落花踏尽游何处，笑入胡姬酒肆中。"这些词汇的组合表现出诗人豁达随性的情感。

（三）价值意义

1. 文学价值

专门从事乐师的胡姬为了使自身的技艺更加精湛，对曲调和诗词进行了潜心钻研。这极大地激发了唐代文人的创作热情，他们纷纷去酒肆教坊中寻找灵感。胡姬被描绘成一种"他者"的形象，反映了唐代文人的心理特点。例如，在李白的诗歌中，经常出现"美酒、胡姬、诗"等词语，体现了诗人洒脱自由的情感和对理想人生的追求。在岑参的诗作中，描述了他在胡姬的酒店送别朋友的情景。这首诗的结尾是"莫作东飞伯劳西飞燕"，表达了诗人对人生无奈和失意的感触，通过描写胡姬和美酒来表达他对离别朋友的留恋之情。这种描绘胡姬形象的方式反映了文人内心的情感状态。

综上所述，从一方面来看，胡姬的歌舞激发了一些文人写作的灵感；从另一方面来看，胡姬的形象也被文人视作文学创作的灵感来源之一。一些技艺精湛的胡姬表演也曾引发文人们的新思考。胡姬的美丽和与众不同的个性特征，使得唐代文人作品中的人物形象塑造和想象空间创造得到了丰富和拓宽。

2. 文化传播

胡姬是西域文化艺术的重要代表之一，在唐代受到了广泛欢迎，无论她们从事何种职业，都在不自觉地发挥着传播西域文化的重要作用。唐代胡风文化盛行的原因之一就在于胡姬自身所具有的特点推动了这种风尚的发展。在服饰方面，唐代百姓的审美也受到了影响。胡人的打扮、胡姬中亚风格的妆容和衣着服饰在长安地区成了时尚潮流，这也引起了许多街头百姓争相效仿。例如，元稹在《和李萧书新题乐府十二首·法曲》中是这样描写的："女为胡妇学胡妆，伎进胡音务胡乐。"与此同时，唐朝人也借鉴了胡姬的歌舞文化和生活习惯。例如，在唐代，"十部乐"或"坐部伎"都是非常喧闹的音乐。唐代著名诗人白居易模仿胡人的生活方式，在自家的院子里建造了两个蓝帐篷，用于休憩娱乐。胡姬作为文化使者，将西域独特的风俗传播到了中原地区，并通过其独到的西域特色，成功地影响了当地文化。在胡姬聚集的地方，中原文化和西域文化成功地进行了融合，一种新的社会风尚得以形成。这种融合促进了西域文化和中原文化之间的交流和传播，同时打造了独具特色的文化风格，成为唐代文化的重要组成部分。

3. 民族融合

胡姬作为来自西域的文化传播使者，为促进中原文化和西域文化间的交流架起了一座桥梁，其形象在促进文化融合的过程中扮演了传播媒介的角色。

在盛唐时期，胡风文化十分流行。当时，唐代社会在艺术、社会风俗以及审美观念等方面都受到了西域文化的影响，这种影响或多或少地渗透了中原文化中。胡姬形象的深入则象征着唐代中原文化和西域文化从相互排斥到相互融合的过程。这种融合过程并没有伴随着惨烈的战争，也没有强迫人们改变宗教信仰。相反，这种融合过程是通过人文艺术和文明文化的渗透实现的，这些渗透造成了社会风貌的变革。同时，这种融合过程的意义既广泛又深刻。

三、丝绸之路叙事文学

（一）汉唐时期丝绸之路上的叙事文学

丝绸之路上的叙事文学，指的是自古以来长期在西域少数民族人民口中创作和流传的长篇韵文作品。从广义上讲，它包括英雄叙事诗、叙事性的民歌，甚至韵文体的神话作品。它们大多以塑造人物形象为中心，篇幅比较长，具有完整的故事情节，反映了西域古代社会中的各族人民的生活与社会矛盾冲突。它们往往具有较强的现实性和写实性。从狭义上讲，它不包括英雄史诗，而主要指反映西域人民爱情、婚姻题材的叙事诗，宗教题材、历史传奇题材的叙事诗以及其他类型的叙事诗。作品反映的时间大多选自奴隶社会末期与整个封建社会时期。

西域民族叙事文学真实地展现了西域社会的生活状况。相对于作家文学而言，民族叙事文学更加贴近民族生活的自然本色。西域民族的生活方式、个性特征以及心理素质都在其叙事文学中有生动形象的体现。在西域文学家出现以前，叙述文学已经为其埋下了伏笔，做好了相应的准备。例如，语言层面的准备：叙事诗、民间歌谣和史诗等作品的语言为诗人的创作提供了范例；体裁层面的准备：

神话、故事、传说和诗歌等体裁，为作家创作小说、诗歌和戏剧提供了多种多样的表现方式；题材层面的准备：西域民族叙事文学中涵盖了各种各样的场景和情节，为文学家提供了十分宝贵的素材。

（二）汉唐时期丝绸之路叙事文学的特点

1. 民族性

丝路叙事文学的基本特征之一就是具有鲜明的民族特色。古代，在丝绸之路的中部和西部地区，有许多不同的族群聚居在一起。这些族群赋予了他们代代相传的民间叙事文学以独特的表现内容，并使之展现出他们独特的生产生活方式和历史传统。从一定程度上来说，这些民族的后代正是通过"口传历史"来了解并认同自己民族的历史和现实情况。例如，通过作品《骑黄骠马的坎德拜》《乌古斯可汗的传说》和《迁徙歌》等，各个民族向后代传承了自己独特的文化和历史。这些作品描绘了他们的祖先和英雄的故事，并突出了各自民族的独特性。

在丝路民族民间叙事文学中，生动的生活场景和独特的民族文化习俗是展示该民族特征的不可或缺的重要元素。每个民族都拥有独特的文化传统、历史背景和心理素质，这些均体现在其宗教信仰、道德观念、风俗习惯、庆典仪式、服饰和饮食文化等方面。这些元素也常常在该民族的宗教民间叙事文学中得到反复的展现。在叙事文学作品中，塑造民族著名历史人物和描绘民族英雄的性格，可以说是最能深刻体现民族性的写作手段。

2. 复杂性

随着丝路的不断发展，沿途的社会和民族的历史也在不断地发生着演变，进而导致民间文学的创作和传播变得更加复杂。翻开丝路沿途民族的历史就会发现，民族间、氏族部落间的战争连年不断，其中包括为求民族发展争夺土地与财富的战争，南征北战的兼并、掠夺战争，也包括求取民族生存、反抗异族侵略的反侵略战争。受到地理自然条件恶劣、政治、历史和社会等多重因素的影响，一些民族经历了漫长而艰苦的迁徙。在民族大迁徙和大规模战争的历史背景下，丝绸之路沿途的许多民族均产生了民间叙事文学。这些文学作品在民族生死存亡的关头应运而生，并且与之前流传下来的民间叙事文学不同，它们表现出更加复杂多样的形态。

3. 集体性和口头性

丝路民族民间叙事文学是一种独特的文学形式，它是由各民族人民集体创作的，蕴含着集体的智慧和创造力。从创作的角度来看，丝路民族民间叙事文学作品中的神话、叙事长诗、史诗、民歌等作品，都是集体创作的成果。这些作品没有特定的个人创作者，也没有个人著作权的标明，完全是由群体的才智汇聚而成的。从传承方法的角度来看，这些民间叙事文学作品是由整个社群共同创作的，因此没有固定的传承方式。故事随着讲述者口耳相承，因客观实际的变化、需求和讲述者的个人意愿和思想情感，不断进行着演变和调整，最终形成了由集体修改和传播的传承方式。比如，柯尔克孜族的史诗《玛纳斯》，它的创作和流传就是在柯尔克孜族所有部落成员之间进行的。

集体性和丝路民族民间叙事文学的口头性是密切相关的，因为集体性是口头性的前提，两者相辅相成。在阅读丝路民族民间叙事文学作品时，可以发现无论是以散文形式表述的传说、神话、故事，还是以长诗、叙事诗和民歌的形式呈现的史诗，它们都采用了一种朴素而栩栩如生的口语化风格。在这类作品中，人物形象栩栩如生，事件的叙述和场景的描绘非常自然而不做作，没有那种刻意追求文学效果的感觉。同时，其中还巧妙地融入了很多生活化的口语和方言，使作品更加贴近日常生活。这样的作品采用了民间口语作为创作媒介，并依靠民族团体的口传形式代代相传，既不用文字书写，又不失其语言艺术与文化传承的特点。也正是由于这个原因，丝路民族叙事文学中的那些引人入胜的故事、不可思议的神话、美妙动人的民歌以及宏大壮观的史诗等，在没有文字的漫长时期里，依靠着易于记忆、易于传唱、易于理解的民族语言，得以完整保留并延续至今。

第二节　汉唐宗教文化及传播研究

一、汉朝时期的宗教文化传播

（一）佛教的传入

在文化交往中，僧人及佛教占有重要地位。一般认为佛教于东汉明帝永平十年（公元67年）传入我国。公元67年，蔡愔等人于大月氏国遇到迦叶摩腾（又叫摄摩腾）、竺法兰两位法师，就请他们回国弘法。一行人就用白马驮着佛像、佛经，返回首都洛阳。汉明帝特意建立精舍安置两位法师，精舍即是白马寺，当时"寺"是官署名称，如大理寺、太常寺等。白马寺原是安排接待外国宗教人士的机构，后来才慢慢成了僧人所居之处。迦叶摩腾、竺法兰到达洛阳后，就开始译经、度僧。

因为迦叶摩腾与竺法兰一开始被皇家供养在庭院中，所以佛陀规定的僧团必须托钵乞食、住在阿兰若处等极重要的规矩就未能在中国实行。又因为当时同时发心随两位法师出家的人太多，一时间没有那么多染衣，于是从一开始汉传佛教的僧众就未能统一着染衣，以至于发展一段时间后，僧众都穿着长袍。

佛教在中国的传播具有规模宏大、时间悠久等特征，仿佛细雨润物。其传播路线较为多样，主要沿着丝绸之路东进，最早在长安形成传播中心并完成了本土化。从此，中国的佛教文化与丝绸之路上的佛教文化开始了双向的交流和影响。

（二）民间信仰的发展

汉武帝时期，形成了以太一神为首、以五帝为佐，统领着其他日月山川风雨诸神的天神系统。晋代葛洪《抱朴子·内篇·勤求》中云"昔秦汉二代，大兴祈祷，所祭太乙五神，陈宝八神之属，动用牛羊穀帛，钱费亿万，了无所益"[1]，比较真实地反映了秦汉时期官方宗教祭祀的面貌。东汉时期，随着谶纬神学的出现与巫觋活动的炽盛，偶像崇拜更加流行。

汉代民间信仰的繁荣首先体现为民间百姓可信奉神灵数目的急剧增长。概括来说，汉代民间信仰和崇拜的主要是天上众神、地上众神、天地之间众多仙神，以及地下和地上之间的各种神怪等。在神话传说中，天上众神主要包括司命、四灵、牛郎和织女、日月风雨雷云诸气象神；地上众神则不仅包括山川河流之类的自然神，也包括了门神、灶神等。

在先秦两汉时期的思想和信仰中，神仙信仰是非常重要的一部分，其中汉代以西王母作为神仙信仰的主体。除此之外，汉朝人会为有影响力的历史人物或当代的贤臣良吏立祠，并进行祭祀仪式。在汉代，最为普遍的是对当时人物的祭祀仪式。例如，刘章受封城阳王，在他去世后，城阳地区有人传言他拥有神力，遣问祸福立应。因此，在城阳、琅琊、青州、渤海等地，人们为他建了祠庙，并进

---

① 葛洪. 抱朴子 [M]. 上海：上海书店，1986：62.

行祭祀仪式。当时受到祭祀的人物中，地方官员占据了相当大的比重，如上蔡、南阳祭祀召信臣，洛阳祭祀王涣等。

二、唐朝时期的宗教文化传播

（一）佛教的繁荣

开启长安佛典翻译事业之先河的是西晋高僧县摩罗刹，他译经的地点为长安青门外大寺（今西郊敦煌寺），译经一共 165 部。后秦时期，出生龟兹（今新疆库车）的鸠摩罗什在长安创立了第一个国立译经场，即逍遥园一大寺（今草堂寺），开创了中国佛教翻译事业的新局面。鸠摩罗什也因此成了中国佛教史上四大译经家的第一人、中国佛教八宗之祖，他一生翻译佛教典籍共 35 部，包括著名的《金刚经》和《维摩经》。从此以后，历北魏、北周而至隋唐，中国佛教逐渐鼎盛，佛典翻译事业也随之趋于成熟和完善。唐朝时期，佛教得到了空前的繁荣和发展。唐朝统治者高度推崇佛教，他们修建大量佛寺，举行盛大仪式，支持僧侣修行。唐朝长安寺院宝塔之多、高僧大德之高、佛学研习之深、佛事仪式之盛，都是空前绝后、无与伦比的，大批僧人和信徒涌入中国，将佛教经典、教义等文化传播给更多的百姓。

（二）祆教和摩尼教

唐朝时期，统治者为了加强对人民的精神统治，积极提倡各种宗教。当时，随着对外关系的发展，许多外国宗教在中国传播开来。

从波斯传来的有祆教、摩尼教和景教。祆教又名"拜火教"，曾是波斯萨珊王朝的国教，是唐初对流行于中亚和中原地区的琐罗亚斯德教的别称。祆教在 4 世纪初就由粟特人带到中国，在南北朝时期一度十分流行。唐朝以礼待之，因而两京和碛西各州均设有祆祠，最早的祆祠是西京布政坊西南的祆祠。唐政府中则设有萨宝府，是专管祆教的机构。祆教徒来中国并不传教，亦不译经，其教徒只有胡人而没有汉人。唐宋诗词中的"穆护"，即祆教僧人。唐武宗会昌灭佛后，祆教也遭到禁绝，但宋朝时仍在民间传播，宋以后灭绝无记载。唐代长安、洛阳、武威、敦煌等地都设有祆祠。

摩尼教也称"明教"或"明尊教",曾经盛行于伊明、叙利亚、埃及、巴勒斯坦等地。3世纪末起,摩尼教开始东行,进入中亚地区。6世纪,则由丝绸之路传入中国新疆等地。武则天延载元年(公元694年),波斯人拂多诞持摩尼经典《二宗经》来朝,这是摩尼教传入中原之始。回纥助唐平安史之乱时,曾从洛阳携四个摩尼教师回国,摩尼教又传到回纥地区,并成为回纥的国教。大历三年(公元768年),唐代宗准许回纥在长安建摩尼教寺,赐额"大云光明寺",随之摩尼教在长安、洛阳、太原以至南方长江流域传播。之后,唐武宗灭佛,摩尼教也遭到禁绝。此后,摩尼教深入民间广泛传播。其基本教义是男女平等,分财互助,反对儒学、道教和佛教等。后来,摩尼教成为农民起义的组织工具,借以从事秘密活动,如清代白莲教起义,就深受其影响。

(三)景教

景教又称"波斯教""弥施教",是基督教的一个支派。景教起源于今叙利亚,是从希腊正教(东正教)分裂出来的基督教教派,由叙利亚教士君士坦丁堡牧首聂斯托利于公园428—431年创立。其与当时作为罗马帝国国教的基督教正统派分裂后,日渐向东传播,一部分追随者逃至波斯,得到波斯国王保护,成立了独立的教会,流行于中亚。而后经叙利亚人从波斯传入中国新疆,7世纪中叶传入内地。因此,景教初入中国时,其传教士被称为"波斯僧",寺院被称为"波斯寺"。

唐贞观九年(公元635年),景教僧侣阿罗本由丝绸之路将此教传入中国。贞观十二年(公元638年),唐太宗李世民命令长安城中的义宁坊建寺,许阿罗本传教,但教徒多为非汉族民众。从此景教在长安兴盛,并在全国建有十字寺,亦称"景教寺"或"波斯寺"。唐天宝四载(公元745年),唐玄宗下令其改称"大秦寺"。唐肃宗即位后,其信奉者不仅有来华的西域人,也有中国人。公元845年,唐武宗诏令毁天下僧寺后,景教在长安逐渐中断,大秦寺亦毁,但在西域地区依然存在。关于居住长安的景教徒,出土文献中可考的不多。

(四)伊斯兰教

伊斯兰教,旧称"清真教"或"大食法",于公元7世纪中叶通过丝绸之路传入中国。唐高宗永徽二年(公元651年),即唐高宗永徽二年,阿拉伯帝国正式向中国派出第一个使节团,伊斯兰教开始在长安传播开来。唐代兼容并蓄、恢宏大气,广泛接纳了包括伊斯兰教在内的多元文化。大批信奉伊斯兰教的阿拉伯人、波斯人以及中亚人纷纷沿着水路、陆路进入长安,使得伊斯兰教开始在长安广泛传播。

唐玄宗天宝元年(公元 742 年),长安开始兴建清真寺。公元 755 年安史之乱爆发后,大量前来帮助平定安史之乱的穆斯林没有返回故乡,选择留居长安。他们成了中国穆斯林来源的一部分,保持着自己的宗教信仰和生活方式,以清真寺为中心聚居在一起,所住场所称为"蕃坊",长安穆斯林"教坊"的基础由此奠定。为了便于其开展宗教活动,清真寺相继建立,伊斯兰教在长安的最早移植与发展由此开始,保存完好的清真寺则是伊斯兰教在长安传播发展的实证。

8 世纪中叶阿拉伯帝国征服九姓胡国以后,那里的民族改信了伊斯兰教,原信佛教的新疆、西北一带的住民也开始普遍信奉伊斯兰教。唐朝盛世长安政治稳定,经济发达,市场繁荣,吸引了大批来自阿拉伯和波斯的商人。他们在西市、东市开展贸易活动,陆续在长安城定居,并与当地居民交流互动,世代繁衍。

三、汉唐宗教传播与文化艺术

(一)宗教与文化传播

1. 促进东西方文化的融合

汉朝时期佛教从印度传入中国,推动了中印两国之间的文化交流。佛教在传入中国后与当地的宗教、哲学相结合,形成了独特的中国佛教文化。盛唐时,长安发展成了中国佛教宗派向日本、朝鲜、越南、柬埔寨乃至欧美各国传播的发祥地,丰富了东亚地区的宗教文化,并对这些地区的思想、艺术、建筑等方面产生了非常重要的影响。

丝绸之路是一个融合了多元文化的交会点,这里充满了独具特色的艺术元素,它们互相混合而不失原味。例如,中国早期传承的佛教艺术呈现出明显的异域风格,西安现存的石窟佛寺雕像的艺术风格也源于丝绸之路。其中,于阗佛教艺术对长安佛教艺术的影响是最为深远的。此外,外来佛教艺术也一直对长安佛教艺术产生着重要影响,这种影响一直延续到唐朝末期,其原因一是佛教艺术在长安已经达到了巅峰；二是随着丝绸之路的衰败，佛教在中国的影响也开始逐渐减弱。中国佛教艺术以长安佛教为代表，也循着丝路向西传播，对西域的佛教艺术产生了极大的影响。在米兰遗址中，可以发现大量与汉地佛教相关的文化遗产，由此可见中国人对佛教的独特见解在反向影响着佛教的传播地区。

唐朝时期景教的传播推动了中国与西方国家之间的文化交流。尽管基督教在当时并没有产生相当广泛的影响，但来自东正教和景教的传教士仍然将西方的宗教信仰、文化传统等带入了中国，促进了东西方文化的交流。唐朝时期伊斯兰教的传播也对中西文化交流产生了积极影响。阿拉伯和波斯商人的传播活动促进了中亚地区与中国之间的贸易往来和文化交流。伊斯兰教的传播还带入了阿拉伯数字、医药知识等方面的文化成果，为中国古代科学、数学和医学的发展做出了贡献。

从总体上看，丝绸之路是促进东西方多元文化交流的友好路径。在汉唐盛世的背景下，社会经济稳定，使得许多宗教和民间信仰能够得以广泛传播。传统的道教、佛教在这里备受推崇，长安街头遍布佛寺、道观，宗派和理论得到了新的发展。汉代民间信仰的繁荣极大地促进了休闲活动的繁荣与发展。同时，借助丝绸之路的商贸往来，盛唐的宗教文化达到鼎盛，东西方的宗教和文化也得到了进一步的交流与融合。

2. 丰富中国文化的内涵

佛教的传入丰富了中国宗教文化的内涵。佛教注重个体修行，鼓励培养慈悲心、舍弃心，这与中国传统的思想相结合，形成了具有独特特色的中国佛教文化。佛教的传播丰富了中国的宗教信仰体系，深深影响了中国文化的各个领域。神秘主义的宗派以及禅宗的兴起使得中国的宗教文化更加多样化。这些宗派强调个体直接体验、内心觉醒、超越语言的境界。神秘主义的宗派和禅宗的传播丰富了中国的宗教文化内涵，尤其对于艺术、哲学、文学等方面产生了重要影响。佛教对中国文化影响深远，在浩繁的佛教经卷中包含着大量古印度的哲学、文学、逻辑学、语言学，以及自然科学等方面的知识，这一时期的中国文学中新产生的志怪故事，很多引自佛经。唐代新文体中的"变文"，更是以诗歌和散文的形式，直接讲唱佛经故事。

（二）宗教与文化艺术

1. 汉代民间信仰与文化生活

在汉代的民间信仰中，祭祀是一项非常重要的外部表达方式。对于参与者来说，祭祀活动不仅通过歌舞为其带来愉快的休闲感受，与此同时，祭祀结束之后的聚宴也具有别样的吸引力。这类聚宴通常备有美酒佳肴，人们欢聚一堂，品尝美食，畅谈笑语，共享着神圣的盛宴。此种活动不仅是日常生活的一种调剂，同时也可以满足人们的口腹之欲，达到身心放松的效果，进而使人们保持一种休闲、舒适的状态。

汉代的文化思潮有利于百戏的多元化和开放化发展，为其蓬勃发展提供了有力支撑。尽管百戏的影响力已不如从前，但作为一种思想观念，它不会彻底消失，而是会继续在其他方面体现出来。在汉代，人们热衷于休闲娱乐，并对信仰神仙也非常推崇，这些都是当时社会生活的重要组成部分。汉代的象人戏主要分为两种形式：一种是由专业表演者穿着虾、鱼、狮子等面具来扮演角色；另一种则是由表演者扮装成神仙或神兽的形象。汉代对于外来文化所持的态度是开明包容的，这进一步推动了汉朝休闲活动的蓬勃发展。在音乐方面，汉代引进了很多新的乐器与乐曲。在舞蹈方面，汉代也引入了一些新的舞蹈类型，这些舞蹈大部分来自周边的少数民族地区和西域地区。其中，来自西南夷地区的巴渝舞和以胡舞为代表的舞蹈类型是比较突出的代表。与此同时，杂技和幻术表演在汉代也得到了较为丰富的发展。一些新节目，如安息五案、吞刀、吐火节目等从域外引进，并流行于汉代人的休闲娱乐生活中。这一点可由出土的汉代画像砖石资料中大量的与其相关的图像证实。

2. 唐朝艺术与儒释道信仰

自汉迄唐，从印度等西域各国前来长安弘法的高僧人数众多。佛教、道教、儒教的信仰对唐朝的文化艺术产生了深远的影响。遗留至今的古长安泥塑佛像、石雕佛像和佛教壁画无一不是在佛教文化影响下产生的艺术珍品，它们展现出了非凡的艺术魅力。同时，佛教传入中国后，也随之带来了印度、中亚和西亚等地的文化和艺术，这些文化和艺术促进了中外文化的交融，使得唐朝艺术呈现出多元化和开放性的特点。

道家信仰也在唐朝的文学中产生了巨大的影响。道家强调"无为而治"的原则、坚信天地万物的自然本性，促进了唐朝文学对于自然与人类和谐共存的呈现，如陆羽《茶经》中对自然之美的赞扬等。

儒家信仰在唐朝的文化中也占据了重要的地位，儒家注重礼仪、道德和教育等重要领域。唐代儒家文化成果丰硕，如韩愈、柳宗元、白居易等人的著作，深刻地影响着唐朝文化的发展和传承。同时，中国的儒学通过丝绸之路向西传播，对当时的东南亚文化产生了一定的影响。以孔子为代表的儒家文化，以伟大的人文精神——仁道和谐和中庸之道，辐射到周边国家，形成了广大的儒家文化文化圈。

3. 宗教与文化遗产

西安不仅是丝绸之路的起点，也是宗教传播、演变的节点。既是印度佛教的传播地，还是道教、伊斯兰教以及西方基督教汇聚、发展、衍生宗派的圣地。西安的名山古寺、道教宫观四处林立，这些宗教建筑遗存以其恢宏的气势、独特的风格、高超的艺术价值和文物价值，展现着西安曾经辉煌灿烂的宗教文化风采。

佛教、道教、伊斯兰教、景教、祆教、摩尼教各种宗教和平共处，不仅充分展现了唐长安的开放包容、海纳百川的恢宏大气，还体现了多元宗教文化交流的丝路精神，对当时的中国乃至东亚其他国家的宗教发展都产生了深远的影响。

（1）佛教、道教建筑

佛教是唐长安城第一大宗教，唐长安城内外有一百多座名寺，高僧云集，形成了众多教派。西安现存众多历史价值很高的寺、塔等佛教建筑。最著名的应算各个宗派的祖庭和相关寺院，数量较多，保存完好，如草堂寺、至相寺、华严寺、大慈恩寺、兴教寺、大兴善寺、青龙寺、大荐福寺等。此外，还有唐代两处佛教灵境，即位于扶风县的法门寺和终南山的南五台，以及译经场所在的寺院。

①佛教寺院

兴教寺（图4-2-1），又称"大唐护国兴教寺"，是唐代樊川八大寺之首，也是玄奘法师的长眠之地，为中国"佛教八宗"之一的法相宗（又称唯识宗、慈恩宗）的祖庭之一，位于陕西省西安市长安区杜曲街道境内，城南约20千米处的少陵原畔，唐肃宗题"兴教"二字。兴教寺的建筑群包括大雄宝殿、藏经阁、钟楼、鼓楼、天殿、观音殿等寺庙建筑。其中，大雄宝殿是兴教寺的主殿，也是寺庙内最庄严的建筑之一。如今的兴教寺，在大雄宝殿中供奉着元代铸造的释迦牟尼坐像，寺庙内民国时修建的钟鼓楼东西相对，寺中西跨院玄奘法师和弟子圆测、窥基的三座舍利塔已经矗立了 1300 多年，几度枯荣，历经沧桑。

图 4-2-1　兴教寺

大兴善寺（图 4-2-2）是"佛教八宗"之一的密宗的祖庭，是隋唐皇家寺院，也是帝都长安的三大译经场之一，位于长安城东靖善坊内（今陕西省西安市小寨兴善寺西街）。大兴善寺始建于晋武帝泰始二年（公元 266 年），原名"遵善寺"，已有 1700 余年历史，是西安现存历史最悠久的佛寺之一。隋文帝开皇年间扩建西安城为大兴城，所建之寺占城内靖善坊一坊之地，取城名"大兴"二字，又取坊名"善"字，赐名大兴善寺，寺名沿用至今。

图 4-2-2　大兴善寺

位于唐长安城晋昌坊（今陕西省西安市南）的大慈恩寺（图 4-2-3），是中国"佛教八宗"之一的唯识宗（又称法相宗、俱舍宗、慈恩宗）的祖庭，同时也是唐长安三大译场之一。该寺历史悠久，已有超过 1350 年的历史。大慈恩寺是唐朝时期长安城内最著名、最壮观的佛教寺庙，由李唐皇室下旨修建。贞观二十二年（公元 648 年），文德皇后长孙氏逝世后，太子李治为了纪念她而建立了慈恩寺。玄奘曾在慈恩寺主持寺务，负责管理佛经翻译工作，并成为唯识宗的创始人之一，该寺也成了唯识宗的起源地。与此同时，大慈恩寺内的大雁塔是由玄奘亲自监修，因此大慈恩寺在中国佛教史上的地位十分显赫，一直以来备受国内外佛教界的关注和重视。

图 4-2-3　大慈恩寺

②道教道观

朝元阁位于陕西省西安市临潼区骊山（西绣岭第三峰峰顶北端），是隋唐华清宫的一部分，也是唐朝皇帝的家庙。唐王朝崇奉道教，传说玄宗天宝七年（公元 748 年）玄元皇帝（老子）见于朝元阁，故而改名"降圣阁"。经考古发现，朝元阁是一组结构复杂的大型建筑，应该至少有三层屋檐，是盛唐皇家建筑设计最高水平的代表，也是当前发现的唯一一个唐代的高台建筑遗址。

万寿八仙宫，简称"八仙宫"，最早名为"八仙庵"，是西安最大、最著名的道教观院，位于西安市东关长乐坊，系唐兴庆宫局部故址，是道教主流全真派十方丛林。八仙宫风格古朴，布局紧凑，庄严雄伟，院落雅洁，环境优美，奇花异草，古树参天。由山门至后殿分三进，钟、鼓二楼分列左右，东西两侧殿堂自成院落，称东跨院、西跨院。其中轴线上有灵官殿、八仙殿、斗姥殿；东跨院分别有吕祖殿、药王殿及太白殿；西跨院有丘祖殿和宫内住持住房等。有东西两跨院，宫内另有风景幽雅的西花园。整个建筑错落有致，蔚为壮观。

楼观台，又称"说经台"，位于陕西省周至县城东南 15 千米的终南山北麓，是道教文化的发祥地，也是我国著名的道教圣地，素有"天下第一福地"和"仙都"之称。楼观台名胜风景规划区占地 323 平方千米，内有楼观景区、金牛坪景区、木子坪景区和就峪景区。楼观为核心景区，主体景观为说经台，传说老子在说经台讲授过道德五千言。景区内有宫观 30 余座，其中中国书法名碑 1 通，省级文物保护单位 5 处，省级古树 7 种 20 余株，翠竹环拥，林木葱郁。

（2）伊斯兰教、景教寺院

①西安化觉巷清真大寺

作为穆斯林精神依托的西安化觉巷清真大寺始建于唐天宝元年（公元 742 年），历经了宋、元、明、清各代的维修保护，是全国重点文物保护单位。它位于西安市西大街鼓楼西北角的化觉巷内，因规模较大并与大学习巷的清真寺相对而得名为"东大寺"或者"清真大寺"。寺院在平面布局上呈长方形，为楼、台、亭、殿紧凑布局四进院落，中轴线上建筑宏伟，两侧西厢房精致。第四院的中心是一真亭，它是一座集牌楼和亭阁于一体的独特建筑。大殿内四周镶嵌大型木牌，雕刻中文、阿拉伯文《古兰经》各 30 幅，其中包括目前世界伊斯兰教寺院中极为罕见的巨型《古兰经》。

总体来说，这是一座具有中国古代建筑风格的伊斯兰教寺院，反映了中外文化艺术交流融合的状况。寺内西进院落划分合理，每院各有特色，建筑主次布局合理。寺院内所有的装饰布局都严格遵循着伊斯兰教制度，雕刻藻饰则是由阿拉伯文组成。由此能够看出，中国传统建筑和伊斯兰建筑的艺术风格得到了完美的融合。由董其昌手书的"敕赐礼拜寺"木结构大牌坊，拥有近 400 年的历史，高达 9 米，琉璃瓦顶，异角飞檐，精镂细雕。现今这座寺院不仅是西安市伊斯兰教徒的礼拜之处，也是中国与阿拉伯国家进行文化交流的主要场所。

②大秦寺

大秦寺位于陕西省西安市周至县城东南 20 千米的终南山北麓。这座古寺位于楼观台风景区内，距离西安古城有 70 多千米的路程。大秦寺是基督教传入中国更早的寺院之一，历史十分悠久。根据相关专家的猜测，大秦寺位置偏僻，很可能是供景教教士修行的地方，类似于欧洲的修道院。目前，大秦寺仅余遗址（图4-2-4）。

图 4-2-4　大秦寺

根据碑石上的记载，唐贞观九年（公元 635 年），景教的传教士阿罗本带领教团抵达长安城，请求传教。唐太宗对该教的传播采取了宽容的宗教政策，给予了阿罗本礼遇和恩宠，并颁布诏书批准他们建寺传教。由于初唐的几代皇帝对于景教的尊崇和保护，朝廷在长安、洛阳等地修建了景教寺，其中周至大秦寺是最早修建的寺院之一。这一举措极大地促进了景教的发展，使其在全国范围内得到了广泛的传播，甚至曾经创造出了"法流十道""寺满百城"的辉煌时期。大秦寺塔是一座七层、八棱、楼阁式的空心砖塔。在塔内，保存有许多景教泥塑以及数处古代叙利亚文刻字，这些珍贵的历史资料对于研究中西方古代文化交流具有极其重要的价值。1957 年，该塔被列为省级重点文物保护单位。2000 年 8 月，联合国教科文组织将大秦寺保护列入"中国丝绸之路保护项目"。

（3）"三夷教"文物

西亚波斯和叙利亚的祆教、摩尼教和景教沿着丝绸之路传入长安，这些宗教在当时合称为"三夷教"。在唐朝时期，长安城内建有五座祆教寺庙，其中大多数位于粟特人聚居的西市和东市附近。聂斯托利在东罗马帝国统治下的叙利亚地区创立了景教。阿罗本是波斯景教徒，在唐贞观年间来到长安，唐廷在义宁坊资助他建立了大秦寺。

①安伽墓石榻

安伽墓石榻目前藏于陕西历史博物馆，是保存完好的一件镇馆之宝，是目前我国境内发现最早的粟特贵族墓。墓主人安伽身份很特殊，是一个来自西域的粟特人。他是南北朝时期北周的一个官员，曾任大都督同州"萨保"，主要负责管理中原地区所有的粟特人，就像是现在的"大使馆"一样，不管是经济贸易，还是文化传播，甚至是宗教祭祀都和安伽有着密切的关系。2000 年，一件似床非床，似椅非椅的石榻出土于西安市北郊的安伽墓（图 4-2-5）。

图 4-2-5　安伽墓石榻

这件石榻长约 2 米，宽约 1.5 米，并且围有石刻的屏风，故又称"围屏石榻"。安伽墓的重要文物之一是其墓门，门的门额、门楣和左右竖框刻有图案。半圆形门额上刻绘着罕见的祆教祭祀场面，画面中央为一个三驼座火坛，拜火坛左右的神祇人首鹰爪、手执法杖，一般被认为是专司火坛的祭司，《魏晋北朝考古》一书则指出其为中古波斯福寿之鸟赫瓦雷纳。拜火坛上置各种贡品，祭司用神杖指向贡品。其上的伎乐飞天与同时期的佛教飞天并无太大差别，且伎乐飞天的体貌特征已具有明显的汉人风格，不排除是祆教的中国化。

围屏石榻的三面屏风上主要刻绘墓主人安伽作为萨保的奢华出行、宴饮、舞蹈、狩猎、祭祀、盟誓等场景，不仅有"人间"，而且还有"天上"和"地下"。榻板左、右及正面刻绘有 33 幅与祆教有关的动物图像，这些图像分鸟、兽两类，相间排列，七条榻腿线刻 11 幅与信仰有关的镇墓神像。这座墓葬为研究中西方文化交流特别是北周时期旅居中国的粟特贵族的服饰、文化、生活习惯、宗教信仰以及葬俗等提供了极为珍贵的资料。同时,《通典·卷十四》记载"群胡奉事,取火祝诅"的众多祆祠多属粟特人,唐代也是祆教在中国传播的黄金时代,因此安伽墓石榻也是唐朝文献中记录祆教在长安传播的早期参考。

②摩尼教草庵

摩尼教于公元3世纪创立于波斯,它最早脱胎于拜火教,又集合了基督教和佛教的许多元素。摩尼教是以其创立者摩尼的名字命名的。公元274年,摩尼去世,追随他的教众离开波斯东进,摩尼教也在欧亚大陆的很多地方得到了广泛传播。公元694年,武则天当政时期,摩尼教随着波斯商人传到了中国。当时,长安建立了宏大的摩尼教寺院,名为大云光明寺。但是唐武宗继位后掀起了废佛运动,摩尼教在中国的传播受到影响,寺庙田产均被没收,寺院被拆毁。大云光明寺的一名法师一路向南来到了泉州。从这个时候,摩尼教就在泉州播下了一颗种子。

藏在泉州山林里的这座小庙——摩尼草庵是全国仅存的、完整的摩尼教遗迹。草庵依巨石作壁,周围草木苍翠,经过了历代的重修,门联为:"草积不除,便觉眼前生意满;庵门常掩,毋忘世上苦人多。"正厅内依崖浮雕坐莲波斯摩尼佛一尊,高1.52米,宽0.83米,面庞圆润,耳大眉弯,身着无扣宽衣,盘膝端坐莲花台上,双手叠放在盘腿上,掌心向上,面部呈青草石色,手显粉红色,身为灰白色,全由天然石色构成。其背后有18道毫光,背雕毫光四射的纹饰,世称"摩尼光佛",至今还可见到当地信众前来朝拜。首届世界摩尼教学术讨论会曾把摩尼光佛作为会徽图案。

③《大秦景教流行中国碑》

现藏于陕西省博物馆的《大秦景教流行中国碑》,是在唐朝大秦寺遗址上出土的珍贵文物。这座碑是由景教传教士伊斯出资、景净撰述、吕秀岩书刻,于唐建中二年(公元781年)在长安大秦寺落成。碑体由上、中、下三部分组成:中为碑身,上有盘龙浮雕之碑额,下有龟座。碑质为黑色石灰岩,顶呈半圆状,上部较尖。《大秦景教流行中国碑》是世界考古史上最负盛名的"四大石碑"之一(图4-2-6)。

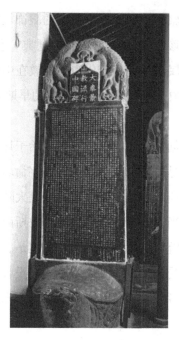

图 4-2-6 《大秦景教流行中国碑》

碑文分序文和颂词两部分。序文较长，首先略述基督教教义，然后记述波斯景教僧阿罗本来到中国，受到唐太宗高规格礼遇接待的史实。而后又述景教在唐太宗、高宗、玄宗等六位皇帝支持下，在中国 146 年的传教活动。颂词较短，多是对上述六位皇帝的歌颂。碑身底部和两侧有诸国传教士的署名（图 4-2-7）。

图 4-2-7 《大秦景教流行中国碑》碑文（局部）

碑文详细记载了景教在唐代的传播情况，并用叙利亚文和汉文对照刻了七十二位景教僧徒的名字。碑文可以分为三个部分：第一个部分包括景教的教义；第二个部分是最为核心的部分，包括景教传到中国的过程及其一百多年的发展；第三个部分的主要内容是赞美伊斯。伊斯相当于长安地区的主教，在景教的宗教事宜上尽心尽力，对景教的发展起到了相当大的作用。伊斯在朝廷任三品官员，历任金紫光禄大夫、同朔方节度副使、试殿中监等官职。可见唐朝时期的景教徒不仅只局限于宗教活动，还能在朝廷受到重用，参与唐代重要的政治和军事活动。碑文记载伊斯"能散禄赐，不积于家。献临恩之颇黎，布辞憩之金罽"。这说明他在唐朝不仅为官清廉，还积极行善。

开放包容的大唐，允许景教勤恳地发展自己的信徒。景教力图把基督教义在中国本土化，在《大秦景教流行中国碑》的行文上，我们可以领略到道家的词语、基督的精神和教义。

第三节　粟特文书与突厥碑铭文

一、粟特文书

（一）粟特人与粟特文明

粟特是西域丝绸之路上的古国之一。粟特古国在汉文的典籍中有很多称呼，如"粟弋""孙邻""修利"以及"窣利"等。《后汉书·西域传》中记载："粟弋国，属康居。出名马、牛、羊、蒲萄众果，其土水美，故蒲萄酒特有名焉。"

粟特人是一支使用东伊朗语支的古代民族，主要居住在中亚阿姆河和锡尔河之间的"河中地"。他们在汉文史籍中有多种称呼，如粟特胡、昭武九姓、九姓胡、杂种胡等。因为粟特人以经商立身，所以汉人也会以商胡、贾胡、兴（生）胡等名称称之。在公元3—9世纪，继贵霜商人而起的粟特人活跃于从粟特本土到中国以及周边的广大区域，他们成了亚洲内陆丝绸之路贸易的主要承担者。而他们在北朝末年，在中国北方崛起的重要原因便是其所具备的优秀的商业才能。此外，粟特人在促进不同政治体系间的政治对话、推动跨地域宗教传播和文化交流等方面，都扮演着不可或缺的重要角色。

粟特人沿着丝路的重要城镇，从塔里木盆地和河西走廊一直到长安和洛阳，建立了一系列商业、移民聚落。在敦煌和吐鲁番等地，出现了一些用粟特语书写的文献，它们记录了粟特人在中国进行贸易和生活的情况。

粟特文是一种拼音文字，字母来源于阿拉米字母，它是在阿拉米草书的基础上根据粟特语的发言特点创制的。在中国境内发现的粟特文的文献中，粟特字母共有 3 种字体：佛经体、古叙利亚体、摩尼体。粟特文字体不同，其字母的数目也不尽相同。佛经体有 17 个字母，古叙利亚有 22 个字母，摩尼体有 29 个字母。一般来说，古叙利亚体是为景教（即基督教在亚洲的一派）的教徒所用，用来书写景教的粟特语文献和基督教经典。而摩尼体用来书写摩尼教的经文，字体工整且结构精美（图 4-3-1）。

图 4-3-1 粟特文书信

在我国发现的粟特文文献主要集中在敦煌和吐鲁番地区，有佛教、摩尼教和基督教的经典，另外还有非宗教性的文书，写作年代集中在 8—11 世纪。在敦煌藏经洞中，发现的粟特文献主要是佛经。吐鲁番地区的粟特文献丰富，除了宗教经典，还有买卖契约等世俗文献。近年来，不断有粟特文的出土文献被发掘出来，为我们了解粟特人的信仰、生活以及艺术提供了丰富的实物资料。例如，西安市未央区发掘的一座墓葬——史君石椁墓。在石椁南壁椁门上方的横枋上，发现了分别用粟特文和中文刻写的题刻。这是目前发现的有明确纪年的、最早的粟特文和中文对应的题刻，这为粟特语言文字的研究提供了珍贵的文字资料。

（二）国内外研究

穆格山上的粟特文书以及其他文献是在 1932 年被苏联的研究学者发现的，并对其进行了考释和研究。

穆格山文书的主要内容是关于粟特领主迪瓦什梯奇的身份，它所揭示的信息得到了学者们从阿拉伯文献或者汉文文献中获得的相关内容的证实。众所周知，粟特并未在历史上形成单一的强国，其繁荣时期有多个政权互相竞争，如康国（撒马尔罕）、安国（布哈拉）、米国（片治肯特）、石国（塔什干）、拔汗那（费尔干纳）等。在中国史书中，对粟特最早的称呼是"粟弋"。后来，伯希和等人进行了详细考证，《魏书》称之为"粟特"，而玄奘则称其为"窣利"。

粟特相继处于突厥汗国、西突厥汗国、唐朝、萨珊波斯、阿拉伯等不同的政权管辖之下。在这种情况下，要想研究公元 8 世纪左右的粟特，并深入探究其与阿拉伯、唐朝的相关性，出土的文书就显得格外重要。1934 年，里夫什茨等人发表了一篇关于穆格山文书的发现和概述的文章。随后，他们陆续出版了《粟特文论集》以及《穆格山所出粟特文书》等相关资料。辛姆斯·威廉姆斯的《伊朗碑铭丛刊》一书中收录了苏联学者里夫什茨的英文研究成果，这些研究成果对我们深入了解穆格山出土的粟特文书非常有帮助。在一篇撰文介绍中，日本学者岩佐精一郎提到了苏联学者对穆格山文书的初步研究成果。这篇介绍最初发表在《东洋学报》上，而后被万斯年翻译成汉语并刊登在《大公报》上。

值得注意的是，穆格山文书中有十份关于迪瓦什梯奇纪年的文书，三份汉文文书中提到了交城守捉、大斗守捉和伍涧，具有相当高的史料价值。法国学者葛乐耐利用穆格山文书，对阿拉伯帝国征服片治肯特之前的历史进行了研究。龚方震汉译了克里亚什托尔内和里夫什茨关于蒙古布古特所出粟特文碑铭的考证，[①] 徐

---

① 克里亚什托内尔.布古特粟特文碑铭补证 [M].龚方震，译.上海：上海译文出版社，1986.

文堪对苏联学者里夫什茨的生平及其研究成果进行了评介。[①] 在穆格山出土的粟特文书中，有一份编号为 No.3 的婚约文书被认为是迄今为止发现的、篇幅最长的粟特文法律文书，张小贵、庞晓琳在前人研究基础上对该文书又进行了转写、汉译与注释，并在文末附上了相关图片。[②]

1907 年，英国人斯坦因在敦煌以西的长城烽燧遗址中找到了粟特文古书信，共有 8 封。其中，第二封书信引起了学术界的广泛关注，原因在于它相对于其他书信而言，更加完整。

这封信大体上涵盖了以下内容：一位名为 Nanai Vandak 的信函发件人，描述了商业活动的情况，写给另一位生活在撒马尔罕的同胞。信中涉及中国的几个城市，包括敦煌、肃州（酒泉）、姑臧（武威）、金城（兰州）、洛阳（有争议）和邺城等，并且还提到了当时所面临的战争情况。这封信可能是在运送途中遗失的。学者们对于信札的年代进行了广泛的研究讨论。随后，藤枝晃、榎一雄等人根据其纸质年代提出了"公元 6 世纪"的理论。中国的许多学者则根据传世史料再融合自己的见解得出了相关结论。有学者从多个角度提出了"后晋天福二年（公元937 年）"的观点，并进行了时代划分的探讨。值得一提的是，这一探讨并未改变原文字的意思。许多中国学者参与了书信年代的研究，其中包括黄振华、王冀青、陈国灿、李志敏、荣新江和孟凡人等人。

（三）粟特文书解读

不仅中亚穆格山和中国敦煌发现了粟特文书，在中国的新疆地区也陆续出土了一些粟特文书。众多学者对这些粟特文书进行了介绍和深入的研究探索。以下将重点介绍吐鲁番阿斯塔纳 135 号墓出土的一份粟特文买卖奴隶契约文书。这份文书最初由日本学者吉田丰释读，并用日语发表。随后，柳洪亮将其翻译成汉语发表。后来，林梅村、刘戈、侯文昌等学者对这份文书进行了讨论与研究，如图4-3-2 所示。

---

① 徐文堪. 粟特研究的最新创获——读《粟特人在中国——历史、考古、语言的新探索》[J].社会科学，2006（8）：192.

② 张小贵，庞晓林. 穆格山粟特文婚约译注 [M]. 北京：社会科学文献出版社，2017.

图 4-3-2　粟特文买卖女奴文书

　　这份文件与其他粟特契约文书相比，不仅内容完整，而且格式整齐。其大致记载了乌塔之子沙门杨香葱图莱之子乌赫术维尔特处购买女奴的事宜。[1]

　　这份粟特文契约的样式与契约十分相似，除经官方认可和印刷以外，它还有着特别的时间、高昌王"延寿"年号、突厥授予的"希利发"荣号，以及十二生肖纪年和粟特纪年的记录。据林梅村所述，这位高昌王实际上就是麹文泰，文书中的延寿十六年，即唐贞观十三年（公元 639 年）。刘戈和乜小红对十二生肖的纪年方式存在分歧。在文书中的"猪年"的定义上，刘戈认为是按照十二生肖循环纪年，而乜小红则认为是指亥年，受到汉文契约的影响，"己亥岁"省略了天干。经过仔细阅读粟特文契约的文本，并结合其所处的历史背景，本书认为刘戈的观点比较契合粟特文的当时情况。

　　众所周知，古代丝绸之路是一条错综复杂的贸易线路。在这条丝路上，高昌扮演着至关重要的角色。从高昌的历史背景来看，它经历了四个时期：西晋（公元 265—317 年），高昌郡（前凉至北凉，公元 327—460 年），高昌国（公元 460—640 年）和唐西州（公元 640 年—8 世纪末）。在这漫长的 6 个世纪里，高昌还和其他民族政权存在着往来，不可能只受中原王朝的控制及影响。因此，粟

---

　　① 吉田丰，森安孝夫．柳洪亮，译．麹氏高昌国时代粟特文买卖女奴隶文书 [J]．新疆文物，1993（4）：108–115．

特文的契约文书受到了印欧契约文化的影响，即使没有，仍与于阗文契约有很多相似之处。于此，这份契约文书开头使用了非常多的关于高昌王的形容词和纪年时间，也就不难理解了。

另外，原文契约末尾写有"经女奴同意"字样，这就比较有意思了，为何女奴被卖的时候还被征求是否"同意"呢？检阅十六国至唐代的汉文买卖奴婢契，发现唐代的契文中有"准状勘责，问口承贱不虚。又责得保人石曹主等伍人款，保不是寒良诳诱等色者。勘责状同，依给买人市券"的记载，[①] 由此可见，应该是官府查验奴婢的来源，以防逼良为贱或者被诱骗的情况发生，故而有"经女奴同意"之说。这从侧面反映出古代官府在人口买卖行为上是不允许买卖良民的。

这份奴隶买卖文书是在 1969 年于吐鲁番阿斯塔那 135 号墓中发现的。它填补了学术界长期以来的一个认识误区，即在高昌国时期没有官方发行的奴隶买卖文书。虽然这份粟特文契约与同时期的汉文契约有相似之处，但二者也存在着重大的区别。需要注意的是，契约文书中提到的"买奴契券"指的是私人之间进行奴隶交易时订立的契约，而"买奴市券"则是在交易完成后，由官府认可并颁发的公验证书。在十六国至高昌国时期的汉文奴隶买卖契约中，私人交易的买卖券是存在的，但并没有发现由官府钤印的文契。直到发现这份粟特文契约，才了解到高昌国时期官府对民间奴隶交易进行了干预。

总体来说，可以看出粟特文契约在文书形式上明显受到了印欧文化的影响，也受到了中国汉文契约的影响，但同时其也具有自己独特的特点。从现阶段来看，虽然对于粟特文契约的研究不像吐蕃文契约、回鹘文契约、西夏文契约那样有系统性的专著涉猎，很多都是局部的引用，但是粟特文契的形式确实是优秀的例子，它清晰地展现了中西文化之间的交流和互动，使丝绸之路上不同地区、民族、文化之间相互影响、相互融合的现象得到了突出体现。

二、突厥碑铭文

唐朝时期，活跃在蒙古高原的突厥人曾于公元 7—10 世纪在漠北竖起多座石碑以记功铭业。其中，内容最丰富和影响最大的是本书所述的《阙特勤碑》与《毗伽可汗碑》。阙特勤与毗伽可汗为兄弟，在《新唐书》《旧唐书》中有记载。《阙

---

① 刘安志. 吐鲁番出土文书新探 [M]. 武汉：武汉大学出版社，2019.

特勤碑》立于唐玄宗开元二十年（公元732年），是毗伽可汗为纪念其弟阙特勤
所立（图4-3-3、图4-3-4）。

图4-3-3　《阙特勤碑》碑文（其一）

图4-3-4　《阙特勤碑》碑文（其二）

　　除了上述突厥碑文，2006年西安碑林博物馆征集到了一个墓主的身份不同一
般的唐代墓志。据专家推测，墓主是隋唐时称雄于北方草原的突厥一代君主颉利
可汗的儿子阿史那婆罗门。该墓志虽然体量不大、文字不多，但其志主为颉利可
汗之子，内容可补史阙。该志石为正方形，盖篆题五行20字"大唐故屯卫郎将
赠那州刺史阿史那婆罗门志铭"。志文楷书，共计15行，满行15字。志文中仅
言阿史那婆罗门以"弱龄入参戎旅""稍迁右屯卫郎将"，卒后被高宗皇帝"赠使

持节那州诸军事，那州刺史"。据《资治通鉴》载，东突厥灭亡后，突厥酋长降唐者"皆拜将军、中郎将，布列朝廷，五品已上百馀人，因而入居长安者近万家"。这个墓志为研究东突厥史、颉利可汗家族世系及其葬地提供了极为重要的史料。

关于颉利可汗，《新唐书·突厥传》记载了皇帝曾授其为右卫大将军，赐以田宅。贞观八年（公元634年），颉利可汗死后，唐王朝又追赠其为归义王。后来又将其形象刻成石像，列置于唐太宗昭陵北司马门内，为十四位少数民族首领石像之一。

（一）突厥三大碑文的特征

1.《暾欲谷碑》

暾欲谷，葛逻禄人，在后突厥汗国以智谋出众、以擅长内政而知名。很长一段时间内，国外史学界都把暾欲谷误认为是蓝突厥阿史德部人。其实，如果暾欲谷是阿史德部人，就不会叫"暾欲谷"这个名字了，要么直接用姓名，要么直接叫某某特勤了。就因为暾欲谷不是蓝突厥人，所以他在突厥汗国哪怕位极人臣，做了达干，也不能当特勤、设、叶护。

暾欲谷碑于1897年由克莱门茨夫妇在距今蒙古国首都乌兰巴托东60千米的巴颜楚克图发现，碑文刻在两块碑上，共62行，似为暾欲谷生前自己撰写，立于公元716—725年（图4-3-5）。

图4-3-5 《暾欲谷碑》拓片

暾欲谷生于 7 世纪 40 年代，曾在唐朝受过良好的教育。碑文主要介绍了如下内容：（第 1 行）讲述了暾欲谷的童年和青年时期以及突厥隶属于唐朝的情况；（2—4 行）讲述了公元 679—681 年突厥不成功的起事；（4—6 行）讲述了以颉跌利施为首的突厥人成功起事和暾欲谷参加起事；（7—11 行）讲述了迁阴山前的事件；（12—15 行）讲述了迁到突厥传统圣地于都斤山林的情况（公元 687 年）；（15—17 行）讲述了征服乌古斯的情况；（18—19 行）讲述了山东地区的入侵；（19—29 行）讲述了征讨黠戛斯的情况；（29—43 行）讲述了征讨西突厥和突骑施之事；（43—47 行）讲述了远征铁门之役；（48 行—结尾）讲述了颉跌利施可汗和暾欲谷辅使他及继承人的功绩、结束语。

2.《阙特勤碑》

1889 年，《阙特勤碑》现存于今蒙古鄂尔浑河流域的和硕柴达木湖畔。该石碑至今仍未移动。"阙"是人名，"特勤"是突厥贵族子弟的称号。这座碑是用大理石刻制而成，刻上了后突厥汗国的创始人——毗伽可汗和他的弟弟阙特勤的故事。突厥语刻在石碑的正面和两侧，背面是唐朝皇帝玄宗所亲笔书写的汉文，是唐玄宗悼念逝世的突厥可汗阙特勤的哀悼文。在历史记载中，毗伽可汗在位时与唐朝保持着友好关系，并尊称唐玄宗为自己的父亲，而唐玄宗也尊已故的突厥可汗阙特勤为儿子。

《阙特勤碑》碑首上镌刻着"故阙特勤之碑"楷书汉字，碑文为唐玄宗御制御书，字体为隶书，14 行，行卅六字，工整而法度森严。在碑文中，首先追述了唐与突厥历代的友好关系，然后强调双方自玄宗朝确定父子关系后，即呈现了新的和平，"受逮朕躬，结为父子，使寇虐不作，弓矢载櫜，尔无我虞，我无尔诈"。对于唐与突厥的关系，玄宗在碑文结尾以诗为颂："沙塞之国，丁零之乡，雄武郁起，于尔先王，尔君克长，载赫殊方，尔道克顺，谋亲我唐，孰谓若人，网保延长，高碑山立，垂裕无疆。"碑阴侧三面为突厥文，碑文是以毗伽可汗的口气写的，表现了毗伽可汗与其弟的深厚感情。文中写道："如阙特勤弗在，汝等悉成战场上的白骨矣。今朕弟阙特勤已死，朕极悲恸。朕眼虽能视，已同盲目，虽能思想，已如无意识。"

3.《毗伽可汗碑》

《毗伽可汗碑》与《阙特勤碑》是同时在同一地点被发现的，此碑的制作材料为大理石，高度为 375 厘米，碑文采用古代突厥文和汉文书写，其破损程度比阙特勤碑严重。碑上文字东西 41 行，南北各 15 行，其中西面为汉文，东南、西南和西面也写有古突厥文。该碑似由毗伽可汗其子登利可汗建于公元 735 年，古突厥文部分出自药利特勤之手。南面 10—15 行似为登利可汗的话，南面则为药利特勤的话。

1889 年，俄国地理学会东西伯利亚部组织的雅得林采夫考察团在图拉河、鄂尔浑河流域的蒙古帝国哈喇和回纥帝国哈喇八刺哈孙遗址进行了探访。考察团在靠近柴达木湖的鄂尔浑地区发现了后来举世闻名的《毗伽可汗碑》。雅得林采夫在自己的第一份报告中描述了碑旁的一行杀敌石（突厥习俗，墓主生前杀一敌，则在墓前立一石，杀敌越多，立石越众。名曰"杀敌石"）和《阙特勤碑》。

（二）三大碑文中的文学审美

法国著名突厥学家勒内·吉罗肯定了突厥碑铭的价值："任何人都不能否认鄂尔浑河流域的碑铭，其中包括有 680—734 年之间发生事件的第一手资料，我们完全可以像对待汉籍和拜占庭典籍一样地信赖这些碑文史料的真实性。"[1] 我国著名突厥语专家耿世民也说："古代突厥文碑铭是研究古代突厥汗国和回鹘汗国的第一手原始史料。"[2]

我国 55 个少数民族中有 7 个民族说 9 种突厥语，我国在世界突厥语的种数上居第二位。[3] 古代突厥碑文的解读和研究进行了 100 多年，通过解读我们对古代突厥汗国、回鹘汗国的历史文化都有了更深入的了解。然而，作为早期的书面文本，古代突厥碑铭除了具有历史价值以外，也必然是早期的文学文本的萌芽，是早期维吾尔族文学的一个重要组成部分，对后世的维吾尔族文学产生了必然的影响。对古突厥碑铭，尤其是突厥汗国碑铭文本的审美性的研究其实就是在探讨萌芽期的维吾尔族文学的早期文学特征。

对这个问题的研究我们也可以散见于一些论著，如 1997 年出版的由张炯、樊骏、邓绍基主编的《中华文学通史》，此书的第二卷第十七章专设"突厥碑铭

---

① 勒内·吉罗. 东突厥汗国碑铭考释 [M]. 耿昇，译. 乌鲁木齐：新疆社会科学院历史研究所，1984.

② 耿世民. 古代突厥文碑铭研究 [M]. 北京：中央民族大学出版社，2005.

③ 耿世民. 古代突厥文碑铭研究 [M]. 北京：中央民族大学出版社，2005.

文学"。1998 年新疆大学出版社出版的由阿不都克里木·热合满主编的《维吾尔文学史》(汉文版),也在第三编第七章专设"突厥汗国及鄂尔浑回纥汗国的碑铭文学"。在这些著作中论者都或多或少地讨论了古代突厥碑铭的文学特征,其中不乏中肯的见地,但对古代突厥碑铭文的审美属性的讨论还有待于进一步深入。

1. 古代突厥人的碑铭文是草原审美文化的一个组成部分

以《暾欲谷碑》《阙特勤碑》《毗伽可汗碑》为代表的古代突厥碑铭,记录的主要是公元 682 年—公元 735 年左右突厥汗国(又称第二突厥汗国)的历史。其记录历经颉跌利施可汗、默啜可汗、毗伽可汗这几个重要的可汗,是对一个带有奴隶制残余的初期游牧宗法封建社会的记录,是研究古代突厥汗国和回鹘汗国的第一手原始资料。1692 年,荷兰学者魏津在他的著作《北部和东部的鞑靼里亚》中第一次提及了西伯利亚境内保存有古代突厥文字的刻石。1889 年,俄国考古学会和由雅德林采夫带领的蒙古考古队在鄂尔浑河流域的和硕柴达木湖畔,发现了《阙特勤碑》和《毗伽可汗碑》。1897 年,克莱门茨夫妇在蒙古的图拉河上游右岸与纳来哈驿站之间的巴颜楚克图发现了《暾欲谷碑》。

自 19 世纪发现古代突厥汗国的碑铭以来,世界各国学者都争相对其进行解读和研究。国外学者中最著名的包括丹麦的汤姆森、俄国的拉德罗夫、土耳其的奥尔昆、德国的冯·加班、法国的路易·巴赞等。中国学者从 19 世纪末开始研究古突厥碑铭,重要的学者有岑仲勉、韩儒林、耿世民等。中外学者对古代突厥碑铭从语言、历史、文化、政治、文学、地理、民俗等多个角度进行了解读和研究,取得了大量丰硕的成果。"这里无须解释这些碑文突出的意义,它们是有关突厥语言和文学最古老的文献,这都是些原始史料,它们形成了对汉籍记载的珍贵无双的补充文献。"①

值得肯定的是,这些碑铭对于研究突厥史、中国北方民族史以及社会史而言,有着非常重要的意义。同时,作为一个民族早期历史的记录、一个民族早期文化记忆的书面留存,谁又能否认其包含的文化、文学的审美意蕴呢?

正如我们在探讨文学的起源问题时经常面对的一个难题:人类早期的生存活动都具有文化含义,这种特性直接导致当我们试图寻找单一的文学起源路径时,

① 勒内·吉罗.东突厥汗国碑铭考释 [M].耿昇,译.乌鲁木齐:新疆社会科学院历史研究所,1984.

获得的总是相反的结论。芬兰艺术学家希尔恩提出了信息传达、记忆保存、恋爱冲动、生产劳动、战争、巫术等人类活动都直接与艺术起源有关①。我们不能盲目地说突厥碑铭是突厥文学史的起源，也不能就此武断地说它是维吾尔族文学的唯一起源，但我们不能否认在突厥民族的记忆历史上，突厥碑铭所具有的文学史价值和意义，也不能否认经过考古学、历史学、语言学等专门学者的艰辛解读工作后，突厥碑铭与其他民族的早期书面记忆一样向我们展示了早期突厥民族文学的风貌，向我们展示了早期突厥人的情感世界与情感表达的方式，以及现代突厥语系民族的审美渊源。

将图像、文字符号刻在石头或岩石上是原始艺术最早的表现形式，也是当时社会生活条件下最便利的一种表达方式。例如，人类较早的阿尔塔米拉岩画反映的是公元前3万—前1万年左右旧石器时代晚期的古人绘画遗迹。亚欧大陆遍布着各个时期的岩画，在亚洲北部东起俄罗斯境内、西到帕米尔高原的外兴安岭，都遍布着远古草原岩画。尤其是我国内蒙古地区，拥有多个岩画群，从东到西分布着赤峰岩画群、乌兰察布岩画群、西鄂尔多斯岩画群、阴山岩画群、阿拉善岩画群。凿刻内蒙古岩画的原始部落民族有东胡、匈奴、乌桓、鲜卑、突厥、回纥、契丹、女真、党项、蒙古等民族。可以说，在内蒙古草原上活动过的古代北方草原民族都有自己的岩画作品。古代突厥人的碑铭是镌刻在岩石墓碑上的铭文，是古代突厥人丧葬仪式的一个组成部分，突厥人以岩石为碑，不仅保留下来了他们古代的文字、文化，也传达出草原文明初期的审美文化倾向。

2. 英雄史诗式的情感抒发

（1）早期突厥民族的原始宗教情感

古代突厥民族信仰原始宗教，还信仰过萨满教。萨满教崇拜祖先、日出及天神、地神。在民族情感中，对"天""天神"的崇拜是最重要的信仰。《周书列传·卷五十》中记载："可汗恒处于都斤山，牙帐东开，盖敬日之所出也。每岁率诸贵人，祭其先窟。又以五月中旬，集他人水，拜祭天神。"《毗伽可汗碑》铭文中，"为了不要让突厥人民无名无声，使我父成为可汗、使我母成为可敦的上天，赐（给我们）国家的上天，为了不让突厥人民无名无声，那上天让我自己做了可汗"。表达了对天的崇拜，"我，像天一样的，从天而生的突厥毗伽可汗"这句话在碑

---

① 陈少华，邢强. 心理学基础（第二版）[M]. 广州：暨南大学出版社，2022.

文中反复出现，可见原始的宗教情感成了古代突厥人的精神归宿。

（2）对民族的热爱

突厥汗国的领导者从建国初期就深感建国的艰辛，汗国的历史就是不断与周边民族、国家激战的历史，在与唐、契丹、乌古斯、粟特、突骑施等民族或国家的战争中突厥民族的民族意识不断被强化。无论是颉跌利施可汗、默啜可汗，还是毗伽可汗、阙特勤、暾欲谷，在面对民族间战争时，都表现出了热爱本民族的土地、热爱本民族人民的真诚感情。默啜可汗即位后，暾欲谷"夜不能眠，昼不能坐，流鲜血，洒黑汗，我为国贡献了力量"（《暾欲谷碑》，东面第51—52行）"没有比于都斤山林再好的地方。统治国家的地方是于都斤山林"（《阙特勤碑》，南面第4行）"为了突厥人民，我夜不成眠，昼不安坐。我同我弟阙特勤和两位设一起，努力工作，筋疲力尽""为了养育人民，北面反对乌古斯人民，东面反对契丹、地豆于人民，南面反对唐人，我出征了十二次""我振兴了濒死的人民，使赤裸的人民有衣穿，使贫穷的人民富裕起来，使人民由少变多"（《阙特勤碑》，东面第27—29行），类似的词句充分表达了对本民族的土地、人民的热爱，这种情感在与尚武精神结合在一起时更充分地记录下了古代突厥民族无畏、勇敢、刚毅的性格特征。

（3）兄弟、手足、部落成员间的个人情感的深切传达

三篇碑铭文中，《暾欲谷碑》由暾欲谷生前自己完成，《阙特勤碑》和《毗伽可汗碑》都是出自药利特勤之手，但是是以毗伽可汗的口吻进行叙事和抒情。《阙特勤碑》中作者在回顾了阙特勤英勇的战斗经历之后，写"我弟弟阙特勤去世了，我自己很悲痛。我的眼睛好像看不见了，我能洞悉的智慧好像迟钝了""眼睛流泪，我强忍住；心里难过，我强抑住。我万分悲痛"（北面第10—11行）。作为早期的碑铭文学从语言风格上更强调质朴、平实，但片段的直抒胸臆却真实地传达了兄弟骨肉间的感情，尤显真诚。在叙述到突厥子民不服从可汗意志的内容时（《阙特勤碑》南面8—11行和《毗伽可汗碑》北面6—8行），作者在这些内容相似的段落中，充满激情地进行诘问、责难、号召和劝服，使用了押韵和排比等方式，以整饬的语言形式鲜明地传达了对民族的体恤、担心和对民族存亡的忧患。

第四节　唐昭武九姓诗人作品与西域乐舞诗

一、唐代昭武九姓诗人与作品

（一）唐代昭武九姓诗人概述

1. 唐代昭武九姓诗人

（1）戎马倥偬的诗人群体

戎马倥偬是一个形容勇猛、不畏艰难困苦的成语。其中，戎马是指打仗时的交通工具，倥偬则是忙碌劳累、艰苦奋斗之义。昭武九姓指代粟特人居住的九姓胡国，九姓为康、米、史、曹、何、安、火寻、戊地、史。隋唐时期，这里的九姓粟特人居住在妫水流域（中亚的阿姆河）的 15 个小国中，分别是康国、安国、曹国、史国、米国、何国、小安国等国。唐朝时期，来自这些地区著名的少数民族将领数不胜数，如明武九娃的史大奈，曾在李唐开国初期立下过汗马功劳。玄宗时，安禄山、史思明等皆以少数民族出身而任节度使。天宝年后，又有沙陀族的李克用等少数民族将相。这些少数民族的尚武精神很为唐人所发扬，许多诗人都对尚武精神进行了歌颂。唐代诗人敢于放言，自然能更充分地表达所思、所想、所感，能把文学创作推向极致。在唐代的昭武九姓文人中可以找到的关于少数民族将相的文人诗并不多。或许因为少数民族将领本系胡族，并没有将自己的作品整理成集的传统，所以昭武九姓的文学作品在文学史上是缺失的。以下先举例说明昭武九姓少数民族将领的文学创作过程。

作为"安史之乱"策划人之一的史思明是没有受过中原文化系统教育的武将，但是在唐朝诗歌创作大潮的推动下，还是会用简洁的语言在诗中表达情感，有诗《樱桃子诗》为证。史思明，初名窣干，宇夷州突厥人，居营州柳城，其貌不扬，懂六蕃语，与安禄山同为乡里。天宝初，累功至将军，知平卢军事。从安禄山讨契丹，表任平卢兵马使。禄山反，他略定河北，被禄山任命为范阳节度使，占有十三郡，领兵八万人。安庆绪杀安禄山自立为帝未果，安禄山为唐师所败，退保邺城，史思明降唐，封归义王，范阳长史、河北节度使。肃宗恐其再反，计谋杀之，于是史思明再次起兵反叛。后进兵解安庆绪邺城（今河南临源西）之围，杀庆绪，还范阳，称帝，更国号大燕，建元顺天。史思明的政治生涯和从军经历是复杂的，但是他质朴简洁的诗歌语言却表达了他复杂的政治思想和立场。

（2）康国的泼寒胡戏

泼寒胡戏在唐代流变的名称为"浑脱"。"浑脱"为舞名，其舞者多戴有浑脱帽或挂有皮囊以泼水。

浑脱舞的具体形态没有确切的记载，难以详细描述，但可以确认它具有独特的"胡"式风格。同时可以肯定的是，中原地区的百姓不是对它进行简单的、原封不动的套用，而是进行了改良和创新。例如，"剑器浑脱"是一种创新的表现形式，它将传统的华丽剑舞与浑脱相结合。剑作为华贵的器具，与中国古老的传统舞蹈紧密结合。在这种创新中，创作者吸收了"浑脱"元素，在传统剑舞的基础上进行了改进和发展。在唐代的宫廷乐团中，有一位名叫公孙大娘的舞者，她的技艺十分精湛，广为朝野所知。李白、杜甫等文人也在诗中提到过她的名字。其有众多弟子，最擅长的是剑器舞（可参考李白的《草书歌行》和杜甫的《观公孙大娘弟子舞剑器行》）。自盛唐时期以来，"剑器舞"逐渐发展成为一种传统舞蹈，巧妙地融合了"浑脱"舞蹈的元素。在民间，这种剑舞也相当受欢迎。在《敦煌歌辞总编》中记录："排备白旗舞，先自有曲来。合如花焰秀，散若电光开口喊声天地裂，腾踏山岳摧。剑器呈多少，浑脱向前来。"

大型歌舞表演的衍生，有众多的昭武九姓胡裔参与其中，他们的共同努力使浑脱舞成了集体的文学创作活动。剑器舞外的其他歌舞吸收了浑脱舞的音乐曲调，也有将浑脱舞与杂技相结合或以浑脱曲为杂技表演的歌舞。根据《羯鼓录》的记载，浑脱曲被用作了《柘枝》的解曲。"柘枝"就是胡舞名，其所用音乐曲调亦名《柘枝》，为健舞曲，后来逐渐在唐朝发展成了大曲。大曲是一种由多段音乐构成的长篇乐章，通常在演出时还会包含歌唱和舞蹈等元素，而浑脱曲则是用于描述浑脱舞的音乐曲调的总称，它不仅仅是一个单纯的曲调，而是包含了浑脱舞所需的所有音乐曲调。

2. 唐代昭武九姓文人诗

昭武九姓的胡裔文人大多是入华已久的九姓世家子弟，但是他们的作品或因少数民族没有记录、辑录的传统，只有几首幸存。史思明留有一首《樱桃子诗》："樱桃子，半赤半已黄。一半与怀王，一半与周至。"

　　"安史之乱"时，安禄山已经失败，史思明还在作乱。他率叛军到东都，正赶上樱桃出熟。当时他的儿子已被封为怀王镇守邺城，史思明便要捎些樱桃给儿子，并附上了一首诗："樱桃子，半赤半已黄。一半与怀王，一半与周至。"周至当时在史思明儿子的军中，诗写成后，众人便竞相吹捧，都说："明公这首诗真是绝妙。不过后两句若改成'一半与周至，一半与怀王'，就与正面的"黄"字押韵了。"史思明闻言大怒，说："我儿岂可居周至之下！"①这则诗歌是史思明对儿子寄予深厚政治期望的一首诗歌，所以非常在意"周至"与"怀王"的先后顺序。因为史思明是一名武将，所以在唐诗的押韵对仗与字句工整上有所欠缺，才有了《樱桃子》这首语言质朴的诗歌，似有《诗经·国风》之特色。

　　另有昭武九姓胡裔康庭芝，为河阴县令，属文官，十分了解汉文化。他有《咏月》一首："天使下西楼，光含万里秋。台前疑挂镜，帘外似悬钩。张尹将眉学，班姬取扇俦。佳期应借问，为报在刀头。"古人借"月"咏怀，托物言志，寄托相思之情，是唐诗中最常见的意象。许多著名诗人都以"月"为意象抒怀。康庭芝，以"月"为意象，并且抒发时引经据典，这也是其汉文化深厚的表现。

　　唐代诗人康洽，以工乐府诗著称，在《唐才子传·卷四》当中记载了他的生平："酒泉人，黄须美丈夫也。盛时携琴剑来长官，谒当道，气度豪爽。工乐府诗篇，宫女梨园，皆写于声律。玄宗亦知名，尝叹美之。"李颀《送康洽入京进乐府歌》云："识子十年何不遇，只爱欢游两京路……新诗乐府唱堪愁，御妓应传鸐鹊楼。西上虽因长公主，终须一见曲陵侯。"从李颀的诗中，我们可以知道康洽善新诗乐府，且常常与李颀互相酬唱。康洽最后抑郁而终，葬于长安杜陵山中。

　　朝廷官员米都知，《赠米都知》中写道："供奉三朝四十年，圣时流落发衰残。贪将乐府歌明代，不把清吟换好官。"可知米都知应是一位刚直不阿、直言不讳的言官，在乐府诗歌中敢于放言，针砭时弊，因而抑郁不得志。《全唐诗》中记载了《赠米都知》一诗，也是从某种程度上对米都知的敢于放言给予了充分的肯定。

（二）唐代昭武九姓作品概述

1. 昭武九姓作品的多重文化

（1）昭武九姓诗作中的中原文化

　　昭武九姓诗人的文人诗大都散佚，从仅存的文人诗当中，可以看到由于深受

---

　　① 牛致功. 安禄山史思明评传 [M]. 西安：三秦出版社，2000.

中原汉文化的熏陶，其语言、体例、意象、用典等方面都有众多中原文化印记，如康庭芝的《咏月》。"月"本就是中原文人墨客最为喜爱的意象，常以其托物言志，强寄相思。康庭芝在《咏月》中很好地表达了自己的情感，如"天使下西楼，光含万里秋。台前疑挂镜，帘外似悬钩"。这是对"月"的传神描写，而后两句"张尹将眉学，班姬取扇俦。佳期应借问，为报在刀头"。典故的使用也恰到好处。"张尹"和"班姬"都是我国古代中原文化中"思妇"形象的典范。由此可见，昭武九姓诗作中中原文化的大量显现，表明了昭武九姓胡裔入华的过程是胡文化被汉化的过程。

（2）唐诗恢宏气象中的胡裔文化

在唐诗不断变革的过程中，质朴的文风与少数民族文学的豪放凝结成了唐代豪放的游侠诗和边塞诗。胡人出身的诗人有很多，但史料记载的相对较少，因此这里借用"诗仙"李白的名句"人生在世不称意，明朝散发弄扁舟""天生我材必有用，千金散尽还复来"，体现唐诗中颇有北方游牧民族风范的大气磅礴和潇洒自如。"黄河远上白云间，一片孤城万仞山""羌笛何须怨杨柳，春风不度玉门关""大漠孤烟直，长河落日圆""异域阴山外，孤城雪海边。秋来唯有雁，夏尽不闻蝉"等，这些唐代诗歌皆用豪迈的语句描写出了磅礴的边塞风光，仔细品来这其中夹杂着缕缕"胡风"和胡裔的文化。另外，本是戏曲文学的浑脱舞，在表演过程中配以叙述情节和"剑曲"，就是一种歌辞与豪放表现形式的完美结合。

2. 昭武九姓作品的艺术成就

唐代恢宏的文学气象，是将南朝文学追求声律和辞藻的"清绮"之风，与北朝的文质之风，与"文胜于理"质朴之风的融合。唐代昭武九姓胡裔诗主要分为两种。一种是唐代昭武九姓世家子弟的文人诗，是雅诗，由于缺少记录多流失。也因为如此，所以它没有在文学史上留下浓墨重彩的一笔，但是也体现了昭武九姓受中原文化的影响。另一种是戏剧文学的俗文学。泼寒胡戏这种节令性的活动虽然被禁止，但是其衍生出了集体创作的曲调和曲辞，后又经宫廷乐府加工修改，成为宫廷乐府的一部分。

昭武九姓诗人作为唐代少数民族诗人群体的一个代表，对其进行系统的研究，既有利于深入了解在唐诗发展的鼎盛时期，少数民族诗人是如何表达情怀的，又有利于对唐诗的多元文化因素有更具体的认识。近年来，国内外学者对昭武九姓的研究大多集中在历史文化研究层面，很少从文学领域涉足，更缺少系统地在文学领域探讨昭武九姓诗人诗作的文化内涵及综合风貌的研究。

二、西域乐舞诗

（一）唐诗中的西域乐舞诗概述

乐舞这种艺术形式在我国已经有了几千年的历史，乐舞不仅是人们放松娱乐的一种方式，更是内心情感的抒发与宣泄。表演者将自身情感带入乐舞，用身体的语言向观众诉说一个个动人的故事，使观众受到感染，与舞者共情。唐朝政治局势比较稳定，与周边西域国家的贸易往来频繁，这促进了经济的发展，也带来了文化之间的交流。西域国家的乐舞风格对唐代乐舞产生了深远的影响，随着西域的乐舞伎人进入中原，极具异域风情的乐舞也开始出现在中原街头，即西域乐舞。

在唐诗中，有关于描绘西域乐舞形态及艺术特征的诗作数不胜数。除了家喻户晓的"诗仙"李白、"诗圣"杜甫、"诗魔"白居易、诗人李端以及刘言史，其他诗人对西域乐舞的描绘也被详尽地记录于笔墨之中。换句话说，创作西域乐舞诗的诗人不仅是西域乐舞表演场景的忠实记录者，更是西域乐舞文化艺术的杰出宣传者。中唐文人创作了大量的乐舞诗，不少诗中对乐舞场面的描写细致详尽，涉及西域乐舞、宫廷乐舞、游宴乐舞以及宗教祭祀乐舞等不同类型，为我们进一步了解唐代的乐舞风貌提供了保障。

仅从唐代边塞诗与乐舞诗两大类中就可以窥探出西域乐舞在唐代中原上演的盛景，上至皇室宫廷，下至民间街坊，胡乐、胡礼、胡舞的流行程度甚至超过了唐代中原的本土乐舞。由此说明，唐代开放的社会风气为西域乐舞艺术的传入与西域乐舞诗歌的创作提供了重要保障：一是中原文化与西域文化的交融呈繁荣趋势；二是西域乐舞作为外来乐舞，其在唐代社会被人们认同，以此为条件促使歌舞艺术与文学创作的结合较为紧密；三是西域本土乐舞在东渐至中原后，乐舞性质发生转变，从表演场域的转型到舞者身份的切换皆可见证。

（二）西域乐舞的东渐与唐诗中的盛景

西域乐舞的东渐最早可以追溯至两汉时期，随着张骞"凿通"丝绸之路，中原与西域的文化往来、商业贸易日渐频繁。在诸多记载中，西域各地区的人们听闻中原的繁盛景象后，纷纷前来朝贺，多次向中原宫廷进贡奇珍异宝，在这些奇珍异宝中不乏来自康国和俱嘧国的胡旋舞女，还有来自龟兹的音乐家苏祗婆。她们的到来使得沉寂已久的中原乐舞重新唤发活力，甚至为在社会民俗中的盛行奠定基础。

诗人王建在《凉州行》一词中写道："城头山鸡鸣角角，洛阳家家学胡乐。"此篇边塞诗记述了中唐时期，洛阳百姓家家户户崇尚胡乐的景象。虽陇西之地战事连绵，但胡乐胡舞能在一定程度上缓解人们的忧虑。西域乐舞的传播范围广，百姓的迷恋程度深。

西域乐舞在唐代中原的传播盛况已经可以透过诗词歌赋的记载窥探其境，此类乐舞的风靡极大地丰富了中原人民的枯燥生活，致使唐代诗人开始大量地创作西域乐舞诗集。这些鲜活的文字记载从侧面反映出西域乐舞这一极具异域特色的艺术，兼具使本土诗人诗兴大发的独特魅力。尽管身处条件疾苦的边塞，诗人与将士们依旧能在充满活力的西域乐舞中得到慰藉，忘却思乡之苦。中唐时期，文人逐渐养成蓄养伎人的风习，文人与伎人之间的来往也越来越密切。唐代诗乐相配的风气为文人与伎人搭建起了联系的桥梁，乐舞伎人如果能表演文人的诗词内容，那么她们的知名度和自身的价值便会上涨。

（三）唐代诗人笔下的西域乐舞形态与艺术特征

本书选择了李端、白居易、刘言史、元稹、张祜、刘禹锡的代表性乐舞诗进行对比分析，通过动态特征的提取与表现形式的记录，再现诗人笔下的西域乐舞。本书采用文献比较法，将六位诗人的共性诗作进行梳理研究。例如，诗人元稹与白居易的同名诗作《胡旋女》，李端的《胡腾儿》与刘言史的《王中丞宅夜观舞胡腾》，刘禹锡的《观柘枝舞二首》与张祜的《观杨瑗柘枝》，分别以西域乐舞的三大代表"胡旋舞""胡腾舞"和"柘枝舞"为写作本体进行诗词创作。

1. 白居易与元稹之胡旋舞

《胡旋女》是唐代诗人白居易创作的一首乐府诗。"胡旋女，胡旋女。心应弦，手应鼓。弦鼓一声双袖举。回雪飘飖转蓬舞。左旋右转不知疲，千匝万周无已时。人间物类无可比，奔车轮缓旋风迟。曲终再拜谢天子，天子为之微启齿。"诗歌前五行使用了夸张和比喻等手法，细致地描绘了胡旋舞舞者的舞蹈之美以及如何受到唐玄宗的赞赏和器重的过程。"胡旋女，出康居，徒劳东来万里余。中原自有胡旋者，斗妙争能尔不如。天宝季年时欲变，臣妾人人学圜转。中有太真外禄山，二人最道能胡旋。"白居易在诗中指明，自己看到的胡旋舞表演者来自康居国，在表演时左旋右旋的舞姿连世间万物都不可比拟，舞者的旋转舞姿技艺甚至比奔跑的车轮和旋风还要迅速。虽然中原也有表演胡旋舞的舞者，但从技艺来看远不能及康居国的舞者。另外，他还提到宫内有杨玉环，宫外有安禄山，两人最善于跳胡旋舞。

元稹的《胡旋女》是组诗《和李校书新题乐府十二首》中的一首。"天宝欲末胡欲乱，胡人献女能胡旋。旋得明王不觉迷，妖胡奄到长生殿。"开首四句，一写胡旋舞传入的原因，把胡旋舞蹈的传入和胡人安禄山的图谋叛乱联系起来；再写胡旋舞传入的后果，本来英明的唐玄宗，竟被这忽然传来的舞蹈旋得晕头转向，不觉入迷，使胡人的势力借着胡旋舞很快到了长生殿上，导致朝政败坏，国家倾危。"胡旋之义世莫知，胡旋之容我能传。蓬断霜根羊角疾，竿戴朱盘火轮炫。骊珠迸珥逐飞星，虹晕轻巾掣流电。"接着三句写的是胡旋舞的舞姿和胡旋舞的"舞容"：舞步像旋风（"羊角"是旋风之名）一样迅疾，足以把秋天的蓬草连根刮断。舞衣像火轮一样飞速耀眼，如同杂技中竹竿顶端红色的转盘。

从元稹与白居易笔下描绘的胡旋舞中，可以总结出如下共性。

该舞蹈皆是以典型的旋转舞姿为主，且表演者为女性，有典型的鼓吹乐伴奏为节，舞姿变化多样，动势急促较快。胡旋舞在进入中原后，已经影响到了本土乐舞的发展走向。尤其在天宝年间，中原百姓人人学演胡旋舞，出现外来艺术"反客为主"的奇特景象。胡旋舞作为外来艺术在中原上演，舞者在表演时势必带有强烈的刻意性与观赏性，以致君王对此种乐舞非常痴迷。虽元稹、白居易两位诗人对该类乐舞艺术持批判态度，认为胡旋舞迷惑圣君，致使奸臣借此手段败坏朝政，但反观之，胡旋舞的艺术魅力非其他艺术所能比拟。

2. 李端与刘言史之胡腾舞

《胡腾儿》是唐代诗人李端创作的歌行体诗作。《王中丞宅夜观舞胡腾》是唐代诗人刘言史所作诗词之一。诗人李端和刘言史分别在各自的诗作中明确交代了表演胡腾舞舞者的身份。李端在《胡腾儿》一诗中写道："胡腾身是凉州儿，肌肤如玉鼻如锥。桐布轻衫前后卷，葡萄长带一边垂。"此处指出，舞者来自河西四郡之一的凉州（今甘肃武威）。刘言史在《王中丞宅夜观舞胡腾》中写道："石国胡儿人见少，蹲舞尊前急如鸟。织成蕃帽虚顶尖，细氎胡衫双袖小。"此处指出，舞者来着西域古国之一的石国（今乌兹别克斯坦一带）。可见，胡腾舞从河西走廊至丝绸之路以西皆有流传。

从两位诗人的诗作中，可以总结出如下几点。

在表演胡腾舞时，对于舞蹈的低、中、高空间的运用已经趋于成熟。伴随着舞者高超技艺的展示，其舞蹈动作与舞蹈空间的使用恰如鸟儿飞翔般灵巧，以至于围坐在四周的观众赞不绝口。舞者会身着袖口狭窄的汗衫与尖顶胡帽表演。由此可见，胡腾舞并非以手臂袖类动作为主，窄袖服饰会大大限制舞者手臂动作的衔接、延伸与变化，故将舞蹈的焦点集中于下肢的表现和面部情绪的递进中。

胡腾舞与胡旋舞虽同为西域乐器伴奏，但强烈的律动是胡腾舞的另一大特点。此处所指的律动不单单指音乐节奏本身，也是说通常在舞蹈表演中急促的音乐必然会配合快速或幅度较大的舞蹈动作与之契合，可见胡腾舞属于典型的健舞。

根据文献记载，胡腾舞原本是情绪性舞蹈，着重演绎舞者在表演空间中蹲、腾、踏、跳、跃的肢体张力，但在两位诗人的笔墨下，出现了舞者模拟醉酒状态后的表演情景。"醉却东倾又西倒，双靴柔弱满灯前"《胡腾儿》这一句指出了舞者能够随意控制身体倾斜，以展示舞蹈表演中"形散神不散"的技巧，升华进入一种舞姿的曼妙意境。反观之，诗人李端所看到的胡腾舞则表演难度较大。但在两首诗中胡腾舞都有叙事成分。"胡腾儿，胡腾儿，家乡路断知不知？"《胡腾儿》这里"家乡路断"，显然不是指山川隔阻，而是指中原藩镇割据，唐王朝边事失利，表现了诗人对胡腾儿的深切同情。"手中抛下蒲萄盏，西顾忽思乡路远"（《王中丞宅夜观舞胡腾》）直指舞者本身透过身体动作的外化情绪表达思想之苦，奈何路途遥远，只能远远眺望。可见，叙述思乡之情和对中唐国事的叹惋是中原胡腾舞表演的另一大特点。

3. 刘禹锡与张祜之柘枝舞

柘枝舞，是西域乐舞传入中原的经典代表。其中，以诗人白居易和张祜的诗词记录最为著名。通过两位诗人的文字描述，可以了解到以下基本情况：柘枝舞是一种女子独舞，舞者在表演时身着胡服，头上梳着鸾凤发髻。在表演胡人乐舞的时候，穿着胡服是合情合理的，但鸾凤发髻是一种中原女性特有的发式和装饰品，却在西域乐舞的化妆舞台上出现，这说明西域乐舞在进入中原后，发生了一些独特的本土化现象。但这到底是演员的自我调整表演，还是为了适应观众的审美需求，现已无法考证。

除此之外，通过诗人刘禹锡多篇描述柘枝舞的诗词可以看出，舞者身着中原丝织罗衫，搭配飘带束腰，很好地突显了纤细的身量。刘禹锡的《观柘枝舞二首》中有"垂带覆纤腰，安钿当妩眉。翘袖中繁鼓，倾眸溯华檐"。张祜的《观杨瑗柘枝》中也说"紫罗衫宛蹲身处，红锦靴柔踏节时"。

柘枝舞作为一种外来乐舞，在传入中原后对当地的教坊和宫廷职业舞伎产生了非常重要的影响，甚至引发了中原教坊和宫廷中类似舞蹈的表演者的出现。诗人张祜所记载的"柘枝舞"系列诗词，《观杨瑗柘枝》《观杭州柘枝》《李家柘枝》和《周员外席上观柘枝》等均是描写柘枝舞的现场表演，可见诗人张祜对柘枝舞的钟爱程度。"金丝蹙雾红衫薄，银蔓垂花紫带长"和"金绣罗衫软著身"等这些诗句都对柘枝舞伎的服饰装束进行了描写。由此可以看出，柘枝舞伎通常都是戴着一顶绣有花纹的锦帽，帽上点缀着五颜六色的珠玉铃铛来表演，伴随着她们的舞蹈动作，铃铛发出零零的声响。此类舞帽大多采用厚实的彩锦织成或者以羊皮为底，外覆织锦，尖顶虚空，卷沿。由于帽子上的花纹是用珠子串起来的，所以也叫作"珠帽"。有些帽饰上带有飘带，舞动时随风飘舞，十分优美，极具观赏性。

在许多现存的诗词中，柘枝舞的表演并不是由来自西域的舞者完成，而是由当地的教坊和宫廷舞伎进行演绎。所以，这类专门表演柘枝舞的艺人还有另一个称谓——柘枝伎。

从总体上来看，无论是胡旋舞、胡腾舞，还是柘枝舞，它们都深深地融入了中原文化，展现出强烈的异域文化特色。古代西域乐舞的经典形象通过旋转、跳跃和柘枝技艺展现出来，呈现出复杂且动人的风姿。文学作品中不仅描述了西域乐舞的外观，还展现出了它在历史演变中的变化，由此我们能够得知汉唐时期西域乐舞艺术的理念与中原艺术观念之间的相互沟通交流及创新发展。

第五章　汉唐文化与丝绸之路沿线文化传播

本章重点阐述了汉唐文化与丝绸之路沿线文化传播，主要从三个方面进行了分析：丝绸之路沿线国家现当代商贸文化传播研究、汉唐文化对丝绸之路沿线城市的发展意义、西安丝路文化故事与文化符号。

第一节　丝绸之路沿线国家现当代商贸文化传播研究

丝绸之路是世界上路线最长、影响最大的文化线路。丝绸之路是指起始于古代中国的政治、经济、文化中心——古都长安（今西安），连接亚洲、非洲和欧洲的古代陆上商业贸易路线。它跨越陇山山脉，穿过河西走廊，通过玉门关和阳关抵达新疆，沿绿洲和帕米尔高原通过中亚、西亚和北非，最终抵达非洲和欧洲，向南延伸到印度大陆。这条全长一万多千米的伟大道路不仅是一条路，而是一张路网。它沟通了中国、印度、希腊三大文明。它是一条东方与西方之间进行经济、政治、文化、艺术交流的主要道路，促进了欧亚大陆不同国家、不同文明之间在商贸、宗教、文化以及民族等方面的交流与融合，为人类社会的共同发展和繁荣做出了卓越贡献。

两千多年前，我们的先辈从长安出发，穿越草原、沙漠，开辟出了连通亚欧非的陆上丝绸之路。千百年来，中国同丝绸之路的沿线国家共同推动了丝绸之路的兴起和繁荣。丝绸之路不仅是一条通商易货之路，更是一条知识、文明和文化交流之路。古丝绸之路绵亘万里，延续千年，为今天积淀了以和平合作、开放包容、互学互鉴、互利共赢为核心的丝路精神。

2023 年 5 月，习近平总书记在西安主持了首届中国 - 中亚峰会，总书记在主旨报告中讲道："10 年来，中国同中亚国家携手推动丝绸之路全面复兴，倾力打造面向未来的深度合作，将双方关系带入一个崭新时代。"①

一、商贸旅游合作

中国与中亚、西亚国家的贸易关系从古代的丝绸之路开始就已有着悠久的历史，而今天，这种关系成了中亚五国和中国新一轮经济合作的关键。丝路响起新"驼铃"——这个比喻形象而生动地描述了中国与中亚五国之间新一轮贸易合作的重要性和未来前景。随着全球化和自由化的发展，如今这一通道正在焕发新的活力，中国已逐渐在能源、服务等方面成为全球最高流动性市场之一。在这一过程中，中亚国家作为中国的地缘邻国，在东西方文化交流及贸易往来中具有重要优势。

（一）贸易畅通现状

中亚国家是中国的重要战略合作伙伴。中亚国家拥有着独特的文化、资源和地缘优势，同时还拥有着更加完善的基础设施和更加成熟的产业体系。而中国则拥有市场、技术和经验等优势，能够与中亚国家开展互利共赢的经济合作。虽然当今世界经济面临着严峻挑战，但中国与中亚国家之间的经济合作已经开创了新局面。首先，两国人民的文化交流增开了空中通道，并已形成了稳定的贸易关系。同时，中亚国家也希望与中国开展贸易合作来促进本国的经济发展。中国与中亚国家之间的合作还将在同一市场内共同参与贸易行动、建设沿线的经济走廊和优化贸易政策等方面展开。

近年来，中亚国家经济增速较快，多数国家经济保持持续增长。2015 年以来，哈萨克斯坦、吉尔吉斯斯坦、塔吉克斯坦、土库曼斯坦、乌兹别克斯坦等中亚国家的经济增长率远高于世界经济平均增长水平。同时，中亚五国资源丰富，盛产铀、铜、铅、钨、金、银等资源，其中原油储量、石油和天然气的采储量居于世界前列。

自 2001 年上海合作组织成立以来，中国与中亚国家的经贸合作不断深入，中国与中亚国家的贸易总额持续增长。中哈经贸合作近年来总体发展势头良好，中国是哈萨克斯坦最主要的贸易和投资伙伴之一。哈萨克斯坦经济以石油、天然

---

① 习近平，卡瑟姆若马尔特·托卡耶夫，萨德尔·扎帕罗夫，等.中国－中亚峰会西安宣言 [J].中国产经，2023（9）：24-29.

气、采矿、煤炭和农牧业为主，加工工业和轻工业相对落后。大部分日用消费品依靠中国等国家的进口，主要为纺织、服装及机电产品和化工产品。中国从哈萨克斯坦进口的商品则主要以矿物质和矿物制品为主。吉尔吉斯斯坦与我国新疆接壤，出口贸易相对活跃，进口相对较弱。吉尔吉斯斯坦以出口纺织、服装及日用品和机电产品为主。土库曼斯坦和中国地理位置不接壤，出口量较小，主要以进口为主。其他两国目前与中国开展的进出口贸易活动较少，有较大的发展空间。

2023 年在西安举办的中国－中亚峰会上签订的《中国－中亚峰会西安宣言》《中国－中亚峰会成果清单》这两个文件表明，中亚五国与中国的经贸、经济合作是全方位的、实实在在的。中国愿意向中亚国家提供总额 260 亿元人民币的融资支持和无偿援助。

虽然与南亚各国的贸易总额在不断攀升，但中国始终处于贸易顺差国地位，且在南亚各国的贸易伙伴国排名中逐年上升。由于中国与南亚各国在经济发展及生产要素方面的差异，中国与南亚各国经贸的互补性远大于竞争性，互利合作仍将在很长一段时间内占据双方经贸发展的主流。从贸易结构分析，中国从印度进口的商品主要为棉花、铜及制品、矿产品、有机化学品、矿物燃料、动植物油等，中国出口至印度的商品主要有机电产品、机械设备、有机化学品、肥料等。

目前，中国和巴基斯坦处于产业发展的不同阶段，贸易产品互补性强。巴基斯坦对华出口的产品主要为原材料和初级产品，如棉纱、大米、毛皮、矿石。从中国进口的产品则主要为工业制成品，如电子电器设备、机械设备、有机化学品、钢铁制品和塑料等。中国驻巴基斯坦大使馆提供的数据显示，截至 2022 年底，中巴经济走廊为巴基斯坦累计创造了 23.6 万个就业岗位，帮助巴基斯坦新增了 510 千米高速公路、8000 兆瓦电力和 886 千米国家核心输电网。2023 年 9 月，巴基斯坦参议院主席穆罕默德·萨迪克·桑吉拉尼在西安召开的欧亚论坛开幕式上视频致辞表示，中巴经济走廊是区域经济合作丰硕成果的见证，它不仅促进了区域一体化，还将继续促进经济稳定、环境可持续性发展、文化交流等。

近年来，中国加大了对南亚各国的投资，南亚各国对中国的态度也开始悄然发生转变。以印度为核心的南亚经贸发展的向东战略与中国的向西开放战略不谋而合，彼此往来日益密切和频繁。相信本着互利互惠的原则，中国与南亚各国之间的互补性贸易关系将不断被挖掘和深化，将给南亚各国和中国带来更多的利益，进而使南亚保持经济高速发展的态势，成为贯通亚欧的另一个战略制高点。

（二）商贸合作策略

1. 促进互联互通，双方共赢

中亚国家与中国将共同致力于发展园区、基础设施建设等领域，同时致力于拓展商品贸易。预计接下来几年，中亚国家的商品贸易额有望超过 1000 亿美元，其各国与中国的贸易额将占到相当大的比例。需要注意的是，这种外贸合作应当更加注重平衡、互惠互利，贸易平衡对于国家的经济发展和稳定至关重要。因此，中国需要在贸易合作中充分考虑中亚国家的需求和利益，尽可能地实现双方共赢。在商品贸易领域，双方的合作前景十分广阔。中亚地区的能源资源等战略资源对于中国经济增长有着重要的意义，而中国的制造业和消费市场也为中亚国家提供了巨大的商业机会。在基础设施建设方面，加强港口、铁路、公路和数字通信网络等的建设，提高货物和信息流动的效率、降低贸易成本、增加跨境合作的便利性。

中国同中亚五国达成了一系列的合作共识，包括加快数字和绿色基础设施联通；逐步有序增开民用客运、货运航班；实现边境口岸农副产品的快速通关和"绿色通道"的全覆盖；增加中国进口中亚农产品种类；推进中国 - 中亚铁路运输；完善交通基础设施，如新建和升级、改造现有的中国至中亚铁路和公路；保障中吉乌公路畅通运行等。目前，西安至土库曼斯坦首都阿什哈巴德的国际航线已经运营，西安也首开至塔吉克斯坦首都杜尚别的国际航线。这标志着古丝绸之路的起点西安，将实现至中亚五国客运航线全覆盖，打通航空通道，便捷两地的旅游、企业、贸易的往来。

中国与欧洲的商贸往来也在陆续深入扩大，互联互通。2013 年欧亚经济论坛举办后不久，当年 11 月首列中欧班列长安号顺利开行。截至 2023 年 8 月底，长安号已累计开行 19531 列，先后开通国际运输干线 17 条。比如，波兰的乳制品企业能够搭乘从波兰开往中国的中欧班列乳制品专列驶入西安港。"长安号"摆脱了单向出口，实现了"有来有往"。2022 年，长安号线路覆盖了中亚、南亚、西亚和欧洲全境，开行量、货运量、重箱率等核心指标稳居全国第一。2023 年 8 月，中欧班列（西安—塔什干）陕乌经贸合作隆基绿能光伏组件产品出口专列从西安国际港站驶出，开往乌兹别克斯坦塔什干，成了中国－中亚峰会后，中资企业在中亚地区投资的首个大型新能源项目。所用的光伏组件需要 60 趟中欧班列"长安号"的 3000 个集装箱进行运输，项目落地后，可为当地提供 24 亿度清洁能源，减少碳排放 240 万吨。10 年来，中欧班列长安号年开行量从 46 列增至 4600 列，业务发展迅猛，实现了去回程的基本平衡，已成为促进经贸往来的"钢铁驼队"。现在，哈萨克斯坦的米面粮油、格鲁吉亚的红酒、吉尔吉斯斯坦的蜂蜜等越来越多的国际优质进口产品通过中欧班列"长安号"进入了我国市场。

2. 优化贸易环境，推动产业合作

新丝路建立了透明、便利、开放的贸易制度和政策，简化了跨境贸易手续，减少了贸易壁垒，从而鼓励更多国家和地区参与沿线商贸合作，提高合作伙伴关系的稳定性。例如，峰会期间，中国同中亚五国达成了系列合作共识：推动贸易发展，促进贸易结构多元化，简化贸易程序；开展国际贸易"单一窗口"互联互通，促进跨境通关便利化等。

新丝路通过合作开发和共享资源，提升了沿线国家和地区的产业水平和竞争力，推动了产业链、供应链的深度融合，实现了资源优势互补，促进了共同发展。例如，峰会期间，中国同中亚五国达成系列合作共识：挖掘中国－中亚电子商务合作对话机制潜力；推动建设中医药中心，开展草药种植及加工合作，打造"健康丝绸之路"；拓展人工智能、智慧城市、大数据、云计算等高新技术领域合作。

3. 建立风险防范机制，推动可持续发展

新丝路加强了沿线国家和地区的风险评估与管理能力，建立了信息共享机制和紧急响应机制，以应对各种风险和挑战，维护商贸合作的稳定性和可持续发展。例如，峰会期间，中国同中亚五国达成系列合作共识：支持关于在联合国主导下建立国际生物安全多边专门机构的倡议；加强应急管理部门协作，深化防灾减灾、安全生产、应急救援以及地震科学技术等领域的交流合作等。

两千年前的驼队化身为日夜兼程的中欧班列，贸易货物从茶叶、丝绸到大型机械设备，再到光伏组件、新能源汽车。中国同中亚五国达成系列合作共识：研究建立绿色投资重点项目数据库的可能性；开展可再生能源领域合作；发起中国－中亚绿色低碳发展行动；深化绿色发展和应对气候变化领域合作等。在 2023 年举办的 2023 丝路绿色能源国际合作大会上，绿色发展正成为全球共识，各国人民都希望加强区域伙伴在绿色能源方面的合作交流，共同维护国际能源资源产业链、供应链安全，促进合作伙伴实现绿色低碳、可持续发展。

（三）旅游合作实施

2022 年以来，在中国民用航空西北地区管理局的推动下，多家航空公司新开或复航了西安至阿斯塔纳、阿拉木图、比什凯克、塔什干 4 条中亚国际航线。随着 2023 年 5 月的两条中亚新航线的开通，西安将实现对中亚五国客运航线的全覆盖，由于国际航班的便利，中国的出境旅游正在恢复，旅游国家除了传统的东南亚、日韩之外，中亚五国的热度也很高，这是中亚旅游的重大商机，也是丝绸之路旅游的新高潮。

2023 年 8 月 17 日至 20 日，第十届中国西部文化产业博览会、2023 西安丝绸之路国际旅游博览会同期在西安举行，来自法国、德国、吉尔吉斯斯坦、哈萨克斯坦、波兰等 20 个国家的代表团集中参展，中国 20 余个省、区、市的政府展团和企业展团到场交流。

另外，新丝路机制倡议发展国际旅游、丝路沿线国家旅游合作和举办丝路沿线国家博物馆的互动展览，以促进国与国间全方位关系的发展。对中国来说，中亚和中国的旅游资源既具有正性又有互补性，对双方旅游消费市场形成了双向吸引。尤其是西安，作为古丝绸之路的起点，早已在中亚人民心中扎下了根。同样，丝绸之路沿线国家保留的大量的历史遗迹与文化遗产，都将作为独特的旅游资源，为推进以旅游经济及旅游文化产业为重点的交流与合作提供了先天优势。

2014 年 6 月，中国、哈萨克斯坦、吉尔吉斯斯坦三国联合申报的"丝绸之路：长安 – 天山廊道路网"申遗成功，掀起了中、哈、吉三国人民重走丝路的旅游热潮，也带动了沿线地区旅游产业的发展。目前，西安市已经与中亚三个城市建立了友好关系，分别是阿拉木图市、撒马尔罕市和马雷市。阿拉木图是哈萨克斯坦乃至整个中亚的金融、教育等中心，州内遗址有开阿利克遗址、卡拉摩尔根遗址和塔尔加尔遗址等。开阿利克遗址是"长安 – 天山廊道路网"最北的主要支线，是从中国新疆进入哈萨克斯坦的第一处遗址点。路网经过开阿利克城和卡拉摩尔根的丝绸之路向南延伸，最终在塔尔加尔城会合。塔尔加尔遗址文物见证了中世纪各国相关贸易的往来，出土的陶瓷、铜镜和金属工艺品以及用汉语记录的铭文，都是中国中原地区进行贸易往来的重要见证。吉尔吉斯斯坦托克马克市的丝绸之路遗址有阿克·贝希姆遗址，这一地区曾是西突厥、突骑施汗国的政治中心，在中亚政治历史中曾经发挥了重要作用，也曾是唐朝的主要边境要塞"安西四镇"之一。阿克·贝希姆是当地人对碎叶古城的称呼，据传这里也是唐朝诗人李白的出生地。目前，重走古丝绸之路的游客人数剧增，且热情高涨，丝路国际旅游已经成为促进沿线国家旅游繁荣的主要渠道之一。

二、语言文化研究

丝绸之路作为连接东西方文化的纽带，由各种不同的文化元素共同构筑而成。如果没有文化的沟通作为坚实的基础和媒介，就无从谈及其他领域的成功合作与可持续发展。加强跨文化交流，推动不同文明之间的对话，促进欧亚各国人民相互了解、相互理解、加深友谊，将为各领域经济合作夯实民意基础，对该区域的民心相通起到重要作用，这是古丝绸之路对现当代的重要启示。当下，随着经济全球化进程的加快，跨国、跨文化的交往活动日益频繁，不同文化背景的人跨国往来与日俱增，跨文化沟通变得越来越重要和迫切。因此，在多元文化背景下，文化交流和合作应作为"丝绸之路经济带"建设的一项重要内容被各国加以积极推动。

（一）文化多样性与文化认同

丝绸之路沿线国家包括中国、中亚国家（哈萨克斯坦、乌兹别克斯坦等）、南亚国家（印度、巴基斯坦等）以及西亚国家（伊朗、土耳其等）。每个国家都有自己独特的语言、宗教、民族风俗和艺术形式等。在丝绸之路沿线国家，不同文化的交融与传播将变得更加多样化，随着丝绸之路的开通，各国的文化交流也更加频繁。中国通过陆上丝绸之路，将纺织、造纸、印刷、火药、制瓷等产品与工艺技术传到西方，而西方的绘画、音乐、舞蹈等艺术，以及历算、天文、医药等科技知识也通过丝绸之路传入中国。与这些文化和物质产品同时实现了传播与交流的还有思想文化与宗教。中国的儒家文化和道教思想，印度的佛教以及西亚的伊斯兰教，中亚的祆教、摩尼教等宗教文化都是通过丝绸之路加以传播的。这表明，中国同丝绸之路沿线国家拥有良好的人文交流的传统与合作的基础。

　　丝绸之路沿线国家的多元文化交流是由多个因素推动的。首先，地理位置是这种文化交流的重要条件。丝绸之路经过的地区涵盖了亚洲大陆的大部分地域，将不同国家和民族联系在一起，地理接壤为各国之间的文化交流提供了便利。其次，历史因素也推动了文化的传播和交融。丝绸之路连接了东方和西方，成为东西方文化传播的桥梁。沿线国家的人们在长期的交往中相互学习借鉴，从而形成了独特而多元的文化景观。

　　中亚即亚洲中部地区，属于欧亚两大洲的重要结合部，自古都是两大洲交流和沟通的军事和商业要道。中亚各民族都有自己的语言，也普遍使用俄语。由于历史的长期作用，不同民族和多种文化的长期接触、冲突和融合，使得中亚文化具有复杂性。另外，中亚文化具有很强的地域性和宗教特征。中亚五国地处欧亚大陆腹地，由广袤的草原、沙漠和半沙漠地带构成，在地域上连成一片。由于其特殊的地理特征，中亚的游牧文化比较突出。在很多相关的历史书籍上能够看到对中亚游牧民族的描述。

　　中亚文化受周边地区文化影响较深。在历史上，中亚曾经是以中国文化为代表的东亚文明、以佛教文化为代表的南亚文明、以伊斯兰教文化为代表的阿拉伯文明和以东正教为代表的欧洲文明的交汇处。如今，中亚国家是以伊斯兰教为主的多宗教国家，它们没有根深蒂固的本土文化而是呈现出文化综合体的复杂形态。

　　西亚即自阿富汗至土耳其的亚洲西部地区，是联系亚、欧、非三大洲和沟通大西洋、印度洋的枢纽。西亚包括伊朗高原、阿拉伯半岛、美索不达米亚平原和小亚细亚半岛。根据地理概念，西亚主要指的是土耳其、伊朗、伊拉克、叙利亚、黎巴嫩、约旦、以色列和沙特等阿拉伯半岛国家所在的地区。

　　古代西亚文化特征更加多元和复杂。这里民族迁徙流动频繁，文明形态多变，文明交融密度很高，民族与宗教冲突较为严重。首先，西亚作为古代文明的发祥地，由苏美尔和巴比伦文明构成两河流域文明的基础。接着苏美尔文明、阿卡德文明、巴比伦文明、埃兰文明、犹太文明、伊朗/波斯文明和伊斯兰文明等文明形态都存在于古西亚地区。其中，波斯文明是丝绸之路上最活跃的组成部分。古代伊朗最辉煌的萨珊王朝基本统一了伊朗和两河流域南部，萨珊文化也成了西亚文明与印度、中亚和中华文明交流的中间站。其次，西亚国家的社会组织形态比较特殊，各种部落、氏族通过婚姻、联姻等方式相互联结，构成了一个由部落组成的大家族社会。这种社会组织形态对于当时西亚地区的政治、经济、文化等方面都产生了重要的影响。另外，西亚是伊斯兰教、基督教和犹太教的发祥地，民族与宗教持久的冲突较为严重，主要表现为五大民族和三大宗教的错综交织。阿拉伯民族、土耳其民族、波斯民族、库尔德民族信奉伊斯兰教，信仰犹太教的犹太民族在人数上虽不是大民族，但它建立的以色列国却使之成为强势民族。在西亚，表现为不同民族信仰不同宗教、同一民族信仰不同宗教、不同民族信仰同一宗教的各种复杂问题和矛盾时有发生。

南亚即亚洲南部，包括印度、巴基斯坦、孟加拉国、斯里兰卡、尼泊尔等国家。南亚地区的语言体系包括英语、梵语、印地语、孟加拉语和克什米尔语等。南亚既是世界四大文明发祥地之一，又是佛教、印度教等宗教的发祥地。南亚文化以印度吠陀文化为基础，其典型的文化特征表现为多民族、多语言、多文字、多哲学流派、多宗教信仰和高度精神化。印度的主体民族和主流文化都是外来的，不是发源于印度本土。印度的宗教活动十分活跃。婆罗门教衍生出了佛教和耆那教，后来又衍生出了印度教。印度教本身就是一个十分庞杂的体系，在这个体系中，有数不清的派别，信奉数不清的神祇，有数不清的礼拜仪式，有完全不同甚至完全对立的教义。

南亚拥有背景久远的历史文化，却能全盘接受西方的政治体制，十分罕见。因其政治体制及法律构建与西方类似，加之在英国殖民时期语言积累的优势，南亚的代表国家印度和巴基斯坦在独立后，所发展起来的民主文明是发展中国家的重要代表。同时，印度的贫富差距很大，可以分为白人区和印度人区两个世界。白人区是西方的世界，建筑气派优雅，公共设施完善。印度人区是贫民窟，文盲人口比率和贫困人口比率较高。另外，男女不平等和种姓制度也成为古老印度文化的印记。

作为文化品牌的丝绸之路，包含着丰富的文化内涵与历史象征意义。丝绸之路沿线的多数国家对于中国的好感几乎都源于对中国传统文化和古代文明的认同。例如，吉尔吉斯斯坦国家历史博物馆里收藏有中国汉代和唐代的青铜镜制品，吉尔吉斯斯坦比什凯克的国家银行钱币博物馆收藏有当年在古丝绸之路流通的中国钱币。哈萨克斯坦中央国家博物馆的独特馆藏之一为刻有"故阙特勤之碑"的唐代大理石石碑，碑面刻有汉文和古代突厥文两种文字语言，背面为汉文部分，内容为唐玄宗悼念已故突厥可汗阙特勤的悼文，据传为唐玄宗亲笔书写。这块碑刻为哈萨克斯坦在丝绸之路上的历史作用提供了佐证。因此，从文化的角度，丝绸之路的概念最容易被中亚及沿途国家所接受和认可。传统的文化认同有助于打好新丝路的文化牌，新时代需要传承和借助已经拥有的、良好的、人文交流的、传统与合作的基础，催生出相似的文化形式，讲好中国故事，传播好中国声音。

2023 年 6 月，中国常驻联合国代表在维护国际和平与安全安理会高级别公开会上，呼吁尊重人类文明多样性，聚焦共同发展。多样性是世界的基本特征，也是人类进步的源泉。文明只有特色地域之别，绝无高低优劣之分。相互尊重、平等相待、增进互信是国家间关系保持稳定和良性互动的基本前提。

丝路之光不仅照亮了古代，也照亮了当代。在全球化的今天，人们更加意识到文化的多元性和交流的重要性。新时代丝绸之路沿线国家的建设需要秉承古丝绸之路的精神，尊重并了解西亚、中亚和南亚不同国家文化的差异性和多样性，通过打造新型的文化圈，塑造中国在国际社会中的形象，从而实现沿线国家对中国传统文化和价值的认同。

（二）文化交流和文化产业合作

通过弘扬丝路精神，可以推动文明之间的对话交流，加强文化产业与其他产业的交流与合作。丝路不仅是经济合作的平台，更是文化交流的媒介。各国之间的文化交流可以加深了解，减少误解和偏见，促进友好合作。丝绸之路沿线国家已经开始积极开展各种文化交流项目和活动。比如，通过举办文化节庆活动、艺术展览、音乐会等，来展示各国的传统文化和现代艺术成果。此外，学术交流也是丝绸之路沿线国家文化交流的重要方面。学者们通过学术研讨会、学术期刊、联合研究项目等方式，共同深入探讨历史研究、语言学习、艺术理论等领域的问题。例如 2023 年 5 月中国 – 中亚峰会期间，中国同中亚五国达成系列合作共识：组织中国和中亚影视节目展映；加强中国 – 中亚大众传媒交流合作；推动高校和大学生交流，举办青年文化节、论坛和体育赛事；推动互设文化中心；推动中国同中亚国家人民文化艺术年暨中国 – 中亚青年艺术节等。

丝绸之路沿线国家的文化产业得到了快速的发展，涉及电影、音乐、艺术、传媒等领域。这些国家之间积极开展文化产品的输出和交流合作，通过影视作品、音乐会、艺术展览等形式将各国的文化传递给更广泛的受众，从而推动丝路沿线各国同心同行。同时，在推广中国文化方面，我们可以从市场入手，充分挖掘中亚民众独特的审美标准，利用中国传统文化资源，尽快创造出一批具有鲜明中国文化特色、深厚中国精神内涵、符合大众需求的主打文化作品，如电视剧、电影、动漫、音乐、舞蹈、武术等。在"走出去"的推广过程中，可以运用具有本地色彩的策略，凸显中国传统价值观在当下文化背景下的可行性。

1. 文化创意产业发展

文化创意产业是文化产业发展到一个新阶段的产物。相较于传统文化产业，文化创意产业更具创新性，同时其也是文化产业不断升级和突破边界的必然结果。文化创意产业属于新的学术、政策以及产业论述范畴。它能够掌握大量新兴经济企业的最新动态，这是诸如艺术、媒体和文化产业等领域难以做到的。随着全球经济的演变和科技的不断进步，丝绸之路沿线国家的文化创意产业正迅猛发展，成为促进经济增长和文化交流的重要力量。在国际市场上，丝绸之路沿线国家的文化创意企业及其从业者也将占据重要地位并产生深远影响。

丝绸之路沿线国家的文化创意产业具有独特的地域特色和文化资源。各国在传统工艺、音乐舞蹈、服装设计、手工艺品等领域拥有丰富的文化遗产和创意资源。当前，中亚、西亚各国政府纷纷制定相应的政策和措施，支持文化创意产业的发展。在各国审美体制、审美习惯均存在差异的情况下，通过充分挖掘和利用这些资源，实现"交融—变异—创新"的文化传播模式，恰恰体现了多民族文化之间相互借鉴、创新与发展的丝路宗旨。

当代创意审美文化及其产业化的发展既为丝路文化资源的开发与增值提供了新路径，又为重新阐释丝路提供了新的视角。就当前丝路文化遗产的利用现状来看，产业化开发的程度仍然处于较低级阶段，亟待引入文化创意产业以对传统模式进行改造。从总体上看，博物馆、演艺、旅游、节庆、出版、艺术品等业态是目前丝路文化资源向现代转化的主要途径，而网络视频、动漫、游戏、VR/AR、影视节目等新兴的数字文化业态则尚未成为主要途径。2015年以来，"互联网＋文创"行业的增速较快，使其位居文化产业的十大行业之首。这恰恰表明，以新理念和新模式为主要特征的文化创意新业态才是文化产业持续发展的动力。目前，加快推进文化创意新业态对传统丝路旅游业、博物馆展示业、工艺品制造业的改造，进而再造丝路文化空间才是丝路文化资源现代转换的主要内容。

2. 文化交流合作项目实施

我国提出的"丝绸之路经济带"不仅是经济合作之路，更是文化发展之路。为促进丝绸之路沿线国家的文化产业交流合作，各国积极建设了多种形式的文化交流平台。这些平台涵盖了艺术、电影、音乐、文学、传媒等众多领域，丰富了文化产业的内涵和外延。在艺术领域，丝绸之路沿线国家开展了多种形式的合作项目，如举办联合艺术展览、艺术创作交流营，实施艺术家驻地计划等。这些项目为艺术家提供了展示才华和交流经验的平台，促进了不同文化之间的对话和交流。不少国家也设立了文化交流机构、艺术学院和研究中心，为艺术家、学者和创意从业者提供了合作与交流的机会。在电影领域，丝绸之路沿线国家积极开展合作项目，推动电影产业的繁荣发展，共同制作影片、签订影视合作协议、举办电影节等。通过电影的传播和交流，丝绸之路沿线国家可以更好地展示各自的文化形象和价值观念。在音乐领域，丝绸之路沿线国家加强了音乐方面的交流与合作，如举办音乐节、音乐工作坊、音乐交响演出等活动。这些项目不仅促进了不同民族音乐的互鉴和融合，也为音乐人才的培养和成长提供了机会。在文学领域，丝绸之路沿线国家开展了多种形式的文学交流项目，如举办文学研讨会、创建写作工作坊、制订作家驻地计划等。这些项目为作家和文学爱好者提供了交流、合作和学习的平台，促进了不同文学传统和创作思维的交流与碰撞。

丝绸之路沿线国家还借助国际展览、文化节庆、文物修复等活动，打造了一系列文化交流平台，进行了跨地域的文化对话。这些平台通过论坛、展览、表演等形式，吸引了全球的目光和参与。2022年，上海合作组织国家人文交流论坛等重大活动，为丝绸之路沿线国家的文化交流提供了重要的舞台。近几年来，中亚各博物馆之间的交流日益密切，同属亚洲文明的哈萨克斯坦与我国多年来保持着良好的文化交往与合作，并不断探索如何在尊重差异的基础上扩大文明互鉴。比如，中亚最大的博物馆——哈萨克斯坦国家博物馆与中国合作并举办了许多文化活动，与中国多家文教机构签订了合作备忘录。2018年，哈萨克斯坦国家博物馆与西安大唐西市博物馆联合举办了欧亚草原早期游牧民族文化展，旨在弘扬千年丝路传承下来的友谊与文化传统，加强两国博物馆的交流与合作，促进中国和丝绸之路国家的文化交流。这是大唐西市博物馆第三次引进的丝路沿线中亚地区的境外展览，也是哈萨克斯坦国家博物馆首次走进中国举办文物展览。2019年，由中国驻哈萨克斯坦使馆主办的"七十年辉煌成就——庆祝新中国成立 70 周年主题图片展"在哈萨克斯坦国家博物馆举行。

中国 – 中亚峰会，是 2023 年中国首场重大主场外交活动，也是建交 31 年来，中国和中亚六国元首首次以实体形式举办的会议，并取得了很多文化合作的成果，包括开展联合考古、文化遗产保护修复、博物馆交流、流失文物追索返还等合作；启动中国同中亚国家人民文化艺术年暨中国 – 中亚青年艺术节；组织中国和中亚影视节目展映和加强中国 – 中亚大众传媒交流合作；中方邀请中亚五国参与实施"文化丝路"计划等。

（三）语言服务与教学合作

1. 语言服务与人才培养

语言是"对话"的基础，民众通过学习彼此国家的语言，可以增进对彼此文化的认知。广义的语言服务是指所有以语言为工具或项目内容而开展的服务，包括语言翻译服务、语言教育服务、语言支持服务等。语言服务作为国家语言能力的一个窗口，是服务于国家倡议、促进丝路沿线国家的发展和合作、构建"命运共同体"的有效途径和基础保障。丝路沿线国家的发展和合作要跨越不同宗教、民族、国家、历史和文化障碍，必须要通过地道准确的语言服务深化对彼此的理解，进而搭建好友好合作的桥梁。

2005 年 5 月，中国国家汉语国际推广领导小组办公室成立了中亚第一所孔子学院——塔什干孔子学院，并由中国兰州大学和乌兹别克斯坦塔什干国立东方学院合作建设。2007 年，西安外国语大学与哈萨克斯坦欧亚大学合作，建立了该国首个孔子学院。目前，哈萨克斯坦已经有 5 所孔子学院。自 2015 年以来，哈萨克斯坦研究中心和哈萨克语言研究机构在中国多地运行。2014 年 9 月，中国石油大学（华东）塔吉克斯坦冶金学院孔子学院成立。2023 年 5 月，中塔两国元首签署《中华人民共和国和塔吉克斯坦共和国联合声明》，其中特别提到了"双方高度评价塔吉克斯坦民族大学孔子学院和塔吉克斯坦冶金学院孔子学院在学习中国语言文化方面发挥的重要作用"[①]。自成立以来，这些孔子学院致力于本土化、专业化、民间化推进中国语言文化的学习，为培养各国经济社会发展所需的高质量

---

① 中华人民共和国和塔吉克斯坦共和国联合声明 [N]. 人民日报，2023–05–19（03）.

人才、增进与中国人民的友谊和人文交流、共建"一带一路"贡献了特殊力量。

同时，在北京、西安、上海等地的外国语大学也设有哈萨克语言文学、波斯语、阿拉伯语、土耳其语等小语种专业，招收中国学生，为社会发展提供多样化的语言文字培训和服务。例如，2016 年西安外国语大学成立的丝绸之路语言服务协同创新中心（下文简称"协创中心"），于第八届亚大翻译论坛正式启动。协创中心发挥了外国语大学的语言优势，为丝路沿线国家合作提供语言服务和社会服务。西安外国语大学积极依托国家倡议，在 2023 年中国 - 中亚峰会中，积极发挥专业学科与人才智库作用，组织学生为中国 - 中亚峰会承担服务工作。志愿者师生在峰会期间以良好的专业素养、精益求精的敬业精神展示了西安这座千年古都的魅力，向世界讲好中国故事、传播中国声音，赢得了外交部、参会外宾和国内外媒体记者的广泛赞誉。

为了更好地实现语言服务社会和国家的目标，我们需要搭建语言服务行业信息交流平台，交流的信息包括人才培养计划、语言服务商对人才的录用信息、政府对语言服务市场的政策导向以及政府对外资企业和供应商的管理办法等。

2. 科学研究与学术交流

教育与学术交流是一个既充满挑战又充满机遇的领域。各个国家在现代教育和学术领域中面临着共同的问题和需求，包括科学研究、教育改革等方面。通过加强教育和学术交流，丝绸之路沿线国家可以互相借鉴经验、合作研究、促进教育改革，从而实现共同发展和繁荣。丝绸之路沿线国家的高校和研究机构之间的学术交流也在不断加强。学者们通过学术研讨会、学术期刊、联合研究项目等方式，共同探讨历史研究、语言学习、文化传播等方面的问题。

在高等教育方面，丝绸之路沿线国家开展了一系列学术交流计划，鼓励教师和学生互访、合作研究。这样的交流可以推动知识和经验的互通，以培养更具国际竞争力的人才。此外，建立跨国合作项目，共同开设双学位、联合培养项目，能够使学生获得更广泛的学术资源和国际化的教育背景。

丝绸之路沿线国家在科学研究领域也存在着相似的问题和挑战，如科研资源不足、科研水平较低、科研经费紧缺等。通过加强学术交流，这些国家可以共同解决科研难题，提高科学研究的水平和质量。例如，可以通过组织联合研讨会、组建学术研究团队、发行学术期刊等，促进学者之间的交流与合作。通过资源共享和协同创新，可以提高科研水平，加快科学成果的产出。此外，可以加强科研人员之间的交流与合作，鼓励科研人员进行互访，开展合作研究项目，从而推动学术思想的碰撞和创新，激发学术研究的活力。

第二节　汉唐文化对丝绸之路沿线城市的发展意义

丝绸之路在中国境内主要通过黄河流域（关中平原和黄土高原）、河西走廊和沙漠绿洲三大生态区域和地形顺连，这些自然区域都有其独特的自然环境和人文特征，在历史变迁和城镇兴衰上也各有差异。自西汉对西域实施行政管理以来，丝绸之路主要沿着交通干道、河谷地区和绿洲地带向西延伸。陕西境内从西安（古长安）出发向西，沿着泾河、渭河，经陇东高原到河西走廊的沿线地域；宁夏境内丝绸之路经过贺兰山与黄河西南的部分区域；甘肃境内主要沿着黄河沿岸和河西走廊一线；新疆主要沿着盆地和高山交界的边缘地域范围。纵观古今，丝绸之路沿线的地域环境没有发生根本性的变化。

在中国历史上，汉朝和唐朝都是强大的统一王朝，汉唐文化是中国封建社会中一种最重要的文化形态，包括汉唐建筑遗址、历史遗物、文学诗歌、书法绘画、教育哲学思想、宗教信仰等物质、精神以及制度文化。封建社会虽已过去，但汉唐文化蕴含的历史文化精神与内涵影响至今，在中国传统文化史上有着举足轻重的作用。如今中国虽然已经步入新时代，但是只有挖掘汉风唐韵、传承中华文明瑰宝，才能使中华文明从根本上得以真正复兴。当今，随着世界经济的全球化、区域一体化进程的加速推进和中华文明的传承与弘扬，丝绸之路再次成为国际商贸、人文合作与交流的焦点。在这一背景下，作为中国古代最繁盛的历史时期，汉唐盛世以其蕴含着儒家仁、义、礼、智、信高尚品德的汉唐文化影响着我们一代又一代的华夏儿女，对丝绸之路沿线的城市建设和发展具有重要的影响和启示。

一、汉唐文化与黄河流域城市发展

（一）区域自然和人文特征

黄河是中华文明的摇篮，它的两岸记载着中国几千年的文明史，蕴藏着极为丰富的自然和人文旅游资源。黄河所流经的省、区，包括关中平原和黄土高原两大地貌类型区，其沿途的风俗民情各具特色、文物古迹众多、自然风光奇特，具有很高的文化价值和旅游价值。

基于黄河流域优越的自然条件，我们的祖先很早就选择在这一地区定居，黄河流域也成了中华文明的发祥地。随着生产力的发展，出现了商品农业，城市开始萌芽。关中平原地势平坦，自古有"八百里秦川"之称。这里气候温润，土地肥沃，水系纵横，有"八水绕长安"的优越自然条件，是西北地区的重要粮仓，也是我国最早、最先进的农业经济地区之一。尤其是处于四通八达的水陆交通枢纽地位的泾渭河谷地区，自古以来就是重要的城镇建设地区和兵家必争之地。黄土高原黄土广布、沟壑纵横、地表起伏大。这一地区为半湿润、半干旱的温带大陆性气候，有冬寒夏热、寒暑变化剧烈且昼夜温差大的特点。黄土高原自然条件优越，其质地疏松、肥力较强的黄土使它成为我国土地资源最丰富的地区之一。

秦朝统一全国后，黄河流域成了当时中国农耕经济最发达的地区，全国大部分的城镇分布于此，其中的都城咸阳更是全国的中心城市。两汉政府设立的"属国"也在此演化为城镇。这一时期是黄河流域城镇形成及发展的初期，这里一般城镇规模较小，只拥有生产、居住、集贸或防卫等最基本的城镇功能，但也有秦咸阳、汉长安这样成熟的城市。隋唐时期城镇变得数量更多、规模更大，隋唐两代均在黄河流域建都长安，长安是我国古代，也是当时世界上最大的城市。隋唐时期城镇的职能增添了交通、商贸等特色。随着生产力和商品经济的发展，尤其是丝绸之路贸易的繁荣，形成了一批具有交通、商贸职能的新型城镇。关中地区还是西北地区的重要粮仓，商品农业促进了黄河流域城镇文化的建设和繁荣，也成就了汉唐长安城成为世界大都市这一辉煌的历史印迹。

从上古时代到隋唐以前，黄河流域一直是我国政治、经济、文化中心，中华文明由此发祥传播。从中国西安，经陕西、甘肃、新疆沿线分布的众多城市是丝路文化的承载地和传承者。以西安、兰州等为例，就丝绸之路沿线这些重要的节点城市而言，深入研究其城市文化对传承"丝路文化"、构建新丝绸之路城市文化体系具有重要的意义。

中国古代的文化遗产，特别是汉唐文化所蕴含的历史文化价值与精髓，对于当今社会的影响是极为深远的，在中国的文化史上占有重要的地位。作为汉唐时期的政治、经济中心，西安是世界文化历史名城之一，其在中华文化的塑造和发展中扮演着不可替代的角色。汉唐文化作为陕西文化软实力的重要组成部分，对于促进区域经济发展具有重要的推动作用。根据《陕西历史文化资源研究》所述，西安的汉朝文化遗址主要有 15 处，西安的唐朝文化遗址主要有 37 处。许多历史文化遗迹在西安等待着游客们的探寻，如汉唐长安城遗址、大雁塔、小雁塔、大明宫遗址、华清宫遗址、香积寺善导塔和西安碑林等。这表明，陕西不仅拥有丰富的汉唐文化资源，而且是中国古代文化和文明的发祥地和孕育之地。"丝绸之路经济带"的文化平台为陕西向全世界展示和弘扬汉唐文化提供了绝佳机会。

天水、兰州都位于黄河两岸，也均为沿河区域的主要城镇。兰州是沿黄河的唯一一个位于中心城区之中的省会城市，自古以来便被作为"丝绸之路"上的商业重镇和著名的"茶马互市"。从汉朝到唐朝，随着丝绸之路的开辟，兰州逐渐成了重要的交通枢纽和商业中心，成了连接西域少数民族的关键城市，同时也成了沟通东西方、促进经济文化交流的关键纽带。丝绸贸易带来了兰州的繁荣和发展，也使得兰州在东西方文化的融合和传播中起到了非常重要的作用。如今，兰州作为"丝绸之路经济带"的关键节点城市，拥有众多汉唐文化历史遗迹，如国家一级博物馆——甘肃省博物馆内的一级文物就有 686 件，其中以各种汉代彩陶、汉代简牍文书、汉唐丝绸之路珍品、佛教艺术瑰宝等珍贵文物为特色。因此，处于西部地区交通枢纽的兰州，是联通西部地区和中部地区的重要战略通道，在国家区域发展和西部地区对外开放战略中具有举足轻重的战略地位。

（二）汉唐文化视域下城市发展的优化路径

丝绸之路和黄河交汇所产生的文化交流孕育了文化的多样性和独特性，使得文化可以通过创造性的改变得以不断地丰富和扩展。具体地说，我们可以利用考古文化资源，探索人类水陆交通变迁史，并通过深入了解其背后的不同文化背景，揭示不同文化之间的交流历史，从而更好地认识人类的发展历程，也理解不同文化之间的和谐与差异之处。例如，可以以数字科技与文学艺术相结合的方式，生动地讲述丝路与黄河交汇的历史故事。这样一来，我们就能够再现古渡口、古桥梁、古寺庙和古驿站过去的荣光，更好地诠释道路之会、渡口之融和桥梁之通所带来的文化繁荣。通过参与文化旅游活动，我们可以重新走过丝路和黄河交汇的文化之路，重新认识人类文化交流互鉴背后的重要意义。

1. 发挥西安在丝绸之路的龙头作用

中国古代文明在经过从汉到唐长期的、连续的、有方向性的整合以后，才发展成为我们现在所说的传统文化。毫无疑问，西安既是汉唐文化遗产的聚集地，同时也是古代中国文化与文明的滋养与发展之地。如今，西安拥有了通过"丝绸之路经济带"这一文化平台向全球发掘和推广汉唐文化的机会。陕西汉唐文化具有勇于探索和创新的特质。汉代司马迁所编写的《史记》不拘一格，创新性地采用了纪传体的写作形式。当时普遍应用的牛耕技术及革新的铁质农具，也充分地体现了汉唐时期开拓创新的精神。陕西唐文化的创新和发展可以从各类寺塔的兴建，曲辕犁、水轮以及筒车等的发明中得到证明。陕西汉唐文化所表现出来的是兼容并包、积极进取的文化自信。此外，汉武帝制定了乐府制度，并积极搜集民间书籍和诗歌。自张骞出使西域以来，西汉政府每年都会派遣使节加强与亚欧其他国家的联系。在唐代，有超过 10 万外国人来到长安城居住，大约占城内总人口的十分之一。在城内随处可见来自突厥、回鹘、吐火罗、粟特、波斯和天竺等不同民族的人。上述这些都可以充分说明汉唐文化能够很好地与外来文化进行交流和融合。

陕西汉唐文化既具有开放性、包容性等特征，同时也拥有丰富的文化遗存及文化积淀。因此，我们要充分发挥西安的区域优势、资源优势等，充分发挥其在经济发展中的龙头作用，让汉唐文化在推动陕西国际化和促进西安经济发展中发挥重要的作用。从现实角度来看，陕西省应在加强与丝绸之路沿线国家的经济合作的同时，提升丝绸之路起点的形象，抓住文化发展的机遇。陕西省还应当积极参与"丝绸之路经济带"的合作开发，将长安的汉唐文化传播至丝绸之路沿线地区。

西安应当坚持"和平合作"的丝路精神，突破区域限制，实现文化之间的"强强联合"，创造出高质量的"连带效应"。除了推进先行示范外，西安市还应积极与咸阳、宝鸡、渭南、汉中等城市进行沟通合作，以西安为中心，向周边发展，推动陕西省汉唐文化资源的整合和发展。西安还需要有计划地整合汉唐文化资源和其他各类资源，实现文化间的协同互补，以形成更强的联合效应。例如，应当充分结合半坡、姜寨等代表仰韶文化的要素，与汉唐文化融合发展；精心整合渭水之滨、陕北高原等炎黄部族文化，与汉唐文化融会贯通；巧妙融合陕西三大不同区域的气候、地貌、生物类型等生态文化，与汉唐文化相生相融。汉唐文化作为中华民族的珍贵遗产，在推动教育的发展中扮演了至关重要的角色。西安可以通过设立文化、历史与艺术研究机构，加强人们对汉唐文化的学习和研究，进而培养更多了解并传承汉唐文化的专业人才。此外，举办文化艺术节、学术研讨会等活动，也有助于提升城市的学术氛围和文化软实力。

西安应当坚持"开放包容"的丝路精神，为促进陕西汉唐文化的快速发展构建可信赖的新交流平台。为此，应加快汉唐文化资源的基础设施建设，在保障地区稳定的同时，为陕西汉唐文化与世界文化的交流提供优质的硬件设施，让其更好地"走向世界"。西安应该建立竞争和管理制度，构建汉唐文化相关领域的人才队伍，并使其发挥产业领军人物的先锋作用。同时，也应该吸引并雇用专业人才，提高服务水平，以更好地促进陕西汉唐文化的发展。西安应该充分理解丝绸之路沿线国家的历史文化、风土人情，尊重不同宗教习俗和文化传统的特色，真正深入理解汉唐文化，走出"观光体验"的固有模式，进入"深入人心"的领域。只有这样，西安才能够更为准确、高效地运用汉唐文化资源，让广大人民群众领略到陕西汉唐文化中所蕴含的重要精神价值。

西安应以丝路精神为指导，积极创新宣传陕西汉唐文化的方式，并在政府政策允许的范围内，推进互学互鉴、互利共赢的合作模式。首先，建议策划一系列大型文艺演出，如"梦回大唐""长恨歌""天汉传奇""梦长安""驼铃传奇"等，借鉴"大唐女皇""大唐玄奘"等创作模式，深入挖掘汉唐历史人物身上的故事和情感，用歌剧、舞台剧、电影等多种形式呈现汉唐文化精髓。与此同时，还应设计独特的文化纪念品，打造别具特色的品牌。另外，还可以运用现代新媒体技术，让宣传范围更加广泛。例如，将汉唐文化旅游景区作为拍摄取景点，通过上传至各种手机 App，运用最新的理论知识和流行的网络语言来传播和宣扬汉唐文化精神。还可以通过使用传统文化艺术形式如皮影戏和剪纸等，重新阐释汉唐文化的经典主题，赋予其现代感和创新性，进而创作出优秀、先进的艺术作品。可以借助旅游电子商务公司的力量，采用先进的 4D、航拍、VR 等技术呈现汉唐景区的美景，借助"丝绸之路经济带"文化平台的引领作用，展现陕西汉唐文化的无限魅力，进而吸引更多游客。

现如今，西安已经是一个备受瞩目的旅游胜地。作为一个文化和历史氛围浓厚的城市，西安拥有着较大的发展潜力，已经成为一个以文化和历史为主导的旅游城市。以前作为丝绸之路起点的长安城，现在在推动丝绸之路沿线地区的经济、贸易和文化发展方面，再度成了世界关注的焦点，备受投资者青睐。例如，著名的大唐西市、曲江文化大唐不夜城、大明宫遗址公园等项目的启动，正是在西安悠久的历史文化背景和独特的商业模式下进行的。这些项目为西安丝路文化旅游的开发奠定了深厚的文化基础，因此西安应该深入发展专题旅游产品和线路，打造丝路旅游项目，开展服务"黄河旅游带"的一站式旅游，大力宣传如"行走的课堂"的汉唐旅游研学路线，使新一代青年人在耳濡目染中感受汉唐文化的魅力。

2. 发挥兰州在丝绸之路的桥梁作用

甘肃省作为中国向西开放的重要门户和次区域合作的重要基地，同时也是推动丝路繁荣、人文交流、环保可持续和谐共建的不可或缺的力量。其省会兰州已被国务院批准为中国西北地区重要的工业基地和综合交通枢纽。兰州是西部地区的重要中心城市之一，是丝绸之路经济带上的一个至关重要的节点城市。5000年前就有人类在兰州定居，这里也是古代丝绸之路的重要城镇。西汉时期，政府为了治理地方，设立了县治。这些县治中，其中一个取名为"金城"，寓意是汤池一样的坚固和稳定，它就是兰州。随着丝绸之路的延伸，自汉至唐、宋时期，兰州逐渐成了交通要道和商埠重镇。这里与西域少数民族的联系十分紧密，同时也是黄河文化、丝路文化、中原文化和西域文化的重要融合地。

兰州应秉承丝路精神，发挥连接中原文化与西域文化的桥梁作用，连接好汉唐历史文化和现代城市，从而培育和保持城市文化的精神特质。城市是一个庞大的开放系统，城市的精神化身是集城市各个层面文化的大成，是时间的积累和历史的积淀。只有在历史传统文脉的延续和传承中，精神特质才能得到显现和提升。所以，培育和保持城市文化的生态特质、历史传统特质是彰显城市精神特质的基础和前提，城市文化的精神特质是前两种基础特质的升华。丝路沿线城市的文化发展要凸显差异化优势，不断提升城市知名度，发挥凝聚功能，从而塑造鲜明的城市精神形象。以兰州为例，其文化建设缺少对深厚文化资源的挖掘和深度提炼，没有突出其在汉唐时期的地位和作用，从而导致城市文化没有形成高度凝练的城市精神。而兰州是丝绸之路经济带的重要节点城市，地处丝绸之路经济带经贸、产业、人文、旅游、生态合作的黄金段，其城市文化形态带有典型的地域环境特征，因此兰州应该在继承、弘扬传统古代汉唐文化的基础上，注重提高新时代文化的创新性，使其在保持黄河文化的前提下，凝练城市精神，逐渐走向现代化。例如，继续优化沿黄两岸亮化工程，提升"夜游黄河"接待能力；依托黄河楼、白塔山、黄河母亲像、中山桥、风车园等沿黄景点，通过声光电、水雾火、全息投影、多维激光等新型舞台技术，展现高端视听效果；发展汉唐历史资源、产业配套、民间收藏和休闲消费，做好创造性转化，实现从"作品"到"产品"再到"商品"的转化，使文化遗迹成为赋能经济发展、助推产业升级的新动能。

此外，甘肃敦煌旅游遗迹的级别较高。兰州可以采取打造汉唐文化博物馆旅游组合的方式，构建"大文博"理念体系。可以以兰州市博物馆为载体，引入高品质展览，与甘肃省博物馆、敦煌研究院、读者、四库全书馆、地质博物馆以及大学校史馆等机构建立联系，实现资源共享和协作办展。这样可以构建一个功能完备、普及共享的文化旅游服务系统，并将系列的汉唐文化展览带到校园、企业、社区、商圈、酒店以及地铁等不同场所中，让历史文化真正地融入市民生活。

二、汉唐文化与河西走廊城市发展

（一）区域自然和人文特征

河西走廊东起乌鞘岭，西至甘新交界，介于青藏高原、蒙古高原、黄土高原和塔里木盆地之间，因位于黄河以西祁连山脉与走廊北山之间，呈东南－西北带状走向，被形象地称为河西走廊，包括武威、金昌、张掖、酒泉和嘉峪关五市。河西走廊地处欧亚大陆腹地，远离海洋，降水稀少，但是阳光充沛，光能和热能资源丰富。此外，河西走廊的高山融雪所产生的充足水源也为邻近沙漠边缘的农田提供了良好的生长条件。人类在河西走廊的活动主要集中在那些自然条件良好的绿洲地带。这一地带的地势相对较为平坦，位于河流下游，形成了大小不一的绿洲地带。由于具备良好的灌溉条件，这里的农业发展程度相对较高，同时这里也是河西地区城镇分布十分密集的区域。

汉武帝时期，汉朝与匈奴的力量对比发生了巨大的变化，汉武帝为"断匈奴右臂，张中国之掖"以通西域，于元狩二年（公元前121年）令霍去病为骠骑大将军，将万骑出陇西，击匈奴，过焉支山千余里，于元狩六年（公元前117年）

收复河西，先后在河西置四郡，即武威、酒泉、张掖和敦煌。甘肃东部、河西走廊乃至西域诸地悉归西汉管辖。据《汉书·地理志》记载，西汉时河西四郡已有居民 6 万多户，近 30 万人，由于当时农业重点开垦区大体在大黄山以东的石羊河流域，凉州（今武威）成了河西走廊最富庶和最繁华之地。可谓"河西安，丝路通，四郡强，丝路畅"。

隋唐时期是河西走廊的第二个大发展时期。隋朝统一全国后，中西交通随之畅通。隋炀帝大业五年（公元 609 年），西巡，在甘州（今张掖）召见了西域 27 国的使者，进行政治、经济、文化交流，盛况空前，又置酒泉、敦煌、常乐三郡，河西走廊城镇得以恢复发展。这也使历代经营河西的大本营由武威西移至张掖。张掖位于河西走廊中部，地处交通十字路口，向南可达湟水谷地、羌中地区，向北沿黑河可直抵昭武、居延，并可伸向蒙古高原腹地，西可抵天山南北，东可达中原。公元 618 年，唐朝代隋而立，逐步成了中国历史上极为强盛统一的封建王朝。其首都仍在长安，政治中心在以长安为中心的西部地区，河西走廊被统一在唐王朝的疆域之内，归属陇右道。道下设州，这里先后设立了凉州（治姑臧）、甘州（治张掖）、肃州（治酒泉）、瓜州（治晋昌）、沙州（治敦煌）。这是继汉代以后，河西走廊最繁荣的时期。

因为南北山脉之间的地形平坦，所以河西走廊成了连接中原地区和西域、中亚、西亚的必经之路。它是丝绸之路东西贯通的主要道路，同时也是历代中原王朝在西北的边防要地。尤其因为河西走廊独特的农牧业资源与周边高山、荒漠形成了强烈的反差，所以从地理位置上来看，它处于咽喉地位。

丝绸之路的开通不仅促进了东西方文明的交流和发展，而且也使得各个民族在这里相聚一堂。来自东方的汉族、党项族和满族，来自北方蒙古高原的匈奴、鲜卑、突厥、回鹘和蒙古等族，来自南方青藏高原的羌族、吐谷浑族和吐蕃族，来自西方的昭武九姓和其他民族，以及从这里向西迁徙的塞种族、乌孙族和月氏族等都在这里汇聚，增进了彼此之间的往来、交流和融合。由于政治、军事、经济等领域的活动以及中西方文明的交流，该地区的人口、文化和物质得以发展，同时城镇也相应地形成和发展。这里曾是连接中原和西域的交通要道，历史上多民族在此地冲突与融合，形成了丰富多样的文化。河西走廊地区独特的自然风光和人文景观星罗棋布、数不胜数，如壮丽的祁连山脉、浩瀚的巴丹吉林沙漠、古老的"天下雄关"嘉峪关长城、雅丹地貌、亚洲最大的山丹军马场等。同时，河西走廊是佛教艺术的重要发展地之一，拥有众多的石窟和寺庙，如敦煌莫高窟、天梯山石窟、榆林窟、张掖马蹄寺、张掖大佛寺、武威鸠摩罗什寺、雷台汉墓、金昌五泉寺等。每一座石窟都见证着佛教在河西走廊上的发展和传播。其中最著名的敦煌莫高窟，被誉为"东方的艺术瑰宝"，是中国古代艺术宝库之一。

（二）汉唐文化视域下城市发展的优化路径

1.发挥武威在丝绸之路的门户作用

武威的绿洲农业发达，能够为城市发展提供保障。武威是河西走廊的"东大门"，更是进出河西走廊的门户、商队的中转站、中西货物互通有无的商贸集散地，也是丝绸之路上僧人、传教士、使者、工匠的驻息歇脚处。武威是汉唐金戈铁马的沙场，大漠驼铃的边塞，蒙藏化干戈为玉帛的沟通站，中原文化和西域文化交流碰撞的熔炉，彰显着大汉王朝的"武功军威"。

从汉唐都城长安出发，沿着渭河溯流而上，过宝鸡、天水，再跨黄河出兰州，便可至武威，它是进入河西走廊的第一重镇。丝绸之路在河西走廊以东有4条通道，到武威后合而为一，纵贯张掖、酒泉，到敦煌后又一分为三，分为北道、中道、南道，通向西域。

在古丝路断绝数百年后，今天的武威要继续发挥它过去的门户作用，延续成为新丝路经济带上的重镇。为此，武威需要做到以下几点。首先，门户离不开交通，穿越武威的高速铁路，是现代丝路延伸的引擎。武威需要大力发展如兰新高速公路、干武铁路、武金高速贯穿全境的交通。2006年，中国最长的铁路隧道之一——兰新线乌鞘岭隧道建成通车，直线翻越天然屏障，使得欧亚大陆桥通道上的"瓶颈"最终被消除。2014年，甘肃省第一列中欧国际货运列车"天马号"从武威南站出发，到达了哈萨克斯坦阿拉木图市。此后，武威南站成了甘肃省最大的货运编组站，甘肃几乎所有的中欧班列都从武威出发。作为甘肃全力打造的国际陆港，武威正在重回向西开放的前沿。

其次，大力保护和开发以边塞唐诗为依托的历史遗迹和文化名胜。唐诗的恢宏、洒脱、豪迈是中华五千年的瑰宝，隽永豪迈的唐代诗篇是璀璨夺目的时代与文化的动力。唐朝开疆拓土，涌现出一批边塞诗人，王维、岑参、白居易、杜牧等人，都为这里写下了脍炙人口、流传千古的诗词名句。盛唐时期的凉州，成全了多少诗人对边塞的想象。唐朝加强了对少数民族地区的统治，增强了民族自豪感，这也是唐诗豪迈、恢宏、壮丽的一个重要原因。唐朝与西北边疆、西域地区、突厥、吐蕃都发生过战争，在漫长、残酷的战争中形成了边塞诗体。全唐诗有近2000首边塞诗，以《凉州词》为题，或以凉州为背景的诗就有100多首。例如，王翰借汉代之"古"抒己怀——"醉卧沙场君莫笑，古来征战几人回？"王之涣描绘了一幅经典的边塞风景——"羌笛何须怨杨柳，春风不度玉门关。"诗人岑参道尽了沙场无情，表达了期盼亲人的一纸书信的愿望——"东去长安万里馀，故人何惜一行书。玉关西望堪肠断，况复明朝是岁除。"这些边塞诗基调或雄浑豪放，或浪漫悲壮，是边塞诗中思想性最深刻、想象力最丰富、艺术性最强的部分，也展现出了浓郁的家国情怀。当今，武威要想弘扬文化自信、树立民族自豪感，需要传承经典、诵读唐诗，借助唐诗的感染力合理保护和利用文化资源，发展人文旅游，如发展武威文庙、雍凉书院和白塔寺等人文古迹。另外，唐时盛行于凉州的西凉伎、唐时河西节度使所献的《霓裳羽衣舞》都是传承汉唐文化、发展人文旅游的重要依托。同时，武威马文化也素来深厚。雷台汉墓著名的铜奔马，以及同时出土的铜马车仪仗队，都是武威作为"天马之乡"的见证。尤其如凌空踏鸟飞驰的铜奔马，仿佛在它最灵动的刹那冻结，转眼两千年，它的出土惊艳了世界，当之无愧地成为武威最出彩的城市名片。[1]

最后，继续发展丝路经典线路。甘肃旅游推介会上的"三区三州"旅游大环线，以青藏高原区为核心，联动了丝绸之路沿线的绿洲、戈壁、沙漠和高山地貌景观，以及多元的民族历史文化，线路全长1万多千米。按照特色不同，大环线设置了4条支线线路，武威是北段—西段的"丝路文化经典线"上绕不开的黄金节点城市。这片神奇而富有魅力的土地，诠释着古丝绸之路文明的博大精深，描绘出了丝路文化的美丽画卷。自运营以来，线路把河西走廊四郡串联在一起，使人们能够舒适地体验环线沿路的自然景观与人文风情。

知晓武威的历史，便不难看出丝绸之路对武威所产生的影响。如今的西部大开发和"一带一路"倡议，为武威提供了历史机遇。武威应当结合现有的"唐代边塞诗""唐代凉州乐舞""酒文化""马文化"等地域文化和汉唐文化，重现往日文化与经济并重的繁盛，重现往日威武气象。

---

[1] 西阳."马踏飞燕"出土地——武威[J].小学生之友（中），2017（11）：8-9.

2.发挥张掖在丝绸之路的明珠作用

古为河西四郡之一的张掖郡，取"断匈奴之臂，张中国之掖（腋）之意。此地千百年来物阜民丰，故有"金张掖"之美誉。地处青藏高原向内蒙古高原过渡地带，富集了冰川、雪山、森林、草原、河流、湖泊、丹霞、戈壁、峡谷等丰富壮美的自然景观。唐代诗人岑参的名篇《过燕支山寄杜位》，大诗人李白的"虽居燕支山，不道朔雪寒"的千古绝唱，连同宜人的气候、奇特的地貌使之成了丝绸之路河西走廊上的一颗光彩夺目的明珠。

为了进一步发挥张掖曾经的明珠地位，首先应当大力推介当地的自然资源和生态旅游，开发新业态，提升自然景区的宣传营销，全面推进自然景观的高质量发展。例如开发千峰叠翠、溪流潺潺的国家4A级旅游景区——焉支山景区，以及开发《西游记》里的张掖黑河、高老庄、莲花山、流沙河、弱水、通天河等地。持续擦亮文旅名片，做强文旅产业，推动结合区域优势的文旅产业高质量发展。

据考证，丝绸之路东段，自长安（今西安）进入甘肃境内到张掖的路线有三条，分为南线、北线、中线。到张掖汇合后，由张掖往西变成一条，经临泽、高台、酒泉至敦煌。自敦煌往西又分为三条路线，至大秦。由此可见，张掖在丝绸之路上所处的位置之重要。因而，需要持续打造和推介张掖历史文化旅游区，使之重现古丝绸之路三道汇合的繁华。张掖现有文化遗迹1270多处，有西夏国寺、马蹄寺、文殊寺"三大古寺"，屋兰古镇、黑水国古城、骆驼古城"三大古城"等。霍去病大破匈奴、隋炀帝举办"万国博览会"、马可·波罗旅居张掖等，都为这座丝路名城刻下了多彩的历史文化印记。因而，可以持续推介古遗址、古寺庙、古镇和老街为一体的项目，拓展历史文化名城外延，重现丝绸之路汇合处张掖城的人文景观和商业繁华。例如，打造"记住甘州"沉浸式演绎丝路商旅融合项目，全力绘制张掖版的"清明上河图"。[1]凭借秀丽风景、佛窟悬壁、儒家研学、民族风情等优势，打造以"天马饮水踏马蹄"为名片的马蹄寺等项目。同时，因农耕文化、民族文化、丝路文化、佛教文化、边塞文化在这里交融荟萃，可以结合多元文化和风土人情，举办各类传统文化艺术节和民俗文体活动，如传统赛马、沙噶等竞技项目和赛马、摔跤、射箭、民族服饰展示等牧区活动，再现大唐帝国马背民族悠久的草原游牧文化，同时提升旅游新形象，释放消费潜力。

---

① 王康，韩潇然. 丝绸之路上的张掖 [J]. 文物鉴定与鉴赏，2023（6）：158–161.

三、汉唐文化与沙漠绿洲城市发展

（一）区域自然和人文特征

古丝绸之路沙漠绿洲沿线的城镇，大多是在西域古国和屯垦的基础上发展演变而来的，它们证实了漫长的丝绸之路的形成与发展历程，维护了丝绸之路的稳定与繁荣，担任了丝绸之路文明的传播桥梁与守护者。丝绸之路沿线的沙漠绿洲地区主要包括我国西部新疆地区的沙漠绿洲地带。该区域在历史上被称作西域，位于我国中原王朝政治统治中心的西部，地域辽阔，地处中纬度亚欧大陆腹地，是我国早期的游牧民族聚集地。

西域地处我国西北内陆干旱荒漠地带，自然环境相对较为恶劣，北部有阿尔泰山、中间有天山、南部有昆仑山、东部有阿尔金山、西部有喀喇昆仑山和帕米尔高原的阻隔和包围。历史上西域的人类活动和聚落发展主要位于山脉围合起来的两大盆地：天山南部的塔里木盆地和北部的准噶尔盆地。

天山由于南北水土、光热条件的差异和沙丘性质的不同，孕育出众多具有不同文化基础和特征的西域古民族和古国家。昆仑山北麓气温相对较高，农耕文明发展的历程较早。塔里木盆地南缘绿洲的民族则在两汉之前过着半耕半牧的农牧交替式生活。而天山南北靠近北部寒带气候区，不利于农作物的生长，两汉以前这些区域的民族主要采取逐水草而居的游牧式生活方式，此地畜牧业发展方式较落后。

这里具有多民族聚集的特征，蕴藏着民族关系的复杂性和区域发展的动荡性。秦汉以前，大大小小的城郭国家和众多相对封闭的少数民族于此处聚居，如大月氏、乌孙、车师、匈奴、乌丸、鲜卑、氐、羌、汉、高车、突厥、西辽、回鹘、吐蕃、蒙古、哈萨克等民族和小国家。汉唐时期，佛教、祆教、摩尼教、景教、伊斯兰教逐步由葱岭西部传入西域古国，影响远及我国中原内陆的广大区域，加速了沿线地区人类文明的发展。自汉通西域后，沿线稳定的政治环境和商贸往来丰富了沿线人民的物质生活，带来了农耕文化。随着两汉时期张骞的出使和内地中央政权影响的逐步深入，这些绿洲城镇在保卫边疆上的重要战略意义逐步显现出来，由此成了封建王朝开发经营的重点区域。此后，随着人类文化进程的推进和丝绸之路带来的经济活力，民族之间兼并、融合加深，人口大规模迁徙，民族文化扩散、整合，构成绿洲沿线多民族文化与城镇建设相互促动发展的局面。

（二）汉唐文化视域下城市发展的优化路径

虽然已经经历了几千年沧海桑田的风雨变迁，在我国新疆的土地上，三十六个西域小国的遗迹仍可追寻。例如，分布在今中国境内的新疆伊犁哈萨克自治州的乌孙国，是当时西域最大的城邦国家，其最盛时有35万人，以游牧生活为主。乌孙国是汉代连接东西方草原交通的最重要国家之一，与汉朝建交、结盟最频繁。西汉武帝时期，张骞联合乌孙国共同对抗匈奴。汉昭帝末年，乌孙受到匈奴和车师的联军攻击，解忧公主上书求西汉朝廷出兵救乌孙。

分布在今新疆阿克苏地区库车市、拜城县的龟兹古国，在汉唐时期，是中央政府的政治中心。东汉时期，班超任都护一职，将西域都护府迁至龟兹。唐朝曾两度将安西都护府设置于龟兹，并在此设立政权机构管理西域地区。龟兹当时是中国古代西域大国的都城。此地百姓擅长音乐，龟兹乐舞便发源于此。龟兹古城保存着包含古代印度犍陀罗、龟兹、吐蕃、中原汉地文明的大量文化遗存，对研究、发掘龟兹石窟的文化艺术内涵，以及对研究中亚、西亚乃至东亚的古代文化渊源有着重要的意义。

分布在今新疆和田市一带的于阗，汉朝时人口有8万多，也是当时的大国之一。它曾是古代西域的佛教王国，隋唐时期一直是中原佛教的源泉之一。于阗国以农业、种植业为主，是西域诸国中最早获得中原养蚕技术的国家，该国手工纺织业发达，特产以玉石最有名。10世纪，于阗国被喀喇汗国吞并，逐渐伊斯兰化。11世纪，其人种和语言逐渐回鹘化。

分布在今新疆若羌县的楼兰，其遗址散布在罗布泊西岸的雅丹地形之中。汉昭帝时，楼兰改国名为"鄯善"，汉朝在此设都尉、行屯田，使之成为中央政府控制西域的战略支点。东汉时，楼兰在丝绸之路上依然占据重要位置，是内陆通往西域的重要交通枢纽。隋唐时期，楼兰便很少见于史载，逐渐地消失了。

作为连接亚欧大陆的重要节点，新疆在丝绸之路经济带中既是我国向西开放的重要门户，也承担了构建和发展这条经济带的重要职责；它不仅是面向国际市场和国内市场的重要舞台，同时也是充分利用国际资源和国内资源的重要阵地。从现实角度来看，新疆具备着无可比拟的地缘区位优势。因此，整个新疆要当好建设丝绸之路经济带的排头兵，延续东汉丝绸之路的"三绝三通"。

在政策沟通、道路联通、贸易畅通、货币流通、民心相通"五个纲领"的指导下，新疆可以重新找到古丝绸之路的定位。在政策沟通上，借助每年一届的亚欧博览会，举办"丝绸之路经济带"高峰论坛、中国—亚欧博览会，邀请各国政府部门、学术机构、智库和媒体等就各国发展战略、区域规划等进行探讨和交流。在道路联通上，按照打通从太平洋到波罗的海的运输大通道，逐步形成连接东亚、南亚、西亚的交通运输网络思路，继续加强新疆境内的交通运输网络，加快新疆基础设施建设。在贸易畅通和货币流通上，积极配合国家有关部门，深入研究新疆对外开放和投资、贸易便利化措施，加速区域经济一体化，推动新疆经济更快融入国内甚至国际经济体系中，努力把新疆打造成中国向西开放的重要门户。

新疆的文化遗存、遗产众多。我们应当利用新疆与内地、周边国家地缘相近、民族相亲、文化相通等独特的优势，大力促进民心相通。可以通过一系列的文化活动，如文化年、旅游年、文化艺术节等来增进各国之间的相互了解。这样可以有效地相互学习和交流，传承传统文化。通过研究历史，我们可以发现，现今的维吾尔族音乐在某种程度上延续了中国汉唐时期的《龟兹乐》《疏勒乐》《高昌乐》等"西域大曲"的传统，这种音乐风格一直延续到 16 世纪，并在叶尔羌汗国宫廷中形成了具有广泛影响的基本格局。维吾尔族音乐将中国汉唐时期的"西域大曲"中的歌曲、舞蹈和音乐紧密结合，呈现出了内容与形式的完美交融。作为连接千百年来不同文明的桥梁，新疆如今已成为汉唐文化的重要交流站。同样，中华文明的发祥地、中国道教文化里被誉为"万山之祖"的昆仑山，也位于西域。这恰好表明了古代新疆作为亚欧大陆连接东亚的唯一通道的重要性，表明中原与西域在文化上紧密交织。可以这样说，古代新疆是中华文明在不断发展壮大的过程中，向外吸收营养的重要通道。

第三节　西安丝路文化故事与文化符号

一、西安丝路文化故事

丝绸之路在我国历史上占据了重要的位置，是古代中国与外国进行交通贸易和文化交往的陆上通道。始于西安的古丝绸之路最早是在西汉时期发展起来的。西汉张骞出使西域，获得了西域诸国各方面的信息，历史上称他的这次出使为"凿空之举"。正是因为丝绸之路的开通，使得汉朝时的中国经济一度领先世界 1000 年。公元前 60 年，西汉在西域设置西域都护府，这标志着丝绸之路正逐渐进入鼎盛时期。有了西汉的良好开端，后来的各朝代都格外注重丝绸之路的发展。唐朝时期，丝绸之路的发展更是使得长安一度成为当时的经济和文化中心，全国的商品都汇集于长安，文化交流多发生在长安，甚至有不少国家派出遣唐使到长安学习文化及技术。

由此可见，西安是中华民族悠久历史和丰富文化的重要发祥地，同时也是人类文化发展最早的地区之一。西安是中华民族数千年历史中具有崇高的地位和无比辉煌的一座城市。罗马哲学家奥古斯都曾经表达过这样一种思想："一座城市的历史就是一个民族的历史。"①西安作为一座历史悠久的城市，仿佛是一本生动的史书，透过它，我们可以看到中华民族的历史变迁以及丝绸之路的瑰丽传说。

（一）地名传承

1. 三桥

三桥这个名字最早起源于公元前 104 年的西汉，其境内历史古迹中有被称为"天下第一宫"的秦阿房宫、汉建章宫、双凤阙遗址等。

汉武帝时在章城门外的渭河桥上修建便桥，使之成为长安通往西方的咽喉之地，作为丝绸之路的东起点。由于在章城门外并列布置着三座通往城外的大桥，故从西汉开始，此地始称"三桥"。汉唐时期，被誉为长安西大门的这方沃土，桥通业盛、商贾往来，经贸繁荣盛极一时，是古长安繁盛的真实写照，故号称"长安第一镇"，是长安城西行的必经之路。

王莽时期，三桥曾被损毁。隋唐时期又开始重新修建。唐德宗年间，出现了兵变，唐德宗外逃，叛军攻破了长安。大将李晟带领人马从长安城北打到长安城南，终于战胜了叛军，收复了长安城。胜利后的李晟身穿五彩铠甲，在三桥跪迎德宗皇帝。唐德宗对李晟感激涕零，遂重赏李晟将军。

如今，三桥隶属于西安市沣东新城三桥街道办，北边是汉长安城遗址，南边有秦阿房宫遗址，三桥立交纵横交错，地铁贯穿东西，是重要的交通枢纽。春去秋来，年复一年，皂河的水流尽了记忆里兵荒马乱的年代，却让人们铭记了那些荡气回肠的故事和满载辉煌的过去。

① 林树旺.战国琉璃巡礼[M].西安：陕西师范大学出版社，2011.

2. 苗驾庄

苗驾庄隶属西安市长安区灵沼街道管辖,位于老 108 国道以南,本地人称"苗庄"。据村碑记载该村建于宋代,系五代十国战乱时从外地逃荒的农民聚集成村,因祈求禾苗庄稼丰收而得名。还有一种说法是古代西南地区有苗族的首领到唐代都城长安朝拜,曾路过此地休息,故称"苗驾庄"。

2009 年,西安市文物稽查队在当地发现了一种被称为"钱范"的珍贵文物,这是古代铸造金属货币时所使用的模具。古代的钱币通常是用青铜铸造而成,在制造过程中,工匠们将青铜加热至高温直至变成液态金属,再将其倒入一个钱模中,然后用另一个钱模将其盖合。当青铜液体冷却后,便会被浇注到模具中,成为钱币的形状。

根据相关介绍,这批被发现的钱范是由夹砂红陶制成的,长 45 厘米,宽 23 厘米,厚 5 厘米,重约 5 千克。在钱范中部的槽两侧,均匀排列着 60 个圆形的古钱范形,这些钱模直径约 2.8 厘米,中间的方孔边长为 0.7 厘米,没有文字,模与模之间有细槽相连。经初步判断,这 19 块钱范极有可能来自汉代,而且保存状况良好。随后,西安市文物稽查队对当初挖掘钱范之处进行了勘查,发现了少量残缺的钱范和绳纹瓦当。据文物稽查人员推算,此处地下还应埋有大量的钱范,这一带可能是西汉铸造钱币的机构,汉武帝建元五年(公元前 136 年)的廓半两,元狩五年(公元前 118 年)始至西汉末年的五铢钱、小五铢钱及铁五铢钱就铸造于此。钱范的发现对深入研究西汉时期的货币铸造工艺、经济发展水平以及西域和中亚、西亚商人在长安经商交易的货币流通情况都具有参考意义。

如今的苗驾庄,仍有老人讲述着村中的传说,也有学者考证着这里的传说和历史。无论是上古岁月后稷的足迹,还是百姓的自然聚居,甚至是留存的西汉钱币,都是长安一隅、村子故事的延续,能够长久留存下记忆。

(二)历史名人

1. 苏武牧羊

汉武帝时,汉朝不断讨伐匈奴,双方多次派使节互相侦察。其中,出身将门的西汉杜陵人(今陕西西安人)苏武被任命为中郎将,持节护送扣留在汉的匈奴使臣回国,并临时招募士卒、斥候百余人一同前往。然而,匈奴却扣押了苏武,并要求他臣服单于,苏武严词拒绝。匈奴单于为了逼迫苏武投降,命人将他幽禁在露天的大窖中，不给他东西吃，也不给水喝，苏武饥渴难忍，就吃雪和旃毛维生，但绝不投降。单于敬重苏武的气节，不忍心杀害苏武，又把他流放到北海放羊，还对他说："什么时候公羊生了小羊，就放你回汉朝去！"苏武来到北海，每天一边放羊，一边遥望汉朝的方向。他抚摸着出发时汉武帝亲手交给他的那支使节，思念家乡亲人和朝廷，就连晚上睡觉时也紧紧地把使节抱在胸前。日复一日，年复一年，他的头发和胡须都变得花白了，连使节上挂着的旄牛尾装饰物都脱落了，只剩下一根光溜溜的杆子。

武帝天汉二年（公元前99年），汉武帝派李陵出征匈奴，后因寡不敌众被活捉，后来投降于且鞮侯单于，并奉命去北海劝苏武投降，但苏武仍然义正词严地拒绝了。就这样，苏武在北海牧羊长达十九年之久。十几年来，当初下令囚禁他的匈奴单于和汉武帝都已经去世了，始元二年（公元前85年），汉昭帝派出使者来到匈奴，要求放回苏武、常惠等人。当初苏武出使匈奴时，随从的有一百多人，但同他一起回来的只有常惠等几人。苏武出使匈奴时刚四十岁，在匈奴受难十九年，在昭帝始元六年（公元前81年），终于回到了长安。回到长安后，百姓们都出门迎接，称赞他是个有气节的大丈夫。为了表彰苏武的功绩，汉昭帝封他为典属国，主管内迁大汉国的少数民族事务。苏武面对威逼利诱忠心耿耿，不畏强权，忠贞不屈，彰显了可歌可泣的爱国精神。

同时，他也是丝绸之路重要的开拓者之一，汉宣帝采纳苏武建议后，与乌孙国联合攻击匈奴，彻底削弱了匈奴势力，使大汉北境得到了进一步的巩固。之后，汉宣帝采纳了苏武长治西域的建议，在西域设置了都护府，代替朝廷管理西域36个国家。他开通了通往西域的关贸，鼓励商队将内地的丝绸等商品运往西域，也鼓励西域诸国组织商贾来大汉经商。汉朝不但以丝绸锦帛换取了西域的奇珍异宝，而且以汉文化影响了西域人民，使西域长治久安。苏武通使、通关、通贸、通婚、通心的主张也得以初步实现。如果说张骞是第一个开通西域的人，为丝绸之路的开通打下了坚实的基础，那么苏武辅佐宣帝兴建西域都护府，组织商队到西域互通有无、互利互惠，就是丝绸之路的第二开拓者。

2. 玄奘取经

历史上的玄奘法师生于隋仁寿二年（公元602年），俗姓陈名祎，河南偃师人。玄奘自幼聪慧超群，勤奋好学，13岁时出家，取法名玄奘。他曾游历各地，拜访多位著名的佛学大师，深入探究佛教学问。在此过程中，他涉猎了当时各个佛学派的理论，并深入领悟了它们的精髓。然而，他依然有很多疑虑，于是决定前往印度寻求真理，去探讨佛经的教义。

贞观三年（公元 629 年），玄奘从长安出发，经过兰州，抵达凉州（今武威）和敦煌。他独自一人冒险穿越大戈壁，历经重重艰难险阻，最终到达了伊吾（今新疆哈密）。在高昌王麴文泰的帮助下，他沿着丝绸之路的传统北道前行，到达了印度，并拜访了那烂陀寺——当时规模最大的佛教寺院。他曾在印度停留多年，游历了整个印度国境，丰富了自己的佛教知识。由于他对佛学经典的掌握十分精深，掌握了包括经、律、论在内的三类经典，因此被赋予"三藏法师"的称号，这在佛教界堪称至高荣誉。最后，玄奘于贞观十九年（公元 645 年）回到了长安。据历史记载，他前往西方寻求佛法，历时 17 年，行程达 5 万里，足迹覆盖了 138 个国家，最终带回大小乘佛教、经律论共 657 部。返回故土后，玄奘被唐太宗召见，并居住在长安的弘福寺，后又住在大慈恩寺，专心致志地翻译带回的佛经，一共翻译了 75 部，共计 1335 卷。他创立了法相宗佛教学派，培养出了很多著名弟子。应唐太宗的要求，玄奘依据自己的旅行经历，创作了《大唐西域记》这本宝贵的著作，内容涵盖了当时西域和丝绸之路的相关资讯。他的一生经历被记载在由其弟子慧立和彦悰所著的《大慈恩寺三藏法师传》中。玄奘取经历尽千辛万苦，他的坚韧意志和高尚精神深深感染着后人。尤其是根据他取经的故事改编而成的著作——《西游记》，更是让他成为众所周知的神话人物。

从汉唐丝绸之路开拓发展的角度来看，玄奘对于中外文化交流做出了巨大的历史贡献。这种贡献表现为：一是他通过《大唐西域记》完整地记录了古印度的历史面貌、风俗物产、文化宗教等情况，是对汉代张骞开通的丝绸之路在地域上的新拓展；二是他以亲历亲闻，对唐初西域诸国的情况做了更为翔实的记述，为唐代的丝绸之路的西域部分留下了极为珍贵的文献资料；三是玄奘西行之旅以佛教为纽带，具有宗教交流特点，这在汉代张骞所开通的丝路交往之外，增添了政治、军事、经济交流之外的新内容；四是玄奘的西行作为一次文化交流之旅，既可吸收文化，也可输出文化，体现了文化交流的平等原则。在这个过程中，人们以才德服人，彰显了文化交流的核心价值和本质意义。这种交流为促进不同国家和民族之间的文明交流建立了杰出的典范。可以这样说，玄奘通过自己一生的实践,确立了一种全新的文明互动方式,即平等、和睦、友好、相互借鉴、互相汲取经验。这种模式促进了不同文明之间的相互交流、合作与共同发展。这是玄奘在促进唐代丝绸之路的发展方面所做出的杰出贡献,也能为当今不同国家、民族之间的交流往来提供深刻的启迪。

3. 傅介子勇杀楼兰王

西汉初期,楼兰处于西域的咽喉要地,是丝绸之路的枢纽。丝绸之路北道出玉门关,经罗布泊西部的楼兰古城,西行到营盘城北上,越库鲁克塔格山到吐鲁番,再经库尔勒西行到喀什;南道出阳关,经罗布泊南部楼兰古国到莎车。南北两道都要经过楼兰。我国内地的丝绸、茶叶,西域的马、葡萄、珠宝,最早都是通过楼兰进行交易的。因此,在汉朝驱逐匈奴、开辟丝绸之路和统辖西域的过程中,位于交通要道上的楼兰成了至关重要的枢纽。

在张骞开辟了通往西域的路线以后,为了打击和驱逐匈奴,汉武帝制定了一系列措施来管理西域和把控丝绸之路。楼兰地处丝绸之路的要冲,东邻敦煌和河西走廊,西通西域各国。汉朝和匈奴争夺该地成为必然。公元前108年,汉武帝派遣赵括率领数万大军攻打楼兰。此举不仅使楼兰归降汉朝,还促进了丝绸之路上的文化交流和商贸往来的繁荣,并进一步扩大了汉朝在西域地区的影响。早期的汉朝十分注重西域之路的开辟,那时的西域之路从河西走廊出敦煌向西,到达楼兰后分为南北两路。楼兰因此成了"负水担粮、送迎汉使"的重要中转驿站。

然而,汉宣帝时,西域楼兰国经常在汉朝和匈奴之间摇摆不定。自入质匈奴的楼兰王子回国继承王位后,楼兰转而臣服于匈奴,多次阻截或杀死汉朝的使者和商人,直接影响到了丝绸之路的安全。公元前77年,汉朝断然采取措施,派西汉外交家、平乐监傅介子率勇士携带黄金锦绣至楼兰,于宴席中斩杀楼兰王。傅介子手法狠厉、言行果决,令楼兰人畏惧万分,经过一番思考,楼兰人就按照傅介子的要求另立在汉的楼兰质子为国王,并臣服于汉朝,此后楼兰更名为"鄯善",一直和西汉保持着友好关系。傅介子依仗汉朝声威,远至西域建功,返回汉朝后被赏封为义阳侯。他成为威震西域的铁血使者,为打通丝绸之路立下了汗马功劳。

4. 解忧公主西嫁乌孙

元狩四年(公元前119年),张骞建议汉武帝联合乌孙共御匈奴。汉武帝便派张骞率领三百人的使团，携带大批金帛及数万牛羊，出使西域结交乌孙。当时的乌孙王猎骄靡不愿长久蜷缩于匈奴肘腋之下，接受了汉朝的礼物，派使者随张骞前往长安，迎娶西汉江都王刘建之女刘细君，并献上良马数十匹作为答谢。汉朝从此与乌孙国正式建立了结盟关系。

细君公主去世后，武帝为维系汉乌之间的友谊，完成联西域、断匈奴右臂的计划，封解忧为公主。解忧身为第三代楚王刘戊的孙女，下嫁岑陬，使汉和乌孙继续保持友好关系。岑陬死后，按照乌孙的婚俗，岑陬的同族兄弟肥王翁归靡继位并继娶解忧公主。汉宣帝时，匈奴发兵侵袭乌孙，解忧与翁归靡同上书请汉出兵救援。本始三年（公元前71年），汉军大败匈奴，解救乌孙，从此汉代北方边疆得到了较长时间的和平，汉武帝长期经营的"联姻乌孙以制匈奴"的战略得以实现。

解忧公主是对汉朝贡献最大的和亲公主，她为了大汉的开拓，不计个人的利益与得失，毅然接受使命，远嫁乌孙，稳固了大汉边界的安全，加快了大汉统一西域的进程，为大汉和乌孙的发展做出了重要的贡献。由于解忧西嫁的缘故，汉王朝与乌孙国的信使往还，不绝于途。汉使到大宛、月氏等地，均从乌孙通过，相继不绝。同时，解忧公主还多次派遣和亲侍女出访西域三十六诸国，大大加强了汉朝与整个西域在政治、经济、文化等方面的交流与合作。

（三）历史政绩

1. 文景之治

在汉朝初年，因为多年的战争和动荡，社会经济陷入了低谷。于是，汉廷采纳了黄老之术，实施了"轻徭薄赋""与民休息"的政策。在汉文帝和汉景帝时期，他们实行了无为而治的政策，使得社会经济获得了极大的发展，这便是著名的"文景之治"。

汉文帝厉行节俭，衣着朴素，他还下诏禁止郡国进献奇珍异物，政府因此得以控制开支，从而减轻了人民的经济负担。在经济政策方面，汉文帝采取了减轻赋税和徭役的措施，并完全免除了田租。这表明，官府有充足的粮食储备，能够在一定程度上改善农民的生活状况。在外交上，汉文帝对周边国家不轻易出兵，沿袭汉高祖时期的和亲政策维持和平，以免耗损国力。

在汉景帝刘启统治的16年间，基本遵从了父亲文帝的治国方略，推行"削藩策"，削弱诸侯封地，平定七国之乱，巩固中央集权，勤俭治国，继续奉行"与民休息，无为而治"的既定方针，致力于发展生产、减轻赋税。文景二帝还十分注重农业发展，多次颁发命令鼓励人们从事农业生产；根据人口比例，设置了三老、孝悌、力田若干人员，并提供奖赏以激励和表彰农民。在景帝晚期，国库充盈，粮食充足，国力大增。

在文景时期，汉朝的经济得到了快速发展，人民的生活水平显著提高，汉朝的物质基础得到了极大的增强。文景时期是中国历史上一个繁荣昌盛的时期，这一时期经济和文化飞速发展，为后来汉武帝征伐匈奴、开通丝绸之路打下了坚实的物质基础。丝绸之路会在汉武帝时期开始形成，除了汉武帝的雄才大略和霍去病、卫青等大将的崇高家国情怀外，西汉高祖、惠帝、文帝、景帝四代帝王的休养生息、苦心经营为其提供了先决条件。

2. 怛罗斯之战

怛罗斯之战是唐朝安西都护府的军队与阿拉伯帝国的穆斯林、中亚诸国联军在怛罗斯城（今哈萨克斯坦东南部江布尔市）发生的战役，战场在葱岭（今帕米尔高原）以北。怛罗斯是中亚石国（昭武九姓之一，今乌兹别克斯坦塔什干）的第二大据点，《新唐书·石国传》记载："怛罗斯城，石国常分兵以镇之。"安西都护府是唐太宗于贞观十四年（公元 640 年）攻灭高昌国后，在西域设立的一个军政机构，统辖安西四镇。龟兹（今新疆库车）、焉耆（今新疆焉耆）、于阗（今新疆和田）、疏勒（今新疆喀什），这四个由安西都护府统辖的军镇在历史上存在了一个半世纪，它们对于唐朝政府抚慰西突厥、保护中西陆上交通要道、巩固唐的西北边防都起过十分重要的作用。

这场战争的背景和争夺西域有关，唐太宗时期，悄悄崛起的两个帝国分别为位于青藏高原的吐蕃帝国和位于中东的阿拉伯帝国。它们垂涎中国的富庶，开始觊觎和争夺安西四镇。从唐高宗到武则天在位的 62 年间，唐朝在西域与吐蕃进行了连续不断的拉锯战，终于将太宗皇帝所打下的基业维持住了。

到了玄宗时期，唐朝经过几十年的休养生息，在唐玄宗的领导下开始了大规模的对外用兵。此时的阿拉伯帝国也加入了争夺西域的行列，并在开元三年（公元 715 年）和开元五年（公元 717 年）开始和唐朝军队在西域发动战争。由于地理上的巨大优势，更因为唐军与吐蕃的战争而无暇顾及西域，阿拉伯帝国不断向中亚扩张。军事加上宗教的影响使得唐朝原本在西域的属国粟特诸国纷纷倒向了阿拉伯一边。

为了对抗阿拉伯在西域的扩张，大名鼎鼎的高仙芝在此时登上了历史舞台。他是唐朝中期名将，高句丽人，善骑射，骁勇果敢。幼时随父入唐，20岁时便被授予将军。到了开元末，高仙芝已官至安西副都护、四镇都知兵马使等职。高仙芝于天宝六年（公元747年）被唐玄宗任命为行营节度使，从安西出发行军。在翻过葱岭，越过沙漠，经过了3个月的长途跋涉后，唐军抵达了吐蕃连云堡（今阿富汗萨尔哈德），先于吐蕃发动两次战争，并取得了全面胜利，从而进一步提升了唐朝的国力和威望。天宝十年（公元751年），高仙芝亲自率兵抵达阿拉伯人控制的怛逻斯，双方在怛逻斯河两岸展开了决战。高仙芝的军队与阿拉伯军相持5天，未见胜负。后来由于唐军中的葛逻禄部众突然反叛，与阿拉伯军夹击唐军，导致高仙芝兵败，只剩下数千人返回。

怛罗斯之战虽以唐朝兵败而告终，但是由于大唐军队在怛罗斯之战中表现出的顽强战斗力，阿拉伯军队未敢乘胜追击，转而向欧洲扩张。从战略上讲，唐朝要恢复在中亚的控制权就必须击败阿拉伯帝国，而阿拉伯帝国要完全控制中亚则必须击败唐朝。怛罗斯之战的结果是阿拉伯帝国完全控制了中亚，使中亚开始了整体逐渐伊斯兰化的过程。但是，这场战事似乎对两国没有产生任何巨大的影响，大唐依然牢牢控制着西域，阿拉伯帝国的势力也始终没有越过葱岭。两国的外交及贸易一如既往，如怛罗斯之战后第二年，安西唐军在驻守安西各地的情况下，还能分兵远征大胜吐蕃，攻占了吐蕃战略要地大勃律，阿拉伯也派人求和于唐朝。这也说明安西唐军的实力并未被怛罗斯之战削弱。也正是因为这场战事，大唐和阿拉伯帝国达成了某种默契，基本划定了两国默认的战略界线，这也是后世中国历代基本遵守的国土边界，直到今天也大致如此。最后，这次战事也基本确定了华夏文化和伊斯兰文化的地域分界，虽然在唐以后西域逐渐伊斯兰化，但汉文化也始终没有退出，这一地区成了两种文化包容发展的沃土，造就了今天我国西北特色鲜明的多样文化。

（四）文化交流

1.《十部乐》

《十部乐》是唐朝初期，在隋末《九部乐》的基础上发展形成的宫廷宴乐，在贞观十六年（公元 642 年）完成。贞观十一年（公元 637 年），唐朝废除隋文帝《九部乐》中的《文康伎》，贞观十四年（公元 640 年）将唐代创作歌颂唐朝兴盛的《燕乐》列为首部。贞观十六年（公元 642 年），唐太宗宴请百僚群臣，加奏《高昌伎》，始成《十部乐》。宫廷设置这些乐部的目的是显示大唐帝国国力的强盛。

　　唐朝建立后，国力日渐强盛，尤其到开元、天宝年间，唐都长安不仅是全国的政治、经济和文化中心，也成为国内外各民族和外国人的集散地。在此种背景之下，外来音乐和舞蹈经丝绸之路传入了中原地区。丝绸之路的凿空为唐朝音乐的发展起到了输送新鲜血液、造就多样形态、融合发展传播的重要作用。《十部乐》中除《清商乐》是南朝以来的雅乐，《燕乐》是新作外，其余八部几乎全部来自西域或域外各民族的音乐，为唐代社会各阶层所接受。这些外来乐舞，大多在南北朝时期已经传入中原，具有鲜明的民族风格和地方色彩，多以地名、国名为乐部名称，绝大部分曲名是音译。它们从侧面反映了唐初各民族、各地区乐舞以本来面目汇集中原，逐渐相互吸收、融合、发展的总趋势。

　　外来乐舞中，以龟兹乐位居首位，据称当时龟兹乐已普及唐朝宫廷甚至街头巷尾。龟兹（今新疆库车市）在古代是西域三十六国之一，信仰佛教。在宗教情怀的驱动下，再加上对印度与波斯音乐的萃取，龟兹成了丝绸之路上的音乐之城。龟兹乐有用乐器进行演奏的器乐、乐器配合人声歌唱的声乐和声乐配合舞蹈表演的舞乐。一般演奏一曲，龟兹乐曲要用到 28 种乐器，相比中原传统的"八音"还要复杂多。涂上油漆的羯鼓可以演奏出激昂铿锵的战斗曲，筚篥与横笛两种常用的龟兹乐器也风靡唐朝。唐人在使用龟兹的四弦曲项琵琶时，发明了二十八调。这里特别值得一提的是龟兹乐人苏祗婆，他将龟兹琵琶七调由西域传入中国，使得中国传统的五音音阶发展为七音音阶，这一发展，被后人称为"中国音律的一大变革"。轻快热情的曲风、曼妙精灵的舞姿，使龟兹乐舞迅速赢得各族群、各阶层的青睐。无论是隋朝的《七部乐》，还是唐朝的《十部乐》，龟兹乐都位列宫廷音乐之中。唐太宗、唐玄宗都是乐舞爱好者，他们各自主编的《秦王破阵乐》《霓裳羽衣曲》，是两部盛唐宫廷乐舞之代表，都糅合了龟兹乐的元素。汉唐的不少历史文献、笔记、资料、传奇小说都在不吝夸奖龟兹音乐。玄奘在《大唐西域记》中对龟兹乐的评价是："管弦伎乐，特善诸国。"

《十部乐》具有显著的娱乐性质，其主要功能之一是在宫廷宴饮中表演助兴。唐代皇帝设宴款待群臣，常常演奏《十部乐》以助兴，宴会持续的时间较长，并有其他歌舞表演参与，氛围愉悦。《十部乐》的娱乐性还能用乐器体现出来。琴、瑟等弦乐器多倾向于表现清微淡远的旋律，笙、箫、笛等管乐器多倾向于表现抒情的旋律，击乐器多倾向于表现热烈明快或气势磅礴的旋律，因此各部乐的风格都能鲜明地表现出来，如《燕乐》庄严、《清商乐》与《西凉乐》优雅、《康国乐》热情、《龟兹乐》丰富等。同时，作为官方举办的大型宫廷歌舞表演，在外交场合中，以娱乐为目的的歌舞表演掺杂了政治的因素。《十部乐》不同的性质与功能可由统治者在不同场合中体现出来，或在欢庆的宴饮中助兴，或在外交场合中立威。但无论如何，由隋唐统治者积极传承与吸纳传统乐舞与外来乐舞而形成的《十部乐》充分展现出了唐代开放、自信、包容的对外政策，极大地促进了文化的发展与繁荣，完美地再现了当时驼铃声声、羌笛悠扬的音乐交流的丰硕成果。

2. 茶道千秋

中国茶文化博大精深，以茶为载体的茶文化，是茶与文化的有机融合。《旧唐书·列传·卷一百二十三传》记载："茶为食物，无异米盐，于人所资，远近同俗。既祛竭乏，难舍斯须，田闾之间，嗜好尤切。"由此可见，饮茶风气在唐代尤为兴盛，茶已经成为唐人日常生活中不可或缺的一部分，并占据重要的地位。

最早关于茶的历史要追溯到神农尝百草，将茶入药作为药引。到了武王伐纣时期，茶叶开始作为贡品和祭品，再到西汉时期，茶叶则转换为商品。汉朝时期，通过古丝绸之路，中国独有的特产被传到欧洲，其中就包括茶叶。"茶兴于唐"并非空穴来风，是具有一定史学依据和经济因素的。大唐的政治、经济、文化高度发展，社会的安定为饮茶文化奠定了丰富的物质基础和文化底蕴。陆羽在总结前人经验的基础上，结合亲身实践，撰写了世界上第一部系统阐述茶叶、茶道的著作——《茶经》，这使他成为中国历史上最有影响力的茶道家之一。《茶经》是一部茶学专著，被誉为"茶叶百科全书"，陆羽不但研究茶的自然科学属性，还重视研究茶饮用的每一个环节，如煎茶过程、茶具与水对茶汤品质的影响等。陆羽在《茶经》中十分详尽地阐述了唐人的主要饮茶方式。唐朝的综合国力、经济实力、文化繁荣程度都位居世界前列，其茶文化也被作为一种文化输出，向世界各地传播。世界各地最初饮用的茶叶、所种植的茶叶、茶的饮用方式以及茶道文化都是直接或者间接由中国输入的。茶文化正是如此孕育而生，随着经济的发展，还出现了茶文化的高潮，极具特色且源远流长。

关于"茶道"一词的最早记载，见于唐诗僧皎然的《饮茶歌诮崔石使君》："一饮涤昏寐，情来朗爽满天地。再饮清我神，忽如飞雨洒轻尘。三饮便得道，何须苦心破烦恼。"此诗将饮茶的感受分为生理的解渴、审美的愉悦以及哲理的顿悟三个层面，生动阐释了茶道的境界。茶道也可简言论之是一种烹茶煮茶的艺术形式，是以茶为媒介的生活礼仪，同时茶道也是古人用以修养身心的方式，是中国大唐茶文化的精魂所在。

茶叶的传播与丝绸之路的开通有着密切的关系。随着丝绸之路的贸易往来，茶叶开始传播到中亚、西亚和欧洲等地。茶叶不仅成为一种饮品，也被用于药材和礼仪用品。茶在丝绸之路中的地位非常重要。茶叶不仅成为贸易品，带动了丝绸之路沿线地区的经济发展，促进了商业繁荣，还带动了相关产业的发展，如茶叶种植、制茶和茶具制作等，也成为文化交流的媒介。茶叶作为一种文化载体，通过丝绸之路的传播，使茶文化逐渐融入丝绸之路上的各个民族和宗教文化中，成为一种共同的文化符号和交流媒介。中国茶文化是中国优秀的传统文化之一，对世界文明的发展做出了突出贡献，在文化传播的过程中扮演着非常重要的角色。

3. 遣唐使与留学僧

唐朝时期，社会稳定，文化和经济繁荣，而且实行开明的对外开放政策。唐朝在中国历史上有着非常重要的地位。首都长安作为唐朝的政治、经济和文化中心，同时也是世界上最大的城市之一，成为中外文化交流的重要中心。其先进的经济文化对周边国家具有强大的吸引力，各国纷纷派遣使臣、僧侣到唐朝留学交流，不断有使者来访，学习唐朝在政治、经济和文化方面的先进成果。

贞观四年（公元 630 年），日本遣唐使第一次入唐，使团官员有正使、副使、判官、录事等，使团成员除约半数的舵师、水手之外，还有主神、卜部、阴阳师、医师、画师、乐师以及船师、船匠、铸工等各行各业的工匠。日本为了探索唐朝的文化和体系，在长达两个半世纪里，曾派遣多达十几批遣唐使团前往唐朝。这是在中外文化交流史上前所未有的盛大活动，无论是从规模、次数，还是从时间、内容上来看，都呈现出丰富多彩的特点。

与此同时，东亚四国——唐朝、高句丽、百济和新罗发生了剧变。经过几次战争，唐朝不断扩大了统治范围，并进入了盛唐时期。百济和高句丽两个国家在战争中均失利，致使国家灭亡。新罗在战争中逐渐壮大，最终实现了对整个朝鲜半岛的控制，其历史也进入了全新的阶段。这一切的变化与国家间关系的嬗变是分不开的。派遣外交使节是国家之间建立密切联系的重要因素之一。新罗深刻意识到了这一点，经常派遣使臣前往唐朝。7世纪，遣唐使的使命变得特别重要，因为他们成了新罗和唐朝之间联系的纽带。遣唐使对于推动日本和朝鲜半岛各国的社会发展，以及促进东亚国家间的友好交流，做出了巨大的贡献。

同时，与遣唐使一同来华的留学生、学问僧也发挥了重要作用。当时，日本在唐的留学生和学问僧，有史籍可考的就有150多人，其中的吉备真备、大和长冈、粟田饱田麻吕等都成了日本的一代名人，其中有人留居唐朝达数十年之久。他们精通汉文、熟悉中国的典章文物，如阿倍仲麻吕于开元五年（公元717年）来唐，汉文修养很高，改名"晁衡"，官至散骑常侍、镇南都护等，并与著名诗人王维、李白结下了深厚的友谊。

学问僧、留学生不断将唐代文化传入日本，中国的文学、天文、医学、建筑、儒学以及中国化的佛教等，对日本产生了非常广泛的影响，涉及政治法令、宗教文化、生产技术、建筑设计和社会风俗等。唐朝是中国历史上对外开放程度最高的朝代，与70多个国家建立了外交关系并保持着良好的通信。长安城内有来自各地的使者、商人和留学生，长安城成了一座多元化的城市。这些广泛而深入的交流推动了中华文化走向世界，同时也促进了各国文化向中国传播。因此，古丝绸之路不仅是一条通商易货之道，更是一条知识交流之路，互学互鉴是路径和交流方式，"海纳百川，有容乃大"是格局和文化特征。

二、西安文化符号

文化符号是对一个国家、一个民族、一个地域在文化积淀上的概括，是文化内涵向外延伸的重要载体和形式。它既可以是具象的，具体到某一个历史遗存和名胜古迹；也可以是抽象的，抽象到为一种思想意识或艺术观念。文化形象不仅是文化符号、文化理念、文化价值的全方位展示，也是文化领域自视与他视的辩证统一，是国家软实力的重要组成部分。符号和形象是文化和受众最便捷的沟通方式，也是各个民族紧密联系的精神密码，它们能够促进心灵相通，增强凝聚力。

通过树立和突出共享的中华文化符号和中华民族形象，可以强化各族群众对中华文化的深度认知、情感共振、归属认同，增强其对中华民族的认同感，进而推动构筑中华民族共有精神家园的进程，铸牢中华民族共同体意识。

西安古称长安，有长治久安之意。千年古都，美好长安，它本身就是一个象征，一种记忆符号。作为中华文明的摇篮、古都文化的瑰宝，西安是汉文化的起源之地。这不仅因为它曾经是辉煌一时的西汉都城，更因为汉文化在这里得到了系统化的发展和完善。汉文化独特的文化符号，开始于长安，也传承于西安。汉文化从这里走向世界，不仅得到了中国人的认同，更得到了世界的认同，使全世界华夏民族以"汉"为名一直延续至今。

长安自古帝王都，对于中国四大古都之一的西安来说，留存历史的印记与符号尤为重要。它的城市文化符号需要围绕汉风唐韵的物质遗产、帝王遗迹和传统戏剧、音乐、技艺、美术和民俗等非物质文化遗产进行打造和传承。通过打造西安广泛认同的文化标识，在视觉上增强人们对西安文化符号和形象的印象，能够传承中华优秀传统文化的丰富内涵，最终增进人们对中华优秀传统文化的认同。同时，借助信息时代的传播渠道，通过西安文化符号和形象的窗口来讲述西安故事、汉唐故事和中国故事，也能展示中国精神、塑造中国形象、铸牢中华民族共同体意识。

（一）文化景观与历史人物

1. 西安兵马俑

兵马俑不仅是西安的城市符号更是中国重要的文化符号，被誉为"世界第八大奇迹"。8000件真人大小的兵马俑军团，布阵排列整齐有序，以其特有的方式征服着全世界。曾任新加坡总理的李光耀对其进行了高度评价："世界的奇迹，民族的骄傲。"美国前国务卿基辛格也因其感到无比震撼："能创造这个灿烂历史的民族，一定能创造出光辉的未来。"①

兵马俑的特点不仅在于其造型逼真、姿态各异，更在于其规模宏大、数量巨大。在秦始皇陵的附近，共发现了三个大型兵马俑坑，以及一些小型兵马俑坑和其他陪葬品，总共出土了数千尊兵马俑。这些兵马俑的数量之多、规模之大，让

---

① 张卫星. 发现：秦始皇兵马俑 [M]. 西安：西北大学出版社，2022.

人不禁感叹古人的惊人之举。兵马俑的发现，不仅对中国考古学和历史学研究产生了重要的影响，更为世界文化艺术史的发展和人类文明的进步做出了贡献。首先，西安兵马俑是中国古代陪葬制度的一个典型代表，也是中国古代文化艺术的杰出代表之一。其次，兵马俑的发现对于研究中国古代军事制度和军事思想也具有重要意义。此外，兵马俑的发现对于研究中国古代艺术和文化也有很大的帮助。兵马俑的制作技术和造型风格，反映了秦朝的文化水平和艺术特点，同时也体现了中国古代艺术的发展历程和文化内涵。

今天，兵马俑已成为中华优秀传统文化的代表之一，西安的文化符号之一，被世界各地的人所熟知和喜爱。

2. 西安城墙

西安城墙是全球现存最宏伟、保留最完整的古城墙之一。西安城墙有两种类型，分别是西安唐城墙和西安明城墙。通常所说的西安城墙指的是西安明城墙，被人们称为"永恒的世界奇迹"。中国古代劳动人民的独特智慧集结在西安古城墙上，为我们研究明代历史、军事和建筑提供了珍贵的物质资料。这座城墙对于研究封建社会的城市建设、历史、军事和建筑艺术而言，具有极高的价值。

西安明城墙是建于市中心区的一道封闭式长方形高墙，高度达 12 米，周长达 13.74 千米，内设 18 个城门。西安城墙是古都的标志性建筑，西安是一座历史悠久的文化名城，其独特的城市特征很大程度上体现在城市建筑上。明城墙作为保存完好的古建筑，代表了西安的历史和文化，并已成为城市的重要标志。除此之外，西安城墙还承载了西安市民的城市记忆。现在，西安城墙国际马拉松比赛、全国汉服婚礼、被誉为"天下第一礼"的《醉长安——大唐迎宾盛礼》、西安城墙新春灯会、"唐都上元不夜城"主题灯会以及"钟鸣盛世·祈福长安"新年祈福和盛典西安嘉宾城墙游等活动，与城墙这一物质文化遗产紧密相连，共同构成了拥有历史价值的人文财富和城市文化符号。

此外，西安地铁的标识主要以城墙为符号，并且以中国红和白色作为主色调，犹如一枚"城墙章"。其整体形象采用方形标识，借鉴了中国古代印章的设计，并隐含着地铁为市民服务的承诺。在设计中，将西安城墙与地铁隧道元素有机地融合在一起，实现了它们的完美结合。

现如今，作为古城复兴计划的一部分，西安城墙正逐渐成为西安历史文化的一个重要组成部分。它代表着人文西安和古都西安的特色，已成为西安向世界展示独特魅力的重要品牌。

3. 大雁塔

大雁塔建于西安市南的大慈恩寺内，又名"慈恩寺塔"。大雁塔是玄奘西行求法、归国译经的纪念性建筑物，具有重要的历史价值。2014 年 6 月第 38 届世界遗产委员会会议上，大雁塔作为、中国、哈萨克斯坦、吉尔吉斯斯坦三国联合申遗的"丝绸之路：长安—天山廊道的路网"中的一处遗址点成功列入了《世界遗产名录》。

大雁塔塔高约 64 米，七层，外观呈方形，塔身枋、斗拱、栏额均为青砖仿木结构，浮雕精美、刻画细致、造型独特、古朴典雅。唐代专为玄奘法师供奉从印度带回的佛像、舍利和梵文经典而建造，是佛教文化的重要遗产。玄奘在此翻译佛经十余年，创立了中国佛教的唯识宗，唯识宗是中国佛教的一大宗派。大雁塔作为现存最早、规模最大的唐代四方楼阁式砖塔，是佛塔这一印度佛寺的建筑形式随佛教传入中原地区，并融入华夏文化的典型物证。同时，作为中国古代文化的重要代表，其建筑风格融合了唐代、印度、希腊、波斯等多种文化元素，是中国传统建筑的典范之一。

大雁塔是唐长安城保留至今的标志性建筑之一，也是凝聚了中国古代劳动人民智慧结晶的标志性建筑，还是当代西安文化地标和城市符号之一。作为中国传统文化的重要代表和城市的重要象征，西安大雁塔的推介、保护和传承意义重大。

4. 汉武大帝

汉武帝刘彻（公元前 156 年—公元前 87 年），16 岁登基，在位 54 年，是西汉在位最久的帝王。汉武帝时期，是西汉政治、经济、文化和军事的巅峰。

汉武帝的主要丰功伟绩：在经济上，实行"盐铁专卖"，以充实国库，加强中央对经济的控制力度。在文化上，采用儒家学者董仲舒的建议——"罢黜百家，独尊儒术"，开创了 2000 多年来儒家学说占据统治地位的局面。在对外交流上，任用张骞开辟丝路，加强了中西文化交流。在教育上，颁布太初历、兴太学等措施，对后世影响非常深远。在政治上，任用卫青、霍去病征讨匈奴，基本上消除了匈奴对北部边郡的威胁。汉武帝建立了一个国家前所未有的尊严，他赋予了一个民族挺立千秋的自信，他的国号成了一个民族永远的名字——"汉"。他的雄才大略、文治武功使汉朝成为当时世界上最强大的国家，而汉武帝的时代，也成为中华民族历史上最值得自豪和展示的伟大时代之一。

如今，对一座城市而言，那些留存的诸多历史名人遗迹和传说，是极其珍贵的文化资源和精神财富。可以说，历史名人是一个城市特有的文化符号，历史人物的作用不仅体现在他们所处的时代，而且体现在其对后世产生的重要启示和影响。我们应当借助家喻户晓的成语故事和影视作品来提升城市与景区知名度，让历史名人资源"活"起来，让历史名人遗迹及其轶事成为西安的城市名片。

（二）传统戏曲与音乐

1. 秦腔

秦腔，源于西秦腔，是一种非常古老的汉族戏曲剧种。秦腔又称"乱弹"，流行于我国西北地区的陕西、甘肃、青海、宁夏、新疆等地，其中以宝鸡的西府秦腔口音最为古老纯正，保留了较多古老发音。秦腔是中国西北最古老的戏剧之一，它起于西周，成熟于秦，但繁荣于明朝。秦腔理论研究者王绍猷先生在《秦腔记闻》中提道："考诸秦腔，形成于秦，精进于汉，昌明于唐，完整于元，盛行于明，广播于清，几经演变，蔚为大观。"[1]

秦腔因其流行地区的不同，演变成不同的流派：东路秦腔即同州梆子，也叫老秦腔、东路梆子；西路秦腔又叫西府秦腔、西路梆子；南路秦腔即汉调桄桄，又叫汉调秦腔；北路秦腔即阿宫腔；流行于西安一带的称中路秦腔，即西安乱弹。秦腔的演出风格朴实自然、豪放粗犷、细致入微、深刻感人，注重情感表达，充满生动的夸张效果。表演艺术中，角色行当可以分为四生、六旦、二净、一丑四大类，总共 13 个门类，也被称为"十三头网子"，表演唱作俱佳。秦腔采用板式变化的形式进行唱腔表演，即通过变化节拍、节奏、旋律、速度等元素，以一个基调为基础，演绎出一系列不同的板式。秦腔以假声唱出，声音洪亮、富有感染力，这也是它与其他地方戏曲的明显区别之一。在秦腔中，板胡是一种非常重要的伴奏乐器。它的音色十分尖锐、清脆，极富节奏感。

在辛亥革命之后，西安建立了易俗社，致力于改变秦腔的传统形式。借鉴京剧等其他戏剧形式的元素，在不改变秦腔原有特色的情况下，将唱腔从高亢激

---

[1] 王绍猷. 秦腔记闻 [M]. 西安：陕西易俗社，1949.

昂转变为柔和清丽，并加入新的风格元素，以丰富其表现形式。秦腔的舞台剧表演内容包括神话传说、民间故事和多种官府案件。作为一种地方文化，秦腔的突出特点在于它基于陕西关中方言，将汉唐时期的诗、词、曲融入其中，形成了独具特色的声腔风格。该风格表现为语调高亢激烈、语音生硬、语气结实有力等。

秦腔是以汉族文化作为主体，并吸收了其他民族的文化融合而成，因此可以说是古代丝绸之路上不同族群间音乐文化的交融所产生的结果。秦腔是中华民族文化宝库中的珍品，是戏曲音乐文化发展的根基，它生动地展现了汉文化的发展历程，成了丰富中华民族精神财富的重要组成部分。西北地区人民的情感沟通，可以通过秦腔这种载体来实现，因为秦腔承载了他们的精神寄托。如今，在漫长的岁月里，西安，乃至整个西北地区，没有任何一种戏曲种类拥有像秦腔这样至高无上的地位。几经演变，仍然蔚为大观地行走在西安的大街小巷、城墙根下、路边小馆……吼一声秦腔，云开见日，秦腔俨然已成为西安人生活的一部分。

2. 西安鼓乐

西安鼓乐是一种由打击乐器和管乐器混合演奏而成的大型音乐类型，它也可以被称为"西安古乐""长安古乐"或"长安鼓乐"。这项民间鼓乐源自南唐，已有千百年的历史，广泛流传于西安及周边地区。经历了宋、元、明、清等历史时期，西安鼓乐至今仍然保留着完整的曲目、谱式、结构、乐器和演奏方式，是中国境内保存最完整的大型民间音乐之一。此乐种具有极高的历史文化价值，被国际音乐和史学界公认为"中国古代音乐的活化石"。2006 年，西安鼓乐被列入首批国家级非物质文化遗产名录；2009 年，联合国教科文组织也将其列入了《人类非物质文化遗产代表作名录》。

陕西省艺术研究所研究员吕宏静认为："西安古乐实际可以看成唐代宫廷法曲的直接遗存。"研究员李明忠说："西安古乐是现存世界最古老、规模最大、系统最全，律、调、谱、系、曲最完善的古老民间乐种。"[①]

西安鼓乐的演奏形式分为行乐和坐乐两大类。行乐是指艺人在行进中以及在庙堂前、神像供桌前站立演奏的音乐，所用乐器较为简单，节奏规律、严整。坐乐为坐着演奏的套曲曲牌，乐器配备完整，人员众多，场面壮观，演奏者之间配

---

① 李健正. 长安古乐研究 [M]. 保定：河北大学出版社，2010.

合默契。西安鼓乐乐器有笛、笙、管、鼓、锣、钹、木鱼、大小梆子、水铃等20余种。西安鼓乐使用的乐谱有工尺谱、节奏谱和半字谱几类。工尺谱用固定唱名法，是宋代俗字谱的传承与变形，其谱字的字形与读音都使用了关中方言，音高与工尺谱相对应。另外，除了有关的谱字，还有节奏延长、装饰、休止、反复的符号，记录在乐谱谱字的右上角。节奏谱记载较少，主要靠师傅口传，依靠师傅实际敲击来学习，也用符号"x"或者"O"记录不同乐器的节奏。还有一种是古代的半字谱，全为手抄传本。其沿用着中国唐、宋时期的记写方式，这是中国最古老的采用汉字符号的记谱方式之一，记谱形式采用"上、尺、工、合、六、五、一"分别来表示"do、re、mi、fa、sol、la、si"，会在汉字下方画斜线和在汉字旁加部首来表现音高。在学习西安鼓乐的过程中，不论哪种曲谱，主要依靠口传，即师傅将自己记忆中的韵曲教给徒弟，乐谱只是起到了一个提示作用。

西安古乐所蕴含的历史文化信息和学术知识，曾经引起了国内外学界的广泛关注与高度认可。曾担任中央音乐学院音乐研究所所长的杨荫浏。在翻译南宋词人、音乐家姜夔的乐谱时，遇到了无法理解的符号。直到他在西安学习了古代音乐之后，才成功解读了这些符号，这一事件在音乐界引起了极大的反响。西安古乐不仅为研究我国古代音乐历史提供了极为重要的线索，同时也成了陕西地区音乐发展的不竭源泉和推动力。例如，曲云的《香山射鼓》、饶余燕的《骊山吟》、杨洁明的《新翻羽调绿腰》以及打击乐曲《鸭子拌嘴》、大型歌舞作品《仿唐乐舞》和《唐·长安乐舞》等，都是按照古乐改编而成的，在国内外均收获了广泛赞誉、获得了高度评价。

西安歌舞剧院民乐团全新打造的《大唐梵音》室内乐音乐会，结合了西安鼓乐、陕西民间音乐和西域的音乐元素，交融借鉴了现代音乐审美思维，在传统与现代音乐思维的碰撞中，用"古典＋时尚"的表演方式，延续了千年音乐文化的演绎，表现了盛唐人文情怀，再现了盛唐雍华气象。因此，西安鼓乐携带着中国古代千余年的音乐基因，已经成为西安一张靓丽的文化名片，有力推动着中国文化的传承与发扬。

3. 仿唐乐舞

唐乐舞集合了历代歌舞的优势，融合了国外文化的优秀元素，展现了盛唐时期百国朝贺和当地文化的繁荣景象。唐乐舞以雄浑有力的气势和壮观的场面为特点，将诗、词、歌巧妙融合于吹奏弹唱之中，同时融合了钟、鼓、琴、瑟等乐器，让音乐与舞蹈相得益彰。乐曲高昂悠扬，舞姿优美流畅，服饰绚丽多彩。而唐乐舞的兴盛，恰是盛唐时期国泰民安、文化繁荣的生动体现。

由陕西省歌舞剧院创作演出的唐代乐舞系列，其中的一个舞蹈——《仿唐乐舞》，所呈现出的是唐玄宗与杨贵妃在宫廷中的生活片段。这个乐舞节目由多个部分的音乐和舞蹈组合构成。该表演包括了《燃灯舞》《观鸟扑蝉》《柘枝舞》《剑器》《白纻舞》《金刚力士》《踏摇娘》和《踏歌》等多个舞蹈作品。这部作品不仅可以被视作一个完整的艺术作品进行呈现，同时也可以将其各个独立段落单独进行表演。表演运用的是唐宫梨园子弟向皇帝、各国使节以及四方宾客呈现歌舞的方式。由"教场使"负责报幕，连接各种乐舞，形成一个连贯的整体，展现了唐代多彩多姿的乐舞艺术的精髓。编导借助唐代墓室中的一幅描绘宫女生活的壁画——《观鸟扑蝉图》，通过优美动人的舞蹈，展现了三位生活在深宫中的少女的内心世界，让人深刻体会到她们的孤寂苦闷和身不由己。《白纻舞》以长袖舞蹈形态及翩翩舞姿展现了优美飘逸的年轻女性形象。面具舞蹈《金刚力士》则运用了打击乐作为伴奏，音乐节奏鲜明，热烈的气氛贯穿全场。其舞蹈形态的特点是雄健有力，风格表现为古朴浑厚。

久负盛名的《仿唐乐舞》被誉为"中国第一台仿古乐舞"。自 1982 年 9 月推出以来，现已成为陕西省旅游业的特色旅游产品，该产品由陕西歌舞剧院的 5 代艺术家精心制作，已在 40 多个国家表演过，并接待了数百名国际首脑和政府要员，为陕西省旅游业做出了巨大的贡献。自 1987 年起，陕歌与唐乐宫进行合作，推出了备受欢迎的《仿唐乐舞》。由此，旅游和文化开始相互依存、互相促进。而唐代乐舞也在 2011 年被列入陕西省第三批非物质文化遗产名录之中。2021 年，由陕西省歌舞剧院歌舞团重新排演的《仿唐乐舞》在西安亮相。新版乐舞增加了《箜篌》《秦王破阵乐》《梨园》等节目，用艺术的形式生动地再现了盛唐时期灿烂的文化。《仿唐乐舞》的新增内容融入了中国传统拨弦乐器、唐朝宫廷乐舞和唐代音乐歌舞教习场所的故事，用陕西的语言讲述中国的故事，用唐乐舞蹈的形式传承和发扬传统文化，它已经成为陕西省旅游文化的重要组成部分，成了古城西安旅游的名牌产品。

（三）传统技艺与美术

1. 关中皮影

皮影戏是中国古老的剧种之一，集表演、歌唱、绘画、雕刻、音乐等多种艺术手段为一体，距今已有 2000 多年的历史，被称为中国民间艺术的"活化石"。皮影最早诞生在 2000 年前的西汉，兴起于北宋，又称"羊皮戏"，俗称"人头戏""影子戏"。2011 年，中国皮影戏入选了《人类非物质文化遗产代表作名录》。

中国皮影戏发祥于陕西关中地区，起源于汉代，所用皮影最初用纸板制作，宋代以后开始用牛、羊、驴皮制作。皮影根据戏文设计形象，精选上好驴、牛、羊皮经刮、刻、染、罩、熨、缀六道工序而成。关中皮影不仅传承了汉画像石刻的传统，同时也借鉴了宋院体绘画的优点。它运用简洁的线条勾勒出轮廓，使用夸张的装饰纹样和疏密虚实相间的手法，以及精细的雕刻技巧，来表现剧中人物的外貌、身份、衣着和个性。皮影艺术的创作灵感源自中国汉代的帛画、画像石、画像砖以及唐宋时期的寺庙壁画，并吸收了它们独特的手法和风格。

陕西关中皮影以其雄浑豪迈、声情并茂的演唱以及精致绝伦的制作工艺而享誉全国。观赏皮影表演不仅可以让观众感受到动人心魄的音乐唱腔，更能使其沉浸在精美绝伦的制作工艺之中。皮影表演可以为观众带来无尽的惊喜和乐趣。关中皮影以洗练的轮廓造型、夸张的装饰纹样、疏密相间的手法和精致缜密的雕刻技艺为特色，通过这些手段生动地表现剧中人物的相貌、身份、服饰和性格，从而呈现出形神兼备、深刻感人的效果。皮影的全部制作过程十分烦琐，涉及选材、塑形等多种工艺技术，需要耗费大量的时间和精力。制作传统皮影的基本流程包括挑选皮材、制备皮革、设计图案、雕刻图案、上色、烘干平整、拼合组装等八个阶段。

在表演皮影戏时，会使用一块白色纱布作为屏幕（屏幕大小依据场地而定，通常与小电影屏幕的大小相似），皮影戏表演者则站在屏幕下方。他们会把皮影通过贴附在屏幕上的方式加以呈现，并安装可以手动操作的小竹棍，这样皮影的四肢和头部都可以随意移动。灯光从舞台背景投射而出，观众则面对着舞台的正向位置观看。皮影戏以秦腔为主，表演者和操纵者之间有着默契的配合。对于那些擅长表演的操纵者，关中人将其称作"把式"，他们能够娴熟地操纵两个甚至三个皮影，进行生动的厮杀和对打，让观众眼花缭乱却不失精彩（图 5-3-1）。

图 5-3-1　关中皮影

关中皮影运用了象征民间艺术形式的重要手段，而且它将文学语言、动作语言、造型语言的象征性做到了完美和谐，对于加强西安关中地区的精神文明建设、丰富群众文化生活、构建和谐社会都有着重要意义。同时，关中皮影作为西安的经典名片，其历史渊源、基本特征、表现手法和传承价值实属罕见。因此，挖掘、保护、传承关中皮影对西安民间艺术有一定的推进作用。

2. 蓝田玉雕

蓝田是我国古代玉石的主要产地之一，素有"玉畿第一县"之称。据《元和郡县图志》记载："玉之美者曰球，次美者曰蓝，盖以县出美玉，故曰蓝田。"[1] 蓝田自秦代得名，迄今 2000 余年沿用不变。距西安市区不远的蓝田县，不仅因为玉石闻名全国，玉雕手艺也是陕西省的非物质文化遗产。蓝田玉雕不仅是著名的特色雕刻工艺品，还是陕西独有的一种民间玉石工艺。玉雕选料考究，人物作品形神兼备，突出个性；花卉作品形象逼真，突出了中国玉雕"巧、俏、绝"的艺术特色。蓝田玉雕工艺品，特别是玉碗、玉镯、酒具等，达到了很高的艺术境界，体现了秦艺特色（图 5-3-2）。

① 张元济. 四部丛刊四编 [M]. 北京：中国书店，2016.

图 5-3-2　蓝田玉雕

　　秦汉时期，蓝田玉器从史前的古朴稚拙发展到雄浑豪放，蓝田出土的长公主墓的铜镂玉衣、西安收藏研究院保存的汉代蓝田玉质龟顶灯、李后乡新庄出土的玉珌以及汉武帝茂陵的大玉铺首，还有咸阳出土的"汉白玉马"、渭南发现的玉牛，都是蓝田玉早期加工的印证，都充分显示了蓝田玉雕高超的工艺。隋唐时期，随着政治的统一和经济繁荣的推动，蓝田玉雕艺术达到了历史上的巅峰。除了作为地方向朝廷进贡的贵重物品之外，蓝田玉的生产工艺也形成了一条完整的流程，涵盖了从采玉到加工和制作的全过程。在唐代，蓝田玉的品种众多，广泛应用于不同的领域。在古代，玉的用途很广泛，其中应用最广泛的是宫廷女性的装饰品，如玉步摇和玉带，用于彰显地位和威严。同时，玉也被用于制作高贵的冠冕、朝服、钗环首饰和刀剑鞘柄，这些华美的物品主要供王公贵族使用。而制作它们的材料则多是来自蓝田玉。此外，根据《杨贵妃外传》记载，"太真善击磬，上（唐玄宗）令用蓝田绿玉制成一磬，备极工巧"[①]。在那时，蓝玉制品以其精湛的工艺而闻名世界。唐朝工匠借鉴了当时绘画和雕塑艺术的精髓，创造出了一大批与汉代玉器风格不同且独具特色的玉制品。在唐代，制作蓝玉制品时常采用"虚凸实凹"的工艺技巧，即用较宽的斜阴线刻出浅浮雕的艺术效果。这种玉雕技法与汉代玉雕技法采用的细若游丝的阴线刻截然不同，为后来发展出的浮雕和立雕技法打下了基础。李商隐的"沧海月明珠有泪，蓝田日暖玉生烟"和钱起的"琢珉胜水碧，一片新冰清"等诗句从不同角度把唐代蓝田玉的玲珑剔透、光泽温润描绘得出神入化。

---

　　① 乐史.杨太真外传 [M].北京：中华书局，1991.

古人奉行"君子佩玉",认为玉是崇高圣洁之象征。玉石文化是传统文化中的一颗璀璨明珠,庞大而精深,源远流长,至今传承。可以说以玉为载体的玉文化,不但深深影响了所有华人的思想观念,而且成了中华优秀传统文化的重要组成部分。直至今天,中国人对玉依然情有独钟。2004年,蓝田玉被列入"国家地理标志保护产品"。2019年,蓝田玉获国家地标"年度十大推荐品牌"。目前,在西安市政府部门的保护和促进下,蓝田玉产业不仅扩大了规模、提升了加工工艺水平、提高了蓝田玉的影响力和知名度,也成了该县的经济支柱之一。蓝田玉作为西安的本地瑰宝,已经成为西安的特色名片,用它温润的君子风范彰显着西安这个十三朝古都的文化底蕴。

3. 周至剪纸

汉代纸张的问世,使得剪纸艺术得以出现并不断发展壮大。在唐朝,剪纸艺术达到了高峰,杜甫在他的诗中写道"暖汤濯我足,剪纸招我魂",这就说明了当时剪纸与一些信仰有关。在明清时期,剪纸手工艺术逐渐走向成熟,达到鼎盛阶段,许多艺术品都采用了剪纸技艺,如民间灯彩上的花饰、扇面上的纹饰,以及刺绣纹样等。

陕西从南到北,尤其是黄土高原、八百里秦川,随处都可以见到色彩斑斓的剪纸艺术品。这种民间艺术形式以其古朴的造型、粗犷的风格、趣味横生的寓意、多样的形式以及高超的技艺,在全国的民间艺术中占据着极为重要的位置。陕西剪纸被专家们誉为"活化石",因为它既保存了汉民族古老的造型纹样,如鱼身人面、狮身人首等,还包括了和周文化较为相像的"抓髻娃娃"、和汉画像较为相像的"牛耕图"等内容。其中,周至剪纸是具有鲜明艺术特征的民间艺术形式,且内容丰富。由于周至民间戏曲文化发达、秦腔和皮影戏盛行,受戏曲影响,周至剪纸多为表现戏曲人物的作品。例如,《五典坡》中的薛平贵、王宝钏,《白蛇传》中的许仙、白娘子等。此外,"花开富贵""年年有余""连生贵子"等吉祥图案和"二龙戏珠""狮子滚绣球""凤凰戏牡丹"等瑞兽类图案也在剪纸题材中占有很大比重。还有一些富有传承文化内涵的剪纸,如梅、兰、竹、菊、琴、棋、书、画以及反映古人耕读故事的作品在周至剪纸中也是闪光的亮点。这一类剪纸在其他地方并不多见。

起源于西安市周至县的周至剪纸,已列入第三批陕西省非物质文化遗产名录。

周至剪纸主要有单色剪纸和剪绘染色两大类。单色剪纸以楼观镇鹿马村和新安村为代表,以阳剪为主,剪工精细,刀法多样,线条流畅;剪绘染色剪纸主要流传于终南镇一带,融绘画与剪纸为一体,画面工整细致,设色深厚丰富,别有韵味(图5-3-3)。

图5-3-3 周至剪纸

周至剪纸是乡村文化"活"的灵魂,如同一张张彩色的文化符号和城市 IP,积极传承着历史文脉和彰显着文化自信,也为陕西乡村的振兴发挥着积极的助推作用。

(四)传统民俗与美食

1. 西安城隍庙民俗

城隍神是城市的守护神,是中国最早祭祀的神祇之一,是中国民间和道教信奉的守护城池之神。城隍神源于周代天子八蜡中的水墉神,后来逐渐衍化为了城隍神。在后来的发展中又与道教和佛教相融合,成为监管于阴阳两界的保护神。

西安城隍庙是天下三大"都城隍庙"之一,与北京、南京城隍庙齐名,坐落于西安市西大街中段,始建于明洪武二十年(公元1387年),距今已有600多年历史。多少年来,西安都城隍庙一直为道教正一派的道场,是儒、释、道三教合一的产物,直至20世纪50—60年代,城隍庙香火一直旺盛,游人信士众多。如今，城隍庙每逢农历初一、十五有庙会，四月初八有祭祀盛会，人山人海，鼓乐喧天，好戏连台，香火鼎盛。西安都城隍庙仅新年庙会就呈现出 50 万人的盛况。可见，城隍信仰的文化活动可以成为一种文化产业带动地方经济。过年逛庙会是中国人最古老的传统民俗文化活动之一，到都城隍庙逛庙会，更是西安人过年的必备活动和仪式。庙会上的秦腔、道情、鼓乐、民歌、武术杂技、名家书画、祈福法会，林林总总，不一而足，而民谣中描述的情景——城隍庙，九里三，各种买卖在里边，上至绫罗和绸缎，下至牛笼和马鞍……都可以沉浸式体验。

西安拥有保存完好的城墙、城池和都城隍庙，这些都是独具特色的人文景观。西安都城隍庙是一座富含文化内涵的非物质文化遗产，它不仅为西安的文化保护和传承提供了一个真实的展示平台，还为我们留存了一个具备多元性和丰富内涵的文化空间。例如，"城隍纳福"的新春活动，每年都会通过一系列非物质文化遗产展示琴棋书画和音乐戏曲，彰显中华国粹，引领西安城市新风尚。

2. 楼观台祭祀老子礼仪

楼观台位于陕西省周至县城东南 15 千米的终南山北麓，南依秦岭，千峰耸翠，犹如重重楼台相叠，山间绿树青竹，掩映着道家宫观，古称"石楼山"。山前梁岗起伏，楼观台现存的核心景观说经台建在海拔 580 米的山岗上。台北与扇形的土坎相连，面向如画的秦川渭水，宋代诗人苏轼游此吟有名句："此台一览秦川小"。另有老子在此讲授过道德五千言的传说，说经台因而闻名西安，成为楼观台风景名胜和道家文化景区。祭祀老子的礼仪就起源于楼观台这一道教祖庭圣地、道文化发祥地。据记载，春秋时期，周大夫尹喜在此结草为楼，观星望气，其地始名"楼观台"。

祭祀老子礼仪是楼观台古老的地方民俗及民间祭祀活动，包括皇家或国家祭祀、民间祭祀和宗教祭祀三种类型。近三千年来，基于《道德经》的重大影响，历代有 60 余位帝王来台观桃大兴土木，建造了 50 余处庞大的殿、亭、楼、塔等建筑群。帝王祭祀老子，需鸣奏黄钟大吕或其他大典乐，表演国宾舞（如唐乐舞）和行祭拜礼，久而久之便形成了有皇家参与的、具有特殊文化色彩的楼观台祭祀礼仪。宫廷祭祀自唐代以来日趋完善，并延续今日，长盛不衰。而在民间，人们为了纪念老子，会在东楼观设立庙会。每年农历二月初十为庙会正会，会期共六天。老子诞辰之日即每年的农历二月十五，西楼观会设立庙会，开展祭祀活动，进行诵经、进香祭拜和鼓乐演奏。参加祭祀活动的民众有十几万人，范围之广、规模之大、影响之远，延续至今。

近几年来，国家对老子祭祀活动非常重视，先后举办了多次"楼观台老子文化周"活动、九九重阳节公祭老子活动等，形成了中华民族祭祀黄帝、孔子、老子的盛景。2001年，西安市首届老子文化周活动在楼观台举行，其中的祭老礼仪引起了海内外学者的广泛关注。诸多媒体竞相报道，挖掘、整理楼观台的祭老礼仪。2012年，第一届"西安楼观·中国老子文化节"盛大举行，论坛围绕楼观道文化遗址的保护、开发，探索民族文化品牌来实现产业、生态、文保、民生的和谐发展，凸显了西安这座历史文化名城的道文化和时代精神的标识。

楼观台的祭老礼仪已有两千多年历史，这其中蕴含着丰富的古代文化信息。深度探究楼观台祭老礼仪，对于研究中国古代的民俗、老子哲学、宗教信仰等方面的内容具有重要的历史学价值。与此同时，楼观台祭祀老子礼仪的传承和弘扬，对于寻找人类文明的根源、挖掘中国古代礼仪文化、建设中华现代文明以及构建和谐社会，具有重要的历史意义、社会意义。除此之外，挖掘、保护并弘扬、传承楼观台祭祀老子礼仪，在丰富西安人民的精神文化生活方面，也起到了重要的作用，为西安旅游文化发展注入了新的活力，有效促进了西安旅游文化的进步与发展，具有极为重要的社会价值。

3. 舌尖上的长安——羊肉泡馍

羊肉泡馍，也称"羊肉泡"，古称"羊羹"，它是在古代"牛羊羹"的基础上衍化而来的。西周时曾将"牛羊羹"列为国王、诸侯的"礼馔"。羊肉泡馍属于关中汉族风味饭食，烹制精细，料重味醇，肉烂汤浓，香气四溢，食后回味无穷。北宋著名文学家苏轼留有"秦烹惟羊羹，陇馔有熊腊"的赞美诗句。可见，羊羹在历史上已享盛誉。因它暖胃耐饥，素为西安人民所喜爱，外宾来陕也会对其争先品尝，以饱口福。羊肉泡馍已成为"舌尖上的长安"和西安名吃的总代表。

制作羊肉泡馍首要的是煮肉、熬汤。一般是将羊骨放入锅内，加入桂皮、草果、花椒、姜、八角等调料，旺火烧约2个小时，撇去浮沫，再将肉块投入锅内，用大火烧沸后，以铁篦子或肉板压实加盖，小火炖约8个小时左右，至肉烂汤浓时将肉捞出，以备依食客的需求选择部位切配。其次是烙馍。羊肉泡馍的"馍"不同于一般的烧饼。既不全是"死面"，又非"起面"，有"九死一生"之说。关键是揉面，要将面揉成硬面团，再制成饼坯，入铁鏊子烘烤约 10 分钟，九成熟即可。用这种方法制成的饦饦馍，不仅酥脆甘香，而且入汤不散。用餐之前，顾客须亲自把饦饦馍掰成碎块。掰馍讲究越小越好，便于五味入馍，吃起来才香。根据个人不同的喜好，泡馍还可以按照汤的多少做成四种类型，分别是"单走""干拔""口汤"和"水围城"。所谓"单走"，即馍与汤分端上桌，把馍（饼）掰到汤中吃，食后单喝一碗鲜汤，曰"各是各味"。"干拔"，有人称其为"干泡"，煮好碗中不见汤，能戳住筷子。"口汤"，即泡馍吃完以后，就剩一口汤。"水围城"，顾名思义，即宽汤，像大水围城。

经过西安人的不断发展和创新，"羊肉泡馍"已在色、香、味、形等方面有了很大的改进和提高，成了一道上至达官显贵，下至黎民百姓都喜食不厌的绝佳美食。20 世纪 50 年代，周恩来总理、陈毅副总理和李达将军，分别在西安用羊肉泡馍宴请过外国领导人。1986 年，北京钓鱼台国宾馆邀请西安技师传授泡馍技艺，羊肉泡馍这一地方风味食品跻入国宴行列，身价陡然倍增。

中国传统文化博大精深，其中之一就是美食文化。每一种美食的背后不仅承载了西安人记忆中的传统味道，更是对陕西非物质文化遗产的代代传承。"不咥一碗羊肉泡馍，不算到过八百里秦川"，在十三朝古都西安，一碗羊肉泡馍跨越千年，无论是城中村的小饭馆，还是闹市区的大饭店，各行各业的人士皆好此美食。2023 年，中国 - 中亚峰会开幕，享誉盛名的羊肉泡馍不仅是西安最有代表性的美食之一，也见证了千年来的文化交流融合。一碗让人垂涎欲滴的羊肉泡馍，吃的是美味，也是故事。一种美食，一种情怀，用一种味道记住一段历史，留下一座城市。羊肉泡馍独特的口味形成了独有的文化底蕴，它作为陕西地道的风味美食能够延展至今，千百年来以独特的口感与风味流行于黄河流域，所承载的不仅仅只是舌尖上的美妙体验，还有西安文化的名片符号。

参考文献

[1] 浙江大学艺术与考古博物馆.汉唐奇迹[M].上海：上海书画出版社，2019.

[2] 陈鸿森.汉唐经学研究[M].上海：中西书局，2021.

[3] 陕西省地方志办公室.周秦汉唐法制史[M].西安：陕西人民出版社，2021.

[4] 李伟.汉唐文学的多维文化透视[M].济南：山东教育出版社，2021.

[5] 乔志强.汉唐宋元书论赏读[M].上海：上海人民美术出版社，2020.

[6] 《世界文学精品大系》编委会.世界文学精品大系 第14卷 印度文学，西亚文学[M].沈阳：春风文艺出版社，1992.

[7] 长泽和俊.丝绸之路史研究[M].钟美珠，译.天津：天津古籍出版社，1990.

[8] 陈立新.湛江海上丝绸之路史[M].香港：南方人民出版社，2009.

[9] 史璠.丝绸之路史：一座城市永远的记忆[M].南宁：广西人民出版社，2008.

[10] 武斌.丝绸之路全史（上卷）[M].沈阳：辽宁教育出版社，2017.

[11] 王红梅，田悦，张毅.丝绸之路汉唐织物晕裥纹样来源及成因探析[J].丝绸，2023，60（1）：136-143.

[12] 王乐，赵丰.丝绸之路汉唐织物上的狮子纹样及其源流[J].艺术设计研究，2022（5）：31-37.

[13] 毛雨辰.近年来河西走廊在丝绸之路上的历史地位研究综述——以汉、唐及明时期为例[J].河西学院学报，2020，36（6）：45-50.

[14] 李怡，高梦圆.丝绸之路视野下汉唐官服之革带探微[J].社科纵横，2019，34（12）：102-104.

[15] 钱立胜，胡一民.汉唐盛世之"海上丝绸之路"[J].航海，2019（1）：18-20.

[16] 王云红，陈阳光.汉唐时期的丝绸之路与香料输入[J].廊坊师范学院学报（社会科学版），2018，34（2）：100-104.

[17] 高荣 ."商性"相通：汉唐间河西走廊与丝绸之路贸易 [J]. 历史教学（下半月刊），2016（10）：8-10；14.

[18] 刘正刚，王熳丽 . 汉唐海上丝绸之路与佛教传播 [J]. 韶关学院学报，2016，37（3）：1-7.

[19] 黄英湖 . 汉唐时期的丝绸之路及其对中西交往的影响 [J]. 上海商学院学报，2015，16（5）：28-34；48.

[20] 张安福，田海峰 . 环塔里木丝绸之路沿线汉唐时期历史遗存调查 [J]. 石河子大学学报（哲学社会科学版），2014，28（5）：115-120.

[21] 陈红红 . 国际中文教育中汉唐古典舞文化活动课教学设计研究——以针对俄罗斯孔子学院汉语初级水平学生教学为例 [D]. 沈阳：辽宁大学，2022.

[22] 黄可澜 . 日本平安朝《经国集》诗赋对中华汉唐文化的接受 [D]. 长沙：湖南大学，2019.

[23] 汤维龙 . 陕西汉唐帝陵旅游纪念品创新设计研究 [D]. 西安：西安工程大学，2017.

[24] 蒋雅婷 . 相对强化专业性的公益性音乐项目——评"2013—2014 走进大剧院——汉唐文化国际音乐年" [D]. 上海：上海师范大学，2015.

[25] 佟波 . 试论日本律令制对唐制的受容与创新 [D]. 延吉：延边大学，2009.

[26] 阎福玲 . 汉唐边塞诗主题研究 [D]. 南京：南京师范大学，2004.

[27] 黄婷婷 . 和田地区出土汉唐时期马图像研究 [D]. 兰州：兰州大学，2022.

[28] 李鑫鑫 . 十世纪前由丝绸之路引种中国的经济作物研究 [D]. 西安：陕西师范大学，2021.

[29] 董莉莉 . 丝绸之路与汉王朝的兴盛 [D]. 济南：山东大学，2021.